读客文化

《道德经》其实很好懂

怎么都看不懂的《道德经》，被度阴山用几个小故事讲透了！

度阴山 著

江苏凤凰文艺出版社

图书在版编目（CIP）数据

《道德经》其实很好懂 / 度阴山著. —— 南京：江苏凤凰文艺出版社, 2023.5
ISBN 978-7-5594-7643-2

Ⅰ.①道… Ⅱ.①度… Ⅲ.①道家②《道德经》- 研究 Ⅳ.①B223.15

中国国家版本馆CIP数据核字(2023)第047841号

《道德经》其实很好懂

度阴山 著

责任编辑	丁小卉
特约编辑	徐贤珉　刘 芬　乔佳晨　鲍 畅
封面设计	张王珏
责任印制	刘 巍
出版发行	江苏凤凰文艺出版社
	南京市中央路165号，邮编：210009
网　　址	http://www.jswenyi.com
印　　刷	大厂回族自治县德诚印务有限公司
开　　本	880毫米×1230毫米 1/32
印　　张	10
字　　数	240千字
版　　次	2023年5月第1版
印　　次	2023年5月第1次印刷
标准书号	ISBN 978-7-5594-7643-2
定　　价	49.90元

江苏凤凰文艺版图书凡印刷、装订错误，可向出版社调换，联系电话：010-87681002。

目录

第 一 章	说出来的能叫心里话？	001
第 二 章	没有对比就没有伤害	005
第 三 章	避免采取充满敌意的行动	010
第 四 章	和光同尘：我和大家是一样的	014
第 五 章	没有偏好，才更接近真理	018
第 六 章	只有向死而生，才能不负此生	021
第 七 章	无私的智慧	024
第 八 章	你一争，其实就输了	027
第 九 章	见好就收，不行就撤	032
第 十 章	欣赏比占有更让人舒服	036
第十一章	无用之"有"创造有用之"无"	041
第十二章	人一吃饱就有无数烦恼	044
第十三章	能宠辱不惊，才能石破天惊	047
第十四章	老子的"道"，是历史经验	052
第十五章	立于不败之地的七字诀	056
第十六章	所有失去的，都会以另一种方式归来	061
第十七章	无为：有所不为，才能有所大为	067

第 十 八 章	越缺什么，就越会炫耀什么	071
第 十 九 章	让事情变得简单，你才会省力	074
第 二 十 章	"不接招"才是绝招	078
第二十一章	真正的人间清醒是恍恍惚惚	081
第二十二章	人生的"捆绑销售法则"	085
第二十三章	老子的道就是"何事惊慌"	090
第二十四章	大力不会出奇迹，不用力才会	094
第二十五章	追风去，不如等风来	098
第二十六章	此心不动是无为，此心被动是有为	102
第二十七章	最好的善良是隐形的	106
第二十八章	无法破解的计谋：韬光养晦	110
第二十九章	独享是有为，分享则是无为	114
第 三 十 章	老子的反战思想	118
第三十一章	三代为将，道家所忌	122
第三十二章	无为就是，不刻意分别	126
第三十三章	老子告诉你，如何打破生死观	129
第三十四章	不想做大，才能做大	133

第三十五章	真理是简单的	137
第三十六章	比谋杀还凶狠的叫捧杀	141
第三十七章	无为是省力的	144
第三十八章	不假思索的判断和行动,就是无为	148
第三十九章	放下身段才能毫发无损	152
第 四 十 章	学会示弱	157
第四十一章	被嘲笑的梦想,也值得去实现	160
第四十二章	你的柔和,必须有锋芒	164
第四十三章	避免正面对抗	169
第四十四章	适可而止:置身其中而不深陷其中	172
第四十五章	有种人生境界叫"呆若木鸡"	175
第四十六章	欲望是有为,知足是无为	180
第四十七章	事上磨炼不如静中体悟	184
第四十八章	无为,是不与他人争	187
第四十九章	非常心,就是都行、可以、没关系	190
第 五 十 章	养生可以,但别过度养生	194
第五十一章	穷寇到底追不追?	198

第五十二章	关闭感官，回光返照即见大道	202
第五十三章	率兽食人者，必被人食	205
第五十四章	善建者，以不建为建	208
第五十五章	自然，就是做真实的自己	211
第五十六章	持平之道即自然之道	215
第五十七章	无为和有为，到底哪个好？	218
第五十八章	怎样做，才能身在福中没有祸	222
第五十九章	藏而不用，才是大用	226
第 六 十 章	跟在能人后面，就是无为	230
第六十一章	谦下真能得到和平？	234
第六十二章	道能让你心想事成	237
第六十三章	无为的两种形式：有为和不为	240
第六十四章	在问题未发生时就解决才最省力	244
第六十五章	人性善恶，由人说了算	248
第六十六章	要想不争而胜，就要学会分配	251
第六十七章	慈爱是所有力量之源	254
第六十八章	最小的力量，能达到最大的效果	257

第六十九章	反主为客：人生的正确打开方式	260
第 七 十 章	被褐怀玉是扮猪吃虎	263
第七十一章	正视缺点，缺点就成了优点	267
第七十二章	老子的"逆转法则"	270
第七十三章	勇于敢不是勇敢，勇于不敢才是	273
第七十四章	要想让人怕死，就让他好好活着	277
第七十五章	不要把奢侈的生活当成目标	281
第七十六章	放松是这个世界上最大的力量	283
第七十七章	天道是损有余而补不足	287
第七十八章	强者的道歉不是道歉，而是获利	291
第七十九章	为什么好人没好报？	295
第 八 十 章	小国寡民是一种高度的管理智慧	298
第八十一章	不像智慧的智慧，才是大智慧	302
参 考 书 目		306

第一章
说出来的能叫心里话？

原文

道可道，非常道①；名可名，非常名②。无，名天地之始；有，名万物之母③。故常无欲，以观其妙；常有欲，以观其徼④。此两者，同出而异名，同谓之玄⑤。玄之又玄，众妙之门。

注释

①**道可道，非常道**：西汉文帝（刘恒）前，《道德经》第一句是"道可道，非恒道"，后来避刘恒的讳，所以成了"道可道，非常道"。《说文解字》说："道，所行道也……一达谓之道。"即人走得畅通无阻的道路叫作"道"。那么，为什么常道不可道？老子所谓的"道"到底是什么？北宋陈景元的解释最妙："夫道者，杳然难言，非心口所能辩。故心困焉，不能知。口辟焉，不能议。在人灵府自悟尔，谓之无为自然。"常道是心得、自悟，所以不可道，而老子的常道就是无为自然。在老子看来，无为自然就是宇宙的正确路径（道）。

②**名可名，非常名**：第一个"名"指具体事物的名称；第二个"名"是称谓；第三个"名"的范围很窄，它只是老子"道"的名称。为什么道的名（常名）不能表述？王安石用四个字解释："道本无名。"

③**无名，天地之始，有名，万物之母**："有"与"无"是中国思想史上非常重要的一对哲学范畴，它的创立者正是老子。"无"不是没有，而是隐；"有"则是显。道是无，因为它不显现，只在事物中

主宰着事物；事物本身则是显，它之所以显现成这样而不是那样，都是"无"在起作用。司马光说："天地，有形之大者也，其始必因于无，故名天地之始曰无；万物以形相生，其生必因于有，故名万物之母曰有。"

④**故常无欲，以观其妙；常有欲，以观其徼**：妙，微妙；徼，端倪。王安石对这句话的解释很特别："盖昔之圣人，常以其无思无为以观其妙，常以感而遂通天下之故以观其徼，微妙并得，而无所偏取也。"

⑤**玄**：有版本为"元"，这是为了避康熙玄烨讳。苏辙说："凡远而无所至极者，其色必玄。"也就是说，远看一物，看不清，这种模糊的状态就是"玄"。"玄"是超形象、超感觉、玄妙不可知的，这里指的是深远玄乎，宇宙万物最精深博大的道理。还有其他说法，"玄"即"旋"、旋转、螺旋上升，代表着运动、变化和生命。在中国古代，旋转状事物具有神秘性和神圣性，比如风的旋涡、水的漩涡、中国人的始祖女娲和伏羲的蛇身纠缠在一起呈旋转状等。旋转状图案中最有名的当数"回"字纹，呈多层旋转状，引申为玄的回返。而当我们说"玄之又玄"的时候，你是不是想到了这些代表了回返运动、变化和生命的事物？它们不停旋转，万物就在它们的旋转中诞生。

译文

能说得出的道，不是永恒的道；可以表述的名，不是永恒的名（这里主要指"道"的名）。天地开始时，不存在有名字的事物，我称它为"无"；之所以有了万物，是因为它们有了名称，于是我用"有"来称万物的母体。站在"无"的角度观察自然从无到有的奥妙，站在"有"的角度观察万物生成的端倪。无和有，本质相同，起源相同，但表现形式和名称不同，不过都可以称为"玄"。玄妙又玄妙的道，万物就从此出。

度阴山曰

制轮高手轮扁有幸到齐国官殿工作。闲暇时，他看到齐桓公在读书，于是问齐桓公："大王在读什么？"齐桓公告诉他："是记载圣人言论的书。"轮扁又问："那圣贤还在世吗？"齐桓公说："他们都已经死了。"轮扁对齐桓公说："那您读的就是圣贤的糟粕啊！"

齐桓公暴跳如雷，威胁他必须说出道理来，否则让武士把他做成肉轮。

轮扁胸有成竹地解释道："我做的轮子，天下无双。现在我老了，想把这绝活传给儿子。可问题来了，我做轮子时得心应手，但把做轮子的诀窍说给儿子听时，有三种感觉：第一，感觉说得很浅；第二，感觉未说完全，丢三落四；第三，也是最要命的，就是每次说同样的道理时，都和前一次有不大不小的差别。"

轮扁的感受，齐桓公隐约经历过。他兴趣大增，要轮扁继续说。

轮扁接着自我分析道："后来我明白了。真正的道理都出自心得，心得是无法说出来的，即使能说出来，也不是真正的心得或只是片面的心得。圣贤讲话写字同样如此，最能体现他心得的话是说不出来的，说出来的话都无法体现他的真正心得，要么不深刻，要么不全面，要么这次说的和下次说的有区别，所以我说您看的都是圣贤的糟粕。"

轮扁这番话体现了《道德经》第一章主要内容"道可道，非常道"的内涵。老子所谓的"常道"是心得，是心里话。心得和心里话很难用言语全面、深刻、完全真实地描述出来，所以当有人和你说"我和你说句心里话"时，他说出来的很可能不是心里话。就好像有人说"我和你说句公道话"时，你一定要相信，即使他真的想说公道话，说出来的话也不可能绝对公道。

影片《邪不压正》中，演员姜文和廖凡有一段关于写日记的精彩对话，姜文说："谁能把心里话写日记里？"廖凡紧跟一句："写出来的那能叫心里话？"

写出来的不叫心里话，心里话是写不出来的。要么是写的不如心里的深刻，要么是写的不如心里的全面，要么是写的和心里想的是两码事。

正如此，你所看到的世界并非客观世界，而是你描述的世界。也就是说，在老子眼中，人类用语言描述的全部事物，都不真实，它的真实只属于描述者本人和相信描述者描述的人。

世上只有两种事实：一种是事实，另一种是被描述出来的事实。前者是老子所说的"常道"，后者是老子所谓的"非常道"。非常道，到处可见；常道，几乎见不到。

虽然如此，但方法总比困难多，一定有方法可以让我们拥有常道。而这方法就藏在中国的一句俗语中，它叫"师傅领进门，修行在个人"。师傅把你带入门的那些可以描述出来的知识，就是"非常道"；你学到多少，能否超越同门甚至超越师傅，靠的绝非师傅口中那些"非常道"，而定要靠"修行在个人"的"常道"。所谓"修行在个人"，就是你用心揣摩的那些非常道，将它们变成自己的心得后，就成了"常道"，如此，你才有可能超越同门，甚至超越师傅。

我们以上"道"出的内容，按老子标准，不能算常道，它是"师傅领进门"；至于你能否从以上内容悟到"常道"，还要看"修行在个人"。

第二章
没有对比就没有伤害

原文

天下皆知美之为美，斯恶已①；皆知善之为善，斯不善已。故有无相生，难易相成，长短相形，高下相倾，音声相和②，前后相随。是以圣人处无为③之事，行不言之教④。万物作焉而不辞，生而不有，为而不恃，功成而弗居。夫唯弗居，是以不去⑤。

注释

①**天下皆知美之为美，斯恶已**：老子辩证法的规律是，确立一方面，必产生与其作对的方面。陈景元说："美善生于妄情，以情之所好为美，情之所恶为恶，纵己妄情，非恶而何？以己之所是为善，己之所非为不善……夫圣人岂无美善，盖有而不矜，同于无也。"赵佶（宋徽宗）则说："世之所美者为神奇，所恶者为臭腐，神奇复化为臭腐，臭腐复化为神奇，则美与恶奚辨？昔之所是，今或非之，今之所弃，后或用之，则善与不善奚择。"大意是，任何事物的两方面对立形成，互相转化，即相反相成。

②**音声相和**：有三种解释，第一，音与声相调和，《礼记》："凡音者，生人心者也。情动于中，故形于声。声成文，谓之音。"第二，声音的大小、清浊、缓急等不同节奏的协和。第三，声音此起彼和。从"有无相生"到"前后相随"六句，皆是在强调事物两方面的对立形成，庸人清晰地看到这种对立，并且彰显；圣人也看到这种对

立，但尽量不矜。

③**无为**：这是《道德经》中神一般的概念，我们来看看各家解释。

陈景元说："无为（拱手缄默）者，谓美善都忘，灭情复性，自然民任其能，物安其分，上下无忧故也。"陈景元对"无为"的理解是：圣人对待任何事物无善无恶，没有偏好，不被任何事物干扰，也不会主动干扰事物。

王雱（王安石之子）说："圣人无心，以百姓心为心。"

憨山德清说："是则善恶之名，因对待（处于相对情况）而有……譬如世人以尺为长，以寸为短，假若积寸多于尺，则又名寸为长，而尺为短矣。凡物皆然，斯皆有为之迹耳。"长短相形是有为，那拒绝长，就不会有对立面短的出现，所以，在憨山德清看来，有为就是让辩证关系成立，无为则是不让辩证关系成立。

张岱年说："'无为'即自然之意。"

陈荣捷说："无为是我们行为的特异方式，或更确切说是自然方式。……无为之道乃自发之道。"

霍姆斯·韦尔奇说："'无为'并不意指避免一切行动，而是避免采取一切充满敌意的侵犯性的行动。"

④**不言之教**：不要用言语指出事物的某一面，让万物自然而然地发展，和"无为"异曲同工。

⑤**夫唯弗居，是以不去**：居，占有的意思。我们不妨看看苏辙的解释："圣人居于贫贱，而无贫贱之忧，居于富贵，而无富贵之累。"这就是"不居"，用现在的话来说，苏辙所谓的"不居"是不被客观环境所拘束，也不会被客观环境影响心情。只要能做到随遇而安，那永远都无所谓失去。

译文

如果大家知道了什么是美好，那也就知道了什么是丑陋；知道了什么是善，也就知道了什么是不善。所以，有和无、难和易、长和短、高和下、音和声、前和后都与美和恶、善和不善一样，相反相成。因此，圣人才按照无为的原则办事，实施不言的教化，让万物自然发生，圣人从不认为自己是万物的创始人，也不将万物占为己有，更不希望万物对自己感恩戴德，大功告成，圣人不以有功自居。按照相反相成理论，正因为他不居功，也就没有功可失去。

度阴山曰

在纸上画条直线，不允许对它有其他任何动作，怎样让它变短？答案是，在它下面画一条比它长的线。这个答案的思路是对比，也就是老子的辩证法。

西汉名臣张释之刚做司法官（廷尉），大家对他一知半解，没人看轻他，但也没人尊重他。他的同僚王生马上要退休了，最后一次在朝堂等待皇帝出来时，王生对张释之说："你我共事一场，我要回家养老了，现在送你一件大礼。"

张释之问："什么大礼，可以在朝堂上送我？"

王生对他大喊一声："张廷尉，我的袜带松了，赶紧给我系上。"

所有官员都被这声喊叫吸引，震撼于王生的行为，他们以为张释之会有雷霆之怒，但张释之却出人意料地蹲下，为王生系紧袜带。

王生微笑，张释之问："我的大礼呢？"

王生说："已经给你了啊。"

张释之一愣，直到退朝，他见大臣们对自己点头示好，才恍然大悟。这"大礼"正是老子的辩证法。

王生在大庭广众之下侮辱张释之,这是以"傲慢"为礼。而张释之接受了这份大礼,呈现给大家的则是谦虚、平易近人的美德。正如老子的"有无相生,难易相成,长短相形,高下相倾,音声相和,前后相随"一样,只有傲慢才能更透彻、更直观地呈现出谦虚。傲谦与有无、难易等事物一样,它们和它们的对立面都相反相成。

再来看个故事。公元649年,李世民(唐太宗)弥留之际,对太子李治说:"军界大佬李勣威望极高,你必须拉拢他为你效力。我死后,他一定轻视你,所以才把他贬出中央。我死以后,你再把他召回中央,恢复其身份地位。他一定对你感恩戴德,无限效忠。"

后来的事情果如李世民所料,李勣被召回后,对李治(唐高宗)的效忠深入骨髓。李世民使用的计策也是老子的辩证法:先把李勣踢进坑里,再让李治把他拉出。由此在李勣心中形成了断崖式的辩证印象:把李世民的行为确立成仇恨后,李治的行为就成了恩德。特别是经过这种对比后,这种恩德更成了大恩大德。

无论是王生对张释之的"傲慢",还是李世民对李勣施加打压后形成的"仇恨",他们两个人这种行为本身不是目的,目的是让其行为产生与其自身敌对的力量,进而形成鲜明对比。

按老子的说法,只要你确立了某一方面,那注定会产生与这一方面作对的力量。比如你确立了"善",那与它作对的力量"恶"就一定产生。你确立了"美",那与它作对的力量"丑"就一定产生。王生确立"傲慢",张释之接受了,那就产生了敌对力量"谦卑";李世民确定"仇恨",李勣接受,那就产生了敌对力量——李治的"恩德"。

你会发现,无论是善恶、美丑、高低,还是傲谦、恩仇,都在形成对比，对比越鲜明，奇迹越大。尤其是当对比双方存于一体时，奇迹更大。人类历史上最美丽的太极图就是黑白对比，黑白的辩证。

这是老子辩证法的威力所在。虽然辩证法有如此威力，但在老子看来，辩证法很不好，固然，它能带给你好处，按辩证法，它也一定给你带来坏处。比如伯夷、叔齐，因为把名声当成了善，而把投降周武王当成了恶，最后活活饿死。再比如《庄子》中的河伯自以为大河很大，特别高兴，结果看到海洋，只能望洋兴叹。

不过，如果你的痛苦是通过对比得到的，那按照老子辩证法，你的幸福也能通过对比得到。所以对于老子的辩证法，一定要辩证看待。

第三章
避免采取充满敌意的行动

原文

不尚贤，使民不争①；不贵难得之货，使民不为盗②；不见可欲，使民心不乱③。是以圣人之治，虚其心，实其腹，弱其志，强其骨④。常使民无知无欲⑤，使夫智者不敢为也。为无为⑥，则无不治。

注释

①**不尚贤，使民不争**：尚，尊尚；贤，德才兼备的人。憨山德清说，"尚贤"是好名，名是争端的开始。如果上不好名（不尚贤），则民自然不争。司马光说："贤之不可不尚，人皆知之，至其末流之弊，则争名而长乱，故老子矫之，欲人尚其实，不尚其名也。"苏辙说："圣人不然，未尝不用贤也，独不尚之尔。"《通玄真经》（《文子》）指出："人之性情，皆愿贤己而疾不及人。愿贤己则争心生，疾不及人即怨争生，怨争生即心乱而气逆。故古之圣王退争怨，争怨不生，即心治而气顺。故曰：不尚贤，使民不争。"

②**不贵难得之货，使民不为盗**：贵，重视；难得之货，贵重难得的货物。苏辙说："（圣人）未尝弃难得之货也，独不贵之耳。"王安石说："尚贤则善也，不贵难得之货，为盗，恶也，二者皆不欲，何也？盖善者，恶之对也，有善则必有其恶，皆使善恶俱忘也。"

③**不见可欲，使民心不乱**：见，显示的意思。陈景元说："可欲者谓外物感情，令人生可尚爱欲之心也，而曰不见者，非远绝不见

也，谓不以见为见，而为无为也。"李霖说："君子之所欲者贤也，小人之所欲者货也。既无尚贤之迹，不求难得之货，是无可见之欲，则民心不惑乱也。"憨山德清说："若在上者，苟不见名利有可欲，则民亦各安其志，而心不乱矣。"

④**虚其心，实其腹；弱其志，强其骨**：虚其心，是断妄想思虑之心；实其腹，是使民安饱自足，心无外慕；弱其志，是让百姓不要才疏志大，做好眼前事；强其骨，是好好工作（种地），健全体魄。北宋刘仲平说："虚心弱志，所以养神。腹实骨强，所以嗇精。"刘骥说："虚其心者，物我兼忘也；实其腹者，精神内守也。物我兼忘，则欲虑不萌，而志自弱矣；精神内守，则形体充实，而骨自强矣。弱其志，则贵乎无知，强其骨，则贵乎无欲，故常使民无知无欲也。"

⑤**常使民无知无欲**：王雱说："知则妄见，欲则外求，二者既除，性情定矣。"

⑥**为无为**：努力做到无为。这是典型的"无为悖论"。为了达到无为，我们必须去为，可为了，又成了有为。在这里，如何努力做到无为呢？答案是，虚其心，实其腹，弱其志，强其骨；具体操作是，"不尚贤""不贵难得之祸""不见可欲"。

译文

不尊崇、奖励德才兼备的人，人民就不会互相竞争；不看重华贵之物，人民就不会为了得到贵重之物而去偷盗；不宣扬引起欲望的东西，民心就不会躁动惑乱。所以圣人如此治理民众：净化他们的心灵，填饱他们的肚皮，使他们意志柔韧，强健他们的体魄。经常使他们没有意见和欲望，使一些有才智的人不敢生事妄为。努力无为，一定走向大治。

> **度阴山曰**

西汉刘启（汉景帝）时，诸侯力量强大，大臣晁错建议削藩，刘启同意。结果，共有七个诸侯国联合叛乱，史称"七国之乱"。"七国之乱"虽然很快被中央军平定，但帝国的君主们完全否决了强行削藩的政治策略。刘彻（汉武帝）即位后，在崇尚道家的各路大臣的谋划下，推出了人类历史上永远无法破解的推恩令。

推恩令的内容很简单：各诸侯地盘由以前只能由嫡长子继承变成所有儿子必须继承。即是说，诸侯去世后，他所有儿子都能得到一部分他的地盘。"推恩"的意思是，诸侯要把恩（地盘）推给所有的儿子，而不仅仅推给嫡长子。

推恩要比削藩精妙十万倍。它的思路来源于老子的"无为"。众所周知，老子所谓的"无为"并非避免采取一切行动，而是避免采取让对方感觉到有敌意的侵犯性的行动。削藩令的实施，就是让对方感觉到敌意，所以对方才反击；而推恩令的实施并未让对方感觉到敌意，因为他的地盘并未变小，虽然被分割，却是在他家族中被分割。

削藩令是让你亲自去解决矛盾；推恩令则是让对方，也就是诸侯一家子解决矛盾。我们可设想下面的场景：你是老诸侯，去世前断然拒绝把地盘分给所有儿子，那你的老婆和儿子们会怎样？很大可能是，让你提前死。

推恩令最魔幻的地方在于，它避免了一切充满敌意的侵犯性行动，把问题和矛盾甚至是敌意，全部交给了问题制造者——诸侯本人解决。而诸侯本人在儿子们面前，没有任何理由不遵旨。

如此，诸侯的地盘被分割。三代以后，诸侯的大地盘被分割成无限个小地盘，大诸侯变成了小财主。汉武帝对付不了大诸侯，但对付小财主绰绰有余。把西汉搅扰得彻夜不眠的诸侯问题,迎刃而解。

这就是无为。其要点在于,当你和对方交流时要使对方"无知无欲"。"无知"是让他对你的行为没有意见;"无欲"是对你没有攻击的欲望和理由。以推恩令为例,那些被分配地盘的孩子,肯定对汉武帝没有意见,也肯定对汉武帝没有攻击的欲望和理由。

当然,推恩令的套路只能在以血缘为重要纽带的中国古代家族才能畅通无阻,因为血缘关系的特殊性以及为了顾及家族脸面,诸侯们只能咬牙中计。那么,有没有方法可以破解推恩令呢?

有人说,可以不执行汉武帝的命令。那不必汉武帝出手,大诸侯的儿子们就会把他大卸八块。推恩令的方法论是无为,指导思想则是人性的恶。没有人会拒绝遗产,所以,人性在,推恩令就没办法破解。

最后,我们要谈的是,如何让你的对手"无知无欲"呢?老子的办法是"不尚贤、不贵难得之货、不见可欲。虚其心,实其腹,弱其志,强其骨"。

这些办法都温和到极致,不会让对方有丝毫反感或产生敌意,切入人性,不露痕迹。不推崇贤能之士,符合大多数平庸之人的心理;不看重华贵之物和刺激人的物质欲望,更符合绝大多数底层人民的现实。至于让大家没事少胡思乱想,有时间多锻炼身体,吃饱饭,简单生活,管好自己少管他人的虚、实、弱、强,更不会让人排斥。通过这些"有为"的小动作,人必然会达到无为的大境界。

第四章
和光同尘：我和大家是一样的

原文

道冲，而用之或不盈①。渊兮，似万物之宗②。挫其锐，解其纷；和其光，同其尘③。湛兮，似或存④。吾不知谁之子，象帝之先⑤。

注释

①**道冲，而用之或不盈**：冲，同"盅"。盅，器虚也，引申为虚；盈，充满。赵佶说："冲者，中也，是谓大和。"陈景元说："冲，虚也，又中也。"陈象古说："冲，和也。"黄茂材说："一阴一阳之谓道，冲者，阴阳和气也。"憨山德清说："冲，虚也；盈，充满也……道体至虚，其实充满天地万物，但无形而不可见，故曰'用之或不盈'。"

②**渊兮，似万物之宗**：渊，深不可测；宗，有所依归。憨山德清说，"（道体）能发育万物，而为万物所依归"。前一句中的"或"和本句的"似"都是不定之词，老子担心他人"将言语为实，不肯离言体道，故以此等疑辞以遣其执耳"。

③**挫其锐，解其纷；和其光，同其尘**：马叙伦等一批专家认为五十六章是这句话的"借尸还魂"（五十六章也有这四句），但王弼本把这四句放在本章，我们认为，王弼是正确的。在所有对这四句的解析中，憨山德清的解释最好："锐，即刚勇精锐。谓人刚锐之志，勇锐之气，精锐之智，此皆无物可挫。唯有道者能挫之，故曰'挫其

锐'。如子房之博浪，其刚勇可知。大索天下而不得，其精锐可知。此其无可挫之者，唯见挫于圯上老人一草履耳。由子房得此而进之于汉，卒以无事取天下……纷，谓是非纷扰，即百氏众口之辩也。然各是其是，各非其非，此皆无人解之者。唯有道者，以不言之辩而解之。所谓大辩若讷。以道本无言，而是非自泯，故曰'解其纷'。和，混融也。光，智识炫耀于外。即所谓饰智惊愚，修身明污者，是也。唯有道者，韬光内照，光而不耀。所谓众人昭昭，我独若昏。众人察察，我独闷闷。故曰'和其光'。与俗混一而不分。正谓呼我以牛，以牛应之；呼我以马，以马应之。故曰'同其尘'。"

④**湛兮，似或存**：湛，没入水中，引申为没有，但只是不可见，所以说，似或者存。

⑤**象帝之先**：王安石说："'象'者，有形之始也；'帝'者，生物之祖也。"

译文

常道虚无而不见（显）本体，但作用却无穷无尽。它深奥啊，好像是可以不断生成万物的祖宗。尽量不露锋芒，淡化竞争意识；混合各种光彩为一种光，与色彩单调的尘土相同。它不可见啊，似乎又真实存在。我不知道它是谁的后代，好像它出现在天地万物之前。

度阴山曰

如何让人卸掉对你的防备心？方法很简单，告诉他，你和他是一类人。

中国历史上功勋盖世却有完美结局的人很少，平定安史之乱的大唐汾阳王郭子仪便是其中之一。郭子仪拥有多数人看不透的大智慧，他下令王府永远大开门户，任人进出，他的家人也穿成普通人模样，和来参观的人打成一片。

有些人劝他："大人应有自重意识，树立威严，只有您自重，别人才更加尊重您。"

郭子仪大笑说："你们不懂啊，我有五百多匹吃官家粮草的马，一千多人吃公家的米粮，我受到的奖赏已经到天顶。世人谁不知道我位高权重？假如我围起高墙，关闭大门，内外无法交通，一旦惹出怨恨，别人诬陷我不守臣子礼节，那我们所有亲族都将粉身碎骨，后悔莫及。现在大门敞开，别人一眼能望到我的全部情况，即使有人想谋害我们，也找不到下手的地方啊！"

众人都称赞郭子仪深谋远虑，其实郭子仪的智慧源泉就在《道德经》第四章中。郭子仪把大门敞开，让一个本该戒备森严、神秘莫测的王府变成了普通民居，这种行为体现了老子两种高度的智慧。

第一，道冲的智慧。"冲"指道虚无而无本体、无边界，其反面是有本体、有边界。郭子仪敞开大门，就是不设边界，就是"冲"。不设边界、不设限，你的活动范围就无限大。而一旦设限，等于画圈圈起了你的利益范围。当人圈住利益时，其实等于圈住了自己。一旦圈住利益范围，不但你的活动范围会减小，还会让其他人对你的利益产生觊觎。毋庸置疑，你设限越广，画的圈子越大，你圈子外的敌人就越多。

第二，郭子仪通过不关闭王府大门等措施，将王府变成民居，融入民居，成为普通民居的一员，这就是老子的高度智慧之一——"和光同尘"。"和光同尘"的本意是假设自己是一团灯光，遇到其他灯光时能毫不违和地合在一起，互不影响；同时也假设自己是一粒尘土，与尘世相同。直白而言，"和光同尘"是与世俗同，与庸人同，不露锋芒，与世无争。

人生在世，一定不能特立独行、傲气冲天，哪怕你本领超群。但更不能因为要融入社会，融入某个圈子而随波逐流，甚至同流合污。

"小隐隐于野"是标新立异，特立独行；"大隐隐于市"才是和光同尘，与时舒卷。和光同尘，是让大家都认为你和他们一样，大家都是自己人。

有些人将"和光同尘"变成了阴谋，代表人物是西汉初年的萧何。萧何被刘邦认定为帝国建立的三大功勋之首，位高权重。西汉建立后，不停有人造反，萧何继续发挥他的力量，在大后方供应刘邦粮草兵马。

有一天，萧何正在沾沾自喜时，某个幕僚告诉他，你大祸临头了。

萧何大吃一惊，向幕僚请教。幕僚告诉他："您如今身居高位，功劳第一，皇上把能赏赐你的全部赏赐了，可你的功勋仍在继续增加，他还拿什么赏你？难道用龙椅吗？十几年来，您一直在大后方，大家都知道您深得百姓拥护，皇上也知道啊！"

萧何倒吸十几口凉气，急问幕僚避祸方法。幕僚说："和光同尘，把你自己变成在皇上眼中普通的人。皇上眼中普通的人当然是有限度的贪婪之徒，只要不对政权贪婪就好。"

萧何心领神会，马上搜刮百姓钱财，又四处放高利贷，百姓哭爹喊娘的向刘邦告状，刘邦认为萧何贪图钱财，没有远大理想，于是大喜过望，派人重赏萧何。

这是剑走偏锋，但这和郭子仪的思路一样，都是发出这样的信息：我和大多数普通人是一样的。

第五章
没有偏好，才更接近真理

原文

天地不仁①，以万物为刍狗②；圣人不仁，以百姓为刍狗③。天地之间，其犹橐籥④乎！虚而不屈，动而愈出。多言数穷，不如守中⑤。

注释

①**仁**：这里指的是儒家的"仁"，即有心、有意识的私爱，是一种偏好。

②**刍狗**：用草扎成的狗，古人用来祭祀。祭祀时，人们恭敬地把它摆在神前，祭祀完毕，立即扔掉并用脚踩，说明人们对于刍狗没有爱憎，它受到尊敬或者遭抛弃都因客观环境改变而改变。

③**圣人不仁，以百姓为刍狗**：程大昌说，圣人如果有心为仁，则为此而妨彼，利一而遗百，其为仁亦劳而小矣。万物自生自化，天地不管，这就是不仁之大仁也。赵佶说："恩生于害，害生于恩，以仁为恩，害则随至。"不恩则无害，所以天地无恩则大恩生，圣人不仁则大仁成。

④**橐籥**：风箱。橐，袋子；籥，楗。风箱好像一个方袋，有个楗，拉动它则出风，把烟排送出去。风箱是老子对道的形象化，它的特点是"虚而不屈，动而愈出"。王雱解释说："虚其体也，动其用也。"赵佶说："橐籥虚而能受，受而能应，故应而不穷。有实其中，则触处皆碍。"朱熹说："有一物之不受，则虚而屈矣；有一物之不

应，是动而不能出矣。"

⑤**多言数穷，不如守中**：中，内心。多言是不虚，不虚就不能受，就会"穷"。只有内心是空虚而能受，应而无穷，所以要守中。

译文

天地没有偏好，它把万物当成刍狗；圣人没有偏好，它把百姓当成刍狗。天地之间如同风箱，空虚而无穷尽，越是抽动风箱，空气越是不断涌出！话说太多就会碰壁，不如只在心里说话。

度阴山曰

天地和圣人没有偏好，对万物、百姓既无恨也无爱。天地、圣人只做自己认为应该做的事，绝不存在任何偏好。

你以为天地生了你是天地的善吗？可你终究会死，难道你的死是天地的恶吗？都不是，天地该让你生时就让你生，该让你死时就让你死，无论让你生还是让你死，都没有任何感情。如同对待刍狗一样，该把它恭敬地供到桌上时就供到桌上，该把它像扔垃圾一样扔掉就扔掉。当我们把它放到供桌上时也并不是因为喜爱它，而当我们扔掉它时也并不是因为厌恶它，我们根本不会花任何感情在刍狗身上，正如老天、圣人不会花任何感情在万物（包括我们）身上一样。

搬倒严嵩的徐阶年轻时曾在浙江某地做教育官员。有一天，两个书生为了争贡生的位置，就在公堂下大吵。徐阶不为所动，专注阅卷。紧接着，又有两个书生为了谦让贡生的位置而在公堂下吵闹，徐阶仍无动于衷，专心阅卷。等阅卷完毕，徐阶把四人叫来说："我不希望有人争夺，也不希望有人相让，诸位应该读过学规，一切按学规办。"

争贡生的脸红了，让贡生的脸也红了。徐阶的"不希望有人争夺，也不希望有人相让"正是圣人不仁的没有偏好。按常理，徐阶应惩罚争贡生的二人，应奖赏让贡生的二人，但他没有。他对好的行为和坏的行为，都无动于衷，没有偏好。只是按规矩处理而已。

孔子说小人最难相处，过于疏远则怨恨你，过于亲近则不尊重你。老子提出的办法是"不仁"：既不疏远也不亲近，把小人当成刍狗一样对待，绝无偏好。没有偏好，才更接近真理。有了偏好，就等于有了立场。立场，无论善恶，都很难客观。

第六章
只有向死而生，才能不负此生

原文

谷神不死①，是谓玄牝②。玄牝之门，是谓天地根。绵绵若存，用之不勤③。

注释

①**谷神不死**：谷，山谷，取其虚义，指道之体；神，玄妙莫测，指道的作用，谷神就是道之体用，就是道，道是无生无死的。还有说法，谷神是谷物之神，引申为生育之神，或认为是溪谷之神，象征女性生殖器。河上公则说："谷，养也。人能养神则不死。神谓五藏之神，肝藏魂，肺藏魄，心藏神，脾藏意，肾藏精与志。"

②**玄牝**：玄，微妙；牝，母体。它是生命之源。刘骥说："玄，天也；牝，地也。"朱熹说："玄是妙，牝是有所受而能生物者。"黄茂材说："玄者，妙道之门；牝者，生物之祖。"

③**绵绵若存，用之不勤**：绵绵，相继不绝，绵绵若存，形容不死之道。勤，尽的意思。

译文

道是永恒存在的，因为它没有生，所以就没有死，它是微妙的母体。这个微妙的母体门户，正是天地根源。它渺渺茫茫，若隐若现，永远不死，作用也永不穷尽。

> 度阴山曰

永远不死的除了神仙，还可以有你，只要你能读懂老子这一章。

秦末，陈胜、吴广起义后，被秦帝国灭掉的六国后裔趁势纷纷复国。前208年，秦帝国名将章邯在击杀复兴的楚国名将项梁后，迅速渡过黄河围攻复兴的赵国。赵国是当时最强大的反秦力量，秦帝国只要消灭了它，就解决了主要问题。赵国在章邯的凌厉攻势下不能抵抗，退守巨鹿。

项梁的侄子项羽率领五万人飞奔营救，渡过黄河后，项羽命令兵士破釜沉舟，烧掉军帐，只带三日粮食，以示不胜则死的决心。众将士见后退已无生路，只能拼死向前寻找生路，双方在巨鹿展开决战。项羽以五万人击溃章邯四十万人，大秦帝国的有生力量至此全部消亡。项羽用"置之死地而后生"的思路创造了历史。

项羽破釜沉舟几年后，有位"战神级"人物——韩信一战成名，这就是韩信和赵国陈余之间的井陉之战。井陉口是太行山八大隘口之一，只能容双架马车经过，不适合大兵团通行。陈余的根据地在井陉后面，只要派兵拒守井陉，谁都无法逾越。

韩信长途远涉，不宜久战。于是派遣兵士越过井陉口，到绵蔓水东岸背靠河水布阵列势，迷惑赵军，增长其轻敌情绪。陈余兵团看到韩信谜一样的操作后，哑然失笑。哪里有人会蠢到背水列阵？这不是自寻死路吗？

兴奋的陈余立即下令大兵团出井陉攻击韩信，韩信下令背水列阵的士兵抵抗，这些士兵因为退无可退，只能拼命进攻。暗地里韩信早已派了一支机动部队绕过战场，潜入陈余阵地，突然发动攻击，拔掉了陈余的旗子，插上了韩信的帅旗，并敲锣打鼓地喊叫着"陈余阵地被夺了，陈余完蛋了"。

陈余军心涣散，士兵如热锅上的蚂蚁，互相踩踏。韩信以三万人轻而易举地击败了陈余的二十万人。在之后的庆功宴上，有人对韩信说："您可真敢玩，居然让士兵背水列阵，这是哪门子兵法？"

韩信大笑说："只要能打赢的兵法就是好兵法。况且，兵法上早就说过，置之死地而后生。如果我给你们一条生路，你们能那么玩命作战吗？不能玩命作战，就不可能取胜啊！"

项羽和韩信取胜的关键是"置之死地而后生"，为什么置之死地后就能生呢？老子的"谷神不死"就是答案。

谷神是不死的，因为它不确立生，所以就没有死，这是老子辩证法。问题是，人类不是谷神，我们已经确立了"生"，那就必有"死"，如何处理好生死问题呢？老子的主意是，先确立死，自然就会产生死亡的对立——生。项羽和韩信正是搞懂了老子的辩证法，先把士兵置之"死"地，然后"死"产生了它的对立——生，从"死"转化过来的对"生"的渴望，让二人轻而易举地赢得了绝对胜利。

在人生问题上，"置之死地而后生"同样有奇效。每个人都喜欢生，可在生的位置上没有和死亡进行过对比，对生的感觉也就没那么深刻。只有在死的位置上经历了鲜明对比后才会绝对感受到生的伟大意义。

我们寻找普通的人生意义，在生中即可找到；但寻找伟大的人生意义，必须从死中寻找。死更能凸显生的意义，这就是向死而生。

老子说："只有向死而生，才能不负此生。"不负此生就是此心光明，此心光明就是从精神层面来说永远不死，永远不死就是谷神不死，谷神不死就是永生。

第七章
无私的智慧

原文

天长地久①。天地所以能长且久者,以其不自生,故能长生②。是以圣人后其身而身先,外其身而身存③。非以其无私邪?故能成其私④。

注释

①**天长地久**:多么美妙的四个字,引无数有情人滥用。庄子说:"天地者,形之大者也。"唐代道士张君相说:"乾刚广覆,历古今不倾。坤柔厚载,经终始弥故。"

②**以其不自生,故能长生**:不自生,是不自营生。赵佶说:"天穹隆而位乎上,经为日月,纬为星辰,而万物覆焉。地磅礴而位乎下,结为山岳,融为川泽,而万物载焉。万物覆载于天地,天地无心于万物,故天确然而常运,地隤然而常处,所以能长且久也。天地有心于生物,则天俄而可度,其覆物也浅矣,地俄而可测,其载物也薄矣。若是则有待也,而生焉故能长生?"司马光说:"凡有血气之类,皆营为以求生,惟天地无为而自生。"在这里,无为可以解释为"不为自己"。

③**后其身而身先,外其身而身存**:身,自身,自己;后其身、外其身,都是无为于身、不自营生的意思。后其身是不争先,外其身是不顾危险。曹道冲说:"后其身而身先,退己进人,为众所推,为后而反先。外其身而身存,齐生死者,不为生死所累,外形骸者,不为

形骸所碍。"

④**成其私**：陈景元说："天地生育万物，而圣人外己全民，皆不以仁恩自恃，岂有自私之心乎？实无私也。无私故能长能久，以其长久，故如能成其私者也。"苏辙说："彼其无私，非以求成私也，而私以之成道，则固然耳。"黄茂材说："人皆亡，己独存；物皆夭，己独寿，非私乎。"吕吉甫说："身者，吾之私也。后其身，外其身，则公而无私矣。无私也，乃能成其私。"

译文

天地永恒而在。它之所以永恒而在，是因为它的所有运作都不是为自己，所以能长久生存。因此，圣人始终在别人后面而不去争抢，结果却能占先；始终把身体置之度外，结果却能安然无恙。正因为他对自己没有私，所以才有很多私接踵而至。

度阴山曰

东汉时期大名士孔融小时和哥哥们吃梨，每次都拿最小的吃，大人们就问他："我们都让你先挑，为什么你总是挑最小的梨啊？"孔融回答道："因为我年纪最小，所以吃梨当然就吃小的。"

这就是孔融让梨的故事。

无独有偶，南北朝时期的名士王泰也有类似的故事。

王泰小时，祖母把一大堆红枣和栗子放到桌上，他的兄弟们一拥而上，抢得昏天黑地，只有他站在一旁，冷眼旁观。祖母问他："你为什么不去抢？"

王泰回答："我谦让而不去抢，自然会有大人赐给我的。"

他祖母很高兴，真就赏了他许多枣子。

所以老子才说，智者"后其身"（谦让不争）。争抢也能获得利益，但是一定会付出巨大代价，而"不争抢"看似什么也得不到，但天道会赐予你与美德相匹配的利益。

老子说，天地之所以长久，是因为它不为自己的生存而奔忙。孔融和王泰之所以得到比其他人更大的梨、更多的红枣，也是因为二人没有为自己抢夺利益。因为没抢夺利益，最后居然得到了更大利益，这就是"以其无私，故能成其私"。

无私之人对他人没有危害，故所有人都喜欢他；自私之人忙着争抢，必然损害他人的利益，因此被人讨厌。一切的自私到最后都会让你付出代价，而看似吃亏的无私，会被他人看在眼里，最终得到他应有的收获。天道不会让无私之人吃亏，会用各种各样的方式弥补他。

第八章
你一争，其实就输了

原文

上善若水①。水善利万物而不争，处众人之所恶，故几于道②。居善地③，心善渊④，与善仁⑤，言善信⑥，正善治⑦，事善能⑧，动善时⑨。夫唯不争，故无尤⑩。

注释

①**上善若水**：上善，至高无上的善；水，老子哲学中最有名气的实体。《洛书》："天一生水。"《管子》："水者何也？万物之本原也，诸生之宗室也。"据此可知，水之所以是上善，第一，它是万物本原；第二，它谦卑不争；第三，水是五行之首，离道最近，其性最近道。一句话：如此厉害的人居然如此低调，当然是上善。

②**几于道**：水的三大至善即利万物、不争、处下。李贽说："水之善，固利万物而不争者也。何以见其不争也？众人处上，彼独处下；众人处高，彼独处卑；众人处易，彼独处险；众人处顺，彼或处逆；众人处洁，彼或处秽。所处尽众人之所恶，夫谁与之争乎？不争则无尤矣，此所以为上善也。居善地七句，皆圣人利万物而不争之实。"苏辙说："《易》曰：'一阴一阳之谓道，继之者善也，成之者性也。'又曰：天以一生水。盖道运而为善，犹气运而生水也，故曰上善若水。二者皆自无而始成形，故其理同。道无所不在，无所不利，而水亦然，然而既已丽于形，则于道有间矣，故曰几于道矣，然而可名之善，未有若此者也，故曰上善。"

③**居善地**：善于在卑下之处待着。苏辙说，水"避高趋下，未尝有所逆，善地也"。低地即善地，低姿态即善。

④**心善渊**：心善于如渊潭一样安静。苏辙说，水"空虚静默，深不可测，善渊也"。意思是此心不动。

⑤**与善仁**：苏辙说，水"利泽万物，施而不求报，善仁也"。这是典型的"做好事不留名"。

⑥**言善信**：信守承诺。赵佶说，水"避碍而通诸海，行险而不失其信"。苏辙说，水"圆必旋，方必折，塞必止，决必流，善信也"。不管前路多坎坷，我说要去大海，一定滔滔不绝，必到大海。

⑦**正善治**：正，通"政"。李隆基（唐明皇）说："从政善治，亦如水之洗涤秽物，令其清净。"苏辙说，水"洗涤群秽，平准高下，善治也"，洗涤群秽是刷新政治，平准高下是均贫富。

⑧**事善能**：苏辙说，水"遇物赋形，而不流于一，善能也"。水既能随遇而安，也能随物改变。它在方形容器中就成方形，在圆形容器中就成圆形，不拘一格，随形成形，灵活透顶。

⑨**动善时**：苏辙说，水"冬凝春泮，涸溢不失节，善时也"。冬天，水结冰；春天，冰融化，在正确的时间做正确的事，这就是动善时。

⑩**夫唯不争，故无尤**：苏辙说："有善而不免于人非者，以其争也。"意思是，一个人即使拥有水的这七种善，只要与他人争，那还是会受人非议。可见，七善不如一不争。争，是老子哲学中最危险的警戒线。

译文

最高的德行如同水。水便利万物又不和它们争，处于众人所讨厌的卑洼之地，和道非常接近。具备水之美德的人如水一样安于卑下，心思如深渊般宁静，用仁爱与人交接不求回报，言出必行，和水一样平静无为，不拘一格、随遇而安，善于抓住时机。正因为和万物不争，所以不会出现过失。

度阴山曰

水从不争先（功利），只争不舍昼夜（永恒），滔滔不绝（润物无休）。

春秋时期齐国宰相晏子的故事很多，最有名的当数"二桃杀三士"。当时，齐国文有晏子，武有三位能征善战的大将公孙接、田开疆、古冶子。但这三位并非"善茬"，经常不把齐景公放在眼里。齐景公暗中训练大力士，要除掉这三位。晏子说："不必，两个桃子足够。"

在一次大型宴会上，群臣都在。齐景公按晏子的计划，命人拿出两个桃子对群臣说："这是我亲手栽种的桃子，可惜只结了四个，我吃一个，相国（晏子）吃一个，还剩两个，诸位可叙述自己的功劳，谁功劳大，谁就可以吃。"

群臣都知道宴会中功劳最大的是国君、相国和让敌人胆寒的那三位将军，所以，谁都不会来争，也知道自己没资格争。短暂的沉寂后，公孙接最先跳出来说："我陪主公打猎，第一次杀死一头野猪，第二次杀死一头老虎。我大概有资格吃一个桃子吧？"于是他拿了一个桃子，还未等吃，田开疆就冲出来说："当初敌人来攻，我率军直冲敌阵拯救主公，如果没有我，主公您还能在这里吃桃子？"说完，就拿起最后的桃子并立即咬了一大口。

最后的古冶子看到两个兄弟如此猴急，不禁冷笑说："我曾经为主公驾车渡河，一头巨鼋咬住了马，我跳进河底，费了九牛二虎之力把巨鼋杀死，救主公脱险。难道我不比二位更有资格吃桃子吗？"

公孙接、田开疆见状，都认为自己的功劳比不上古冶子，但却在古冶子之前拿起桃子而毫不谦让，实在是很贪婪。既如此，还不知羞耻的活着，算什么勇敢，接着就相继自杀了。

古冶子也拔出剑说："我们三人本亲如兄弟，现在因争两个桃子，你们两人被我逼得自杀了。我如果独活，是不仁；我自吹自擂而羞辱勇士，是不义；悔恨自己做错了事还不肯死，就是不勇。"说完，也举剑自杀。

两个桃子，干掉了当时齐国最勇猛的三个英雄，晏子的智谋让人不寒而栗。那么，如果你是公孙接等三人，你有办法破解晏子设置的这个局吗？

当然有，办法就藏在《道德经》这一章中，具体操作方式是让你效仿"水"。"水"在老子哲学中的地位无与伦比，因为它符合老子的道：善利万物而不争，处众人之所恶。也就是说，水有三大特点：第一，它利万物；第二，它利万物后不争这些利；第三，它不是在众人不喜欢的低处，就是在去往低处的路上。

公孙接等三人完全可以用"水之道"来破晏子的局：告诉晏子自己没有资格得到桃子，所以不会去争桃子。然而事实却是，他们是最有资格得到桃子的。正因为最有资格得到桃子（利万物）而不争桃子（利万物后不争利），并谦虚地认定自己没有资格（处于众人不喜欢的低处）取得桃子，才不会有任何伤害。

公孙接等人破解晏子死局的关键点不是"不争"，而是"有资格争而不争"。如果把三人换作其他大臣，晏子完全可以命令对方争，但晏子绝对不敢命令公孙接三人争，因为人家有拒绝他的资本——利万物的功劳。

天下的水从来不走直线，也从来不去人人羡慕的高处，而是九曲十八弯，永远处在卑洼之地。原因很简单，它不走直线，是尽可能地让更多万物获利；它不会和被它滋润的任何一物讲条件，这是不争；它处卑下，是一种有实力、有资格的谦虚。

老子在这里说，水的七种特质（居善地，心善渊，与善仁，言善信，正善治，事善能，动善时）可以作为圣人的特质。归根结底，我们学习水所要达到的最高境界是不争，不争不是没办法争，而是有资格争却不去争。

你只要一争，就输了。

第九章
见好就收，不行就撤

原文

持而盈之，不如其已①。揣而锐之，不可长保②。金玉满堂，莫之能守③。富贵而骄，自遗其咎④。功遂身退，天之道⑤。

注释

①**持而盈之，不如其已**：持，执持；盈，盈满，积蓄满当当的财物，要盈出，此处引申为自满膨胀的意思。

②**揣而锐之，不可长保**：揣，作"捶"，锻击，通"锐"：锐，磨利。

③**金玉满堂，莫之能守**：王安石说："堂者虚而受物者也，金玉满之，则是盈，故不能守。"西汉人严君平说："金玉之于身，而名势之于神，若冰若炭，势不俱存，故名者神之秽也，利者身之害也。"所以，对于害要祛除，而不是拥有。

④**富贵而骄，自遗其咎**：王安石说："富贵不期于骄而骄自至，所以遗咎患也。"可见，富贵了骄傲是人性。有没有解决办法？河上公说："富当赈贫，贵当矜贱。"如此才有可能抵消灾祸。如果不这样做，那就一定有大祸。

⑤**功遂身退，天之道**：有版本是"功成名遂身退，天之道"，大体都是一个意思。那么，凭什么说"功遂身退"是"天之道"呢？中国古人（包括老子）是从四季更替中得到的经验，春天带来温暖，万

物复苏,这是春天的功劳。春天做完这一切后立即退后,让位给夏天。夏天带来雨水和高温,让万物生长,做完这一切后绝不留恋,立即离开。接着是秋天登场,最后是冬天。四位兄弟转一圈后,重新转圈。春夏秋冬的交替变化就是功遂身退的实际演练,老天在背后默默观察这一切,看它们运行着天之道。"功遂身退"这四个字对中国人的影响太大,最后成了无法破解的咒语,谁违背谁一定倒霉。那么,它真的是万古不易、真实不虚的天道吗?

译文

积蓄满当当的财物,不如罢手为好;锤炼成的锋利金属,迟早折断。金玉堆满屋子,少有人能守住;富贵还骄傲,就是给自己招灾。功成身退,才符合天道(自然法则)。

度阴山曰

春秋后期,吴国和越国争霸。先是越国打败吴国,吴国埋头苦干后又灭亡越国。越王勾践主动给吴王夫差当奴隶,用毫无底线的谄媚骗得夫差的信任。夫差将他放回越国,勾践在两个大臣文种和范蠡的帮助下,卧薪尝胆,苦心经营几十年后,终于灭掉了吴国,取得了绝对的霸主地位。

越国死而复生后,所有人都认为,文种和范蠡将得到无可限量的荣华富贵,但范蠡突然向勾践提出告老还乡。

勾践假惺惺地说:"不允许你说这样的话,如今大功告成,正是我们享受劳动果实之时,你怎能说走就走呢?"

范蠡说:"我的任务是助您灭掉吴国,而不是享受荣华富贵,这是两回事。如今目的已经达到,我不走干什么!"

勾践急忙命人帮范蠡搬家,流着眼泪说:"哎哟,范先生,你怎么舍得抛下我啊!"

范蠡走时,他的战友文种正在家做美梦,梦到自己威风八面。范蠡知道文种这个人的弱点,于是给他写信说:"勾践无情无义,只能共患难,不能共富贵。飞鸟尽,良弓藏;狡兔死,走狗烹。"

文种看到这种晦气的话,回信给范蠡说:"大王不是那种忘恩负义的人。况且,我们辛苦了几十年才有了胜利果实,如今可以共享胜利果实,为何要走?俗话说,上天给予你的,你不要,就会带来灾祸。"

范蠡连连叹息。不久,勾践发现文种非但不走,还想要胜利果实。他暴跳如雷,赏赐文种一柄宝剑,让他抹了脖子。

文种临死前,懊悔地说:"我应该听范蠡的话啊!"

至于他应该听范蠡哪句话,无人得知,恐怕他本人都搞不清。其实范蠡最想告诉他的话是,别走极端,特别是别走到极端。

走狗被煮了吃肉,是因为兔子被它捉尽;弓箭被藏起沾染灰尘,是因为它射尽了飞鸟。如果还有一只兔子在,那走狗不会被煮;如果还有一只飞鸟在,那弓箭也不会被藏。当你把事做绝,走到极端时,它注定会转化到你愿望的反面,让你事与愿违。用一个耳熟能详的成语总结这种注定的流程,那就是物极必反。

问题就在于,绝大多数人都喜欢把事做绝,走到极端。谁不想富可敌国?谁不想占尽便宜?谁不想天下第一?然而,正如老子所说,走到圆满时,它就开始掉头,这个世界上所有的事与愿违,都是因为你走到了极端。

那么,如何避免"物极必反"的发生呢?两个办法。

第一,不要让任何事到"极"的地步,很多事差不多就行了。你可以功成名就,但要身退埋名,即使不身退埋名,也要低调,不可膨胀,不可炫耀,不可认为你功勋卓著。功勋卓著这种事,别人说你可以,但你不能自我吹捧。

第二，对老子"功遂身退，天之道"这句话，可以信，但不可全信。老子早就说过，天地是不仁的，天地之道当然也不仁，它不可能站在人的角度来考虑问题、制定规则。它我行我素，粗暴地让人遵循它的一切规矩，你完全可以不理它！

文种觉得，我帮勾践灭掉敌国，勾践凭什么不给我荣华富贵？我千辛万苦建立的功勋，你就让我两袖清风而退，这简直是畜生行径。

所以，你可以逆天而行，从来没有人说过，逆天而行就一定错误。当然，在"随大溜"的思想下，逆天而行成功的概率过小。

第十章
欣赏比占有更让人舒服

原文

　　载营魄抱一①，能无离乎？专②气致柔，能婴儿乎？涤除玄览③，能无疵乎？爱民治国，能无为乎？天门④开阖，能为雌⑤乎？明白四达⑥，能无知乎？生之，畜之，生而不有，为而不恃，长而不宰⑦，是谓玄德⑧。

注释

　　①**营魄**：营，水谷之精气，营魄就是魂魄。魂和魄是两回事，附着在形体上的被称为魄；附着在气上的被称为魂。一，即道。

　　②**专**：通"抟"，收敛之意。

　　③**玄览**：玄妙的镜子，指得道者的直觉主体。

　　④**天门**：耳目口鼻。这是人身体天赋的自然门户，所以老子称之为天门。

　　⑤**雌**：柔弱退让。

　　⑥**明白四达**：明白，虚的意思；四达，通的意思。明白四达，指心如明镜的大智。

　　⑦**生而不有，为而不恃，长而不宰**：世界上能做到这三点的只有两物，一是道、天地，二是母亲对儿子。老子思想中"生而不有"的思路肯定是仰观天道、俯看母亲而来。

　　⑧**玄德**：德者，得也。得道于己，叫德。玄德，指的是玄妙的德，玄妙的德接近道。

译文

形体和精神（魂魄）合一，能不分离吗？气质专一，本性纯洁，和婴儿不一样吗？洗刷心镜，它能不沾染一点灰尘吗？爱民治国，能不能不用智？耳目口鼻争相和外界接触，能退让不争吗？心如明镜，能做到无为吗？具有以上品质的人，能够生万物，养万物，（虽然如此）却不将万物据为己有，兴作万物却不自恃己能，更不主宰万物的命运，这就是最高德行，是为上德。

度阴山曰

只要你想占有的，一定是身外之物；你不想占有的，一定是与生俱来。

春秋时期，楚王打猎时丢失了一张造价不菲的弓，属下要按原路寻找，他阻止说："失弓的是楚国人，得弓的也是楚国人，弓并没有丢，何必寻找？"

这种精神境界让人顶礼膜拜。但若干年后，孔子却发表了不同意见，孔子说："这个南蛮子境界不高，应该把'楚'字去掉，变成'失弓的是人，得弓的也是人'。"

孔子评价这件事不久后，老子也知道了这个故事，更听说了孔子的评价，他也做出了评价："失弓，得弓。"这四个字的意思是：弓和人和天地万物一样，失去它的看似是人，其实不是；得到它理论上是人，其实也不是。弓是自然和造化的产物，是道的产物，它从道来，最终要归于道，所以说，弓丢在道那里，道得到了弓。也就是说，从道的角度看，既没有失弓也没有得弓。

佛教传入中国后，僧人们听了这个故事后，说了一个字：空。

然后他们花了大力气解释说："楚王是空的，弓也是空的，捡到弓的人更是空的，都是空的，也就无所谓失无所谓得，所以，就是个'空'。"

我们很容易就注意到，无论是楚王的"楚人弓，楚人得"，还是孔子的"人弓，人得"，更或是老子的"失弓，得弓"和佛家的"空"，境界固然不同，但它们的主旨相同。这个主旨就是老子在本章重点强调的"生而不有，为而不恃，长而不宰"中的"占有"问题。

弓本来属于楚王，丢失后，他对于所有物有寻找的权利，但他没有行使这种权利，下令让人立即寻找，这就是"为而不恃"（兴作万物却不自恃己能）；接着，他很大度地放弃了对弓的占有，这是"生而不有"（生万物养万物，却不将万物据为己有）；最后，他不但放弃了占有，反而还说"弓箭被楚人捡到也是件不错的事"，这是"长而不宰"（不强行主宰万物的命运）。

父母生养孩子，与此异曲同工。聪明的父母把孩子看成是独立体，他们不会按照自己的模样去塑造孩子，而是让孩子自我塑造。他们也不会看管孩子一辈子，把孩子变成所谓的"妈宝男""妈宝女"。

人类和动物不一样，世界上所有的动物只是为了生存而使用极为有限的自然之物，比如空间、时间、食物、某些材料等。而人类则始终在追求远超过生存所需的身外之物。他们会尽可能地占有更大空间、更多时间、更丰富的食物，从自然界中占有能占有的全部材料，即使如此，仍然不满足，还要占有更多的人工制造物。

只有人类的占有欲才这么强大，或者说，占有欲是人的本能，是人类独有的行为。

在老子看来，人和动物应该没有区别，动物使用极为有限的自然之物，人也应该这样。人不能强行占有世界上任何事物，尤其是当人有能力占有时，就更不应该占有。人应该像狮子、老虎那些自然物一样存在着，祛除占有的欲望。没有占有欲，就不会有纷争，就不会有战争，就不会有因无法占有而产生的痛苦。

如何祛除占有欲呢？老子给出的方法在本章的开头，只要能做到本章开头这六条，就能祛除占有欲，成为拥有玄德的圣人。

一、载营魄抱一。身心合一，认真做事，不要胡思乱想，可以让内心安宁，静下来后你的占有欲会明显降低。

二、专气致柔。此处的"气"非同小可，它是真气，包括先天元气和后天宗气，在人体内部上蹿下跳地运行，是器官功能的动力，是人体的能源、能量。更玄乎的说法是，它是一股绝对存在的能量流。而"专气"是"抟气"，意为聚结真气。人通过专业训练就可以控制这股气，用意念驱赶真气到身体各个地方"旅游"，它的作用是改善微循环，畅通气血，使生理功能旺盛，所以能养生保健，恢复到婴儿时的状态。

三、涤除玄览。老子研究大师蒋锡昌说，玄览是一种象，常人闭目静坐后，脑中即出现日常声色之观象，就是玄览。修行者应把这种象完全驱出脑子，使自己的心海阔天空，不着一物，然后"专气"才能畅通无阻。道教吹捧的导引之术的第一步，就是涤除玄览，也就是调心。

四、爱民治国，少耍小聪明。

五、天门开阖，退让不争。

六、明白四达，心如明镜。

这六点，最重要的是前三点，前三点其实还是修心的问题。事实上，多数人很难成为老子所谓的拥有玄德的圣人，而无一毫占有欲。作为普通人的我们，只能尽力而为。除了老子高深莫测的方法外，还有两种方法可供参考。

第一，埃利斯在《性的心理研究》中谈道："观看裸体有一个精神上的价值，那可以教我们学会去欣赏我们没有占有着的东西，这个教训是一切良好的社会生活的重要预备训练：小孩子应该学到看见花,而不想去采它;男人应当学到看见一个女人的美,而不想占有她。"意思是,让人从小就被灌输一种思想,这思想就是,欣赏比占有更让人幸福。

第二,人本身具有两种截然不同的特质:一是占有,二是分享、奉献和牺牲。我们完全可以激发、鼓励分享、奉献和牺牲的特质,而对占有的特质漠然视之,隐恶扬善。

最后,我们回到本章的主题,从占有的角度说,世界上有以下几种人:第一种是有能力占有就占有,第二种是有能力占有却不占有,第三种是没能力占有仍想去占有,第四种是没能力占有则不去占有。

老子眼中,第一种是大多数人,第二种是圣人,第三种是蠢人。那么请问,第四种在老子眼中会是什么人?

第十一章
无用之"有"创造有用之"无"

原文

　　三十辐共一毂①，当其无，有车之用。埏埴以为器②，当其无，有器之用。凿户牖以为室③，当其无，有室之用。故有之以为利，无之以为用④。

注释

　　①**三十辐共一毂**：辐，车的辐条；共，凑集；毂，车轮中心的圆木。古代车轮由三十根辐条构成，刘骥认为，这是源于扁鹊的理论。扁鹊认为人有五藏，真气在这里汇集，五藏各有六气，五乘六等于三十，三十股气在五藏中流转不息，如同三十根辐条在车轮中转圈一样。憨山德清说："人人皆知车毂有用，而不知用在毂中一窍。"

　　②**埏埴以为器**：埏，揉的意思；埴，黏土。《通玄真经》说："为国之道，上无苛令，官无烦治，士无伪行，工无淫巧，其事任而不扰，其器而不饰。"憨山德清说："人人皆知器之有用，而不知用在器中之虚。"

　　③**凿户牖以为室**：憨山德清说："人人皆知室之有用，而不知用在器中之虚。"老子在这里举的"车轮""器皿""房屋"都极为朴素，没有任何不必要的雕饰。这是老子淳朴思想的体现。

　　④**有之以为利，无之以为用**：这是"有无相生"的实践版。憨山德清说："譬如天地有形也，人皆知天地有用，而不知用在虚无大道。亦似人之有形，而人皆知人有用，而不知用在虚灵无相之心。"

意思是，你以为天地是"有用"，它只是"有利"，天地背后看不到的无（大道）才是"有用"。你以为人身是"有用"，它只是"有利"，人身里看不到的心才是"有用"。但是，大道和人心如果失去了有形的天地和人身，它们也不会存在。天地与人身是利于大道和人心发挥作用的，这就是"有利"。

译文

三十根辐条集中在车轴上，正因为车毂的中空处，车才有了作用。泥土制作的陶器，正因为有中空处，陶器才有了作用。人凿窑洞，开门窗，制成房屋，房子的空处决定了房子的作用。所以说，"有"只是提供了条件，真正发挥功用的是"无"。

度阴山曰

明代学者吕坤在《呻吟语》中谈到老子的"无用论"时说，剑长三尺，使用时只是那一丝宽利刃；笔长三寸，使用时只是一端锐毫，其余都是无用的。但是，剑和笔如果只有利刃和锐毫，它就不是剑和笔，作用自然无法发挥。可知，无用的东西，是有用的东西所依托的；而有用的东西，是靠无用的东西发挥作用的。高级厨师易牙不能没有帮厨人，铸剑师欧冶子不能没有砧手，大匠鲁班不能没有钻工。这些东西倘若不能缺少，那就说明和有用是一样的，认为它无用，就是笑话！

老子认为，"有"只是提供了条件，真正发挥功用的是"无"。车轮外形只是提供了"车轮"这个条件，真正让车轮转起来的是辐条的中空处的"无"。陶器外形只是提供了"陶器"这个条件，真正让陶器有用的是它的中空处的"无"。房子同样如此。看上去的"有"其实无用，看上去的"无"其实有用。

然而有些人是鼠目寸光、急功近利的，他们似乎只能看到有用，看不到无用。好比站立所需要的面积只那么一点，就认为只这一点是有用的，其他地面都无用。可聪明人知道，正因为无用的其他地方才让你所站立的地方有用。没有无用，就没有有用。正是那些看似无用的存在，才成全了你眼中的有用。

人们总是把幸福解读为"有"——有房、有车、有钱、有权；但幸福其实是"无"——无忧、无虑、无病、无灾。"有"多半是给别人看的，它是无用的"有"；"无"才是自己的，它是有用的"无"。

第十二章
人一吃饱就有无数烦恼

> 原文

五色令人目盲①，五音令人耳聋②，五味令人口爽③，驰骋畋猎令人心发狂④，难得之货令人心妨⑤。是以圣人为腹不为目⑥，故去彼取此。

> 注释

①**五色令人目盲**：五色，青、黄、赤、白、黑五种颜色。陈景元指出，五色本来是分尊卑的，结果后世用五色装饰各种器物，使人忘记了五色的使命，乱了尊卑，成为瞎子。

②**五音令人耳聋**：五音，宫、商、角、羽、徵五种音调。陈景元指出，人类创造各种乐器发出五音，是为了和天地通气，这是五音的正确用途，结果后世用五音制作靡靡之音，扰乱人的心性，所以让人听不到天地之道发出的声音，于是大家都成了聋子。

③**五味令人口爽**：五味，酸、甘、苦、辛、咸五种味道。爽，伤的意思。陈景元指出，五种味道的产生只是为了养人身体，随意吃什么都可。但后世却无所不吃，穷奢极欲，搞得人伤脾胃，污垢了心。

④**驰骋畋猎令人心发狂**：畋猎，畋即田，猎取禽兽，打猎。陈景元说，君主打猎这种事要少，否则既伤身体又违农时。

⑤**难得之货令人心妨**：妨，害的意思。憨山德清说："利令智昏。"

⑥**为腹不为目**：王弼注释："为腹者以物养己，为目者以物役己，故圣人不为目也。"自己充当物质和物欲的奴隶。为腹是维持生

命必需，为目是超越生存的占有欲、物欲。

译文

缤纷的色彩让人眼花缭乱，繁乱的音调搅乱人的听觉，各种味道让人的味觉减退，打猎则让人神智疯狂，稀有的宝物让人行为不轨。因此，圣人只注重是否吃饱肚子，不在声色淫靡的生活上用力。所以，抛掉外在物欲诱惑只让自己基本生活得到满足即可。

度阴山曰

春秋时期，晋国公子姬重耳因国乱而逃亡。在逃亡路上，姬重耳风餐露宿，和跟随他的属下同甘共苦。有一次，姬重耳十余天柴米未进，他的下属介之推竟把大腿肉割下来给他充饥。后来，姬重耳在秦国帮助下回国即位为王，成为"春秋五霸"之一，他本人也被后人尊为晋文公。

姬重耳即位后，重赏那些年跟随他的下属。下属们非常兴奋，但姬重耳却闷闷不乐。有人就问他："您吃尽了苦头，终于苦尽甘来，为何不高兴？"

姬重耳叹气说："我现在常常沉浸早些年吃苦的岁月中，发现那个时候虽然苦，却比现在快乐。而现在，虽然有鱼有肉，不愁吃穿，却有很多烦心事。"

属下听了哈哈大笑说："人吃不饱，只有一个烦恼；一旦吃饱，就产生无数烦恼啊。所以，有道之人会为了减少烦恼而去辟谷，使自己始终处于半饥饿状态。平凡人，会千方百计让自己吃饱，吃饱喝足后，其他烦恼自然就不请自来。"

人的脑子能正常运转，全靠肚中食物为其提供能量。肚子不工作，脑子所想的事情只有一件：肚子什么时候工作。人面对肚子饥饱问题时，只有一个想法；而肚子填饱后，就会有无数想法。这些想法，正是烦恼甚至是痛苦的源泉。

老子的"为腹不为目"，望文生义的解释就是，吃少许食物，让肚子产生只能维持生存的能量，不让脑子有多余能量琢磨其他事情，只琢磨肚子问题。即是说，让肚子和脑子形成闭环：肚子给脑子提供能量，脑子则专一地思考肚子的事情。

按王弼对"为腹不为目"的解释，最快乐的人应是用物为己服务，你要做物的主人，而非相反，去做物的奴隶。做物的主人就是"为腹"，做物的奴隶就是"为目"。做物的主人，一定要少物，因为你不是牧羊犬，可以看管无数只羊；一旦你的物超出了你的基本需求，那物就成了你的主人。当你对着各种拥有物大笑时，物已经牢牢把你掌控了。

当然，在物资匮乏的时代，大多数人"为腹不为目"很容易；但现今，商品琳琅满目，各种物数不胜数，想要"为腹不为目"，难于上青天。所以，我们无法治本，只能治标。治标就是尽力控制自己的欲望，或者是不要和"五色""五音"等容易引起我们欲望的物产生联系。

所有的在五色、五音、五味等欲望上的控制，都是为了肚皮。如果你不能控制这些欲望，它们就会把你变成废人，让你将来吃不上饭。为了能吃上饭，你就必须拒绝这些欲望，这就是"为腹不为目"。

第十三章
能宠辱不惊，才能石破天惊

原文

宠辱若惊①，贵大患若身②。何谓"宠辱若惊"？宠为上，辱为下，得之若惊，失之若惊③，是谓宠辱若惊。何谓"贵大患若身"？吾所以有大患者，为吾有身，及吾无身，吾有何患④！故贵以身为天下，若可寄天下⑤；爱以身为天下，若可托天下⑥。

注释

①**宠辱若惊**：得宠受辱都如同受到惊怕。陈景元说："宠者，谓富贵庆赏诸吉也。辱者，谓贫贱刑罚诸凶也。"平常人受正面激励（宠）和负面刺激（辱），一定会动心受惊。因为人有形骸生死随身而行，为它们不得不牵肠挂肚。

②**贵大患若身**：这句恐怕是《道德经》中能进前三的最难解释的话之一。第一种解释是任继愈先生的："把患得患失像生命一样看重。"第二种解释是陈鼓应先生的："重视身体好像重视大患一样。"第三种则是大多数人的解释："为什么把得失看得如生命一样重要呢？"按照前后文以及诸位大家的解释，我们将其解释为"过分关注身体似的一惊一乍（和得宠受辱一样）"。

③**宠为上，辱为下，得之若惊，失之若惊**：王弼解释道，按照老子辩证法，宠必有辱，荣必有患，受宠想到有辱，所以惊。憨山德清认为，你以为受辱为下、受宠为上吗？其实，受宠也为下，比如一个

臣子，国君宠他给他酒喝，他必须拜谢，撅着屁股跪拜，接受宠爱的过程其实是受辱的过程。如果不得国君的酒，那也不必撅屁股拜谢，所以受宠也是受辱。

④**及吾无身，吾有何患**：憨山德清说："然身，乃众患之本，既有此身，则饥寒病苦，死生大患，众苦皆归，必不可免。"如果无身，那就没有患。

⑤**爱以身为天下，若可寄天下**：以爱身的态度去为天下，其实是忘身的态度。司马光说，贵重天下的人，天下也贵重他，爱利天下的人，天下也爱利他。所以圣人贵爱天下，其实就是贵爱己身。

⑥**贵以身为天下，若可托天下**：以贵身的态度去为天下，其实是贱身的态度。

译文

得宠和受辱都让人惊慌失措，如同过分关注身体状况似的一惊一乍。什么是"宠辱若惊"？得到宠爱是美好的，得到侮辱是压抑的，但得到宠爱让人惊喜，得到侮辱让人惊慌，都是惊心，让人激动，所以就叫"宠辱若惊"。什么叫"贵大患若身"？我们之所以有灾难、祸患，正因为我们过分关注自身，如果不过分关注自身，还会有什么病痛灾祸呢？所以，以贵身的态度去为天下，才有资格被天下人寄以厚望；用爱身的态度去为天下，才能接受上天托付的治理天下的重任。

度阴山曰

脑子最重要，这条信息是脑子告诉你的；宠辱很重要，这条信息是身体告你的。

东晋扬州刺史殷浩，善于清谈，自认在世诸葛亮，大家碍于面子，也都吹捧他。350年，东晋北伐，简文帝让殷浩当前锋，殷浩丑态百出，接连遭遇失败，最后孤身一人逃回国。

桓温早看殷浩不顺眼，连上奏疏指责北伐败绩，简文帝于是把殷浩贬为平民，并指定他待在一个小县城，实际是软禁。殷浩被贬后，装出一副看破红尘的从容模样，但内心深处，仍惦记着荣华富贵，常常有意无意地用手指在空中划着"咄咄怪事"字样。

许久后，桓温控制了东晋，成为实际的帝国元首，大概是人走到高处后，都会对从前做过的激烈的事拨乱反正。桓温突然想起了被软禁的殷浩，于是给他写了封信，请他出山做尚书令。

殷浩看完桓温的信后，不敢相信是真的。由于幸福来得太突然，他一度晕厥。醒后再看，泪流满面。当初让他受苦的是桓温，如今要让他享福的还是桓温，他心中可谓百味杂陈、波涛翻滚。

他马上铺开纸张，给桓温回信。问题来了，按常理，他只要回复"非常感谢"即可，但是，他想得太多了。

他想到当年和桓温是有矛盾的，而这次桓温不计前嫌提拔自己，在信的内容上应该注意一些语气什么的，否则惹恼了本就关系一般的桓温，这次出山说不定就泡汤了。

有了这层考虑，殷浩患得患失起来，总觉得自己写的回信有不妥之处，于是将写好的信拆了又封、封了又拆，不断修改甚至重写，如是反复了十几次。这种神经质的行为最后把殷浩搞得恍恍惚惚。就在这恍恍惚惚中，他竟然将一张白纸装进信封让人带走。

十二分地谨小慎微、全力周全换来的竟然是装错信的乌龙，殷浩这命运是真悲惨啊！

如你所知，桓温收到这封空白"天书"后，非常恼火。他愤怒地说道："我好心好意请你出山做官，你却弄张白纸耍我！我要让你此生永为平民。"

殷浩到死也没有得到桓温的回信，当然就不可能有做官的事情了。殷浩为何会闹出装错信的乌龙？老子的答案就是，宠辱若惊。所谓宠辱若惊，通行解释是无论受宠、受辱，心里都震动，形容人特别在意得失。人为何在意得失呢？

老子的解释是，因为咱们有肉身。这个思维链条就是这样的：因为我们有肉身，肉身要活下去，它或有意或无意让我们始终为它提供物质原料。当我们得到物质原料时，身体会传递给我们欢喜，于是我们欢喜；当我们失去物质原料时，身体会传递给我们痛苦，于是我们悲伤。得到宠爱意味着得到物质原料，被侮辱意味着失去物质原料。所以，无论是失去还是得到，都会心动，也就是宠辱若惊。

老子希望人不要宠辱若惊。第一，受到侮辱，人格一定受到打击；但受到恩宠，人格同样会受伤害，因为恩宠只能是从社会地位高于他的人那里获得。所以，受宠的人必然在赏赐者面前诚惶诚恐，像狗一样。第二，当我们宠辱若惊时，就已经明示了别人，我们是有弱点的，是可以被收买或者被打击的，我们是既吃软又吃硬的。

那么，如何做到宠辱不惊呢？

第一，遵从辩证法。有人说，我可以通过各种特殊训练使自己达到受宠不喜、受辱不悲。这当然也是个方法，然而你心中还是有宠辱的概念，老子的办法是取消宠辱的概念，把自己置身宠辱之外。或者说，按辩证法，你不要确立什么是辱，那自然也就不知道什么是宠。反之，如果你不确立什么是宠，那自然也就不知道什么是辱。

你就像不识好歹的傻子，当别人侮辱你时，你心不动；那么当别人恩宠你时，你心很可能也不动。当你对别人的恩宠无所谓时，对别人的侮辱，也不会太放在心上。这就是老子对辩证法的釜底抽薪秘诀：不确立一方面，自然不会产生这方面的对立面。理论上，你永远都是个宠辱不惊、不悲不喜的中立者，置身事外的冷眼旁观者。

第二，将肉身置之度外。宠辱感是肉身带来，你越为它服务，它越让你的宠辱感深刻。身体是拿来用的，不是用来伺候的。如果你不为它工作而是为别人工作，那它就不会给你带来宠辱感。所以，将肉身置之度外，就是不为它工作，不关注它，把自己扔到为人民服务的汪洋大海中，会让你肉身不烂，灵魂不灭。

第十四章
老子的"道",是历史经验

原文

视之不见,名曰夷①;听之不闻,名曰希②;搏之不得,名曰微③。此三者不可致诘④,故混而为一⑤。其上不皦,其下不昧⑥,绳绳⑦不可名,复归于无物,是谓无状之状、无物之象⑧。是谓惚恍⑨。迎之不见其首,随之不见其后。执古之道⑩,以御今之有,能知古始。是谓道纪。

注释

①夷:没有颜色。道平易而非五颜六色,所以视之不见。

②希:没有声音。道不发出任何声音,所以听不到。

③微:没有形状。道没有形状,所以触摸不到。道是"微",德是"显"。"道德"即"显微无间"。

④诘:穷究,追究,诘问。

⑤混而为一:一,即"道"。夷、希、微这三者不可言说,所以不可分。混,即有不可分的意思。苏辙说:"此三者,虽有智者莫能诘也,要必混而归于一,而后可尔。所谓一者,性也。三者,性之用也。人始有性而已,及其与物构,然后分裂四出,为视为听为触,日用而不知反其本,非复混而为一,则日远矣。"

⑥其上不皦,其下不昧:皦,同"皎",光明、明亮;昧,天色将明未明的状态,阴暗。王雱说,任何有形的物必"上皦下昧"(有阴有阳),但道是"上不皦下不昧",所以很玄。

⑦绳绳：纷纭不绝。

⑧无状之状、无物之象：王弼指出，说道是无，但物却是由它而成；说它有，又见不到它的形状，这就是无状之状、无物之象。

⑨惚恍：若有若无，闪烁不定。

⑩执古之道：另有诸多版本是"执今之道"。其实无论是执"古"还是"今"，老子所说的道是永恒的，古今同一。即是说，执古之道和执今之道，执的是同一个道。

译文

睁大眼都看不见的东西叫作"夷"，竖起耳朵仍听不到的声音叫作"希"，拼命摸索却摸不到的东西叫作"微"，这三方面不可思议（因为它看不见、听不到、摸不着），它们混沌一体。从上面看它，它不光明，从下面看它，也不阴暗，没有头绪，纷纭不绝又无可名状，最终会回到隐形状态。它没有形状，也没有形象，这种状态被称为"恍惚"。从前面看，看不到它的头，从后面看，看不到它的尾。但只要能掌握自古相传的道，就能分析现在的所有事物，（分析现在的事物）就能知道宇宙的原初情况，这就是道的纲要。

度阴山曰

有人问智者：勇敢是什么？智者回答：向前走。人再问：智慧是什么？智者回答：回头看。

朱元璋初起兵时，曾向李善长咨询平定天下的方法。李善长说："我又没有平定过天下，哪里有平定天下的方法。你可以向历史人物学习。"

朱元璋问："平定天下的历史人物那么多，我该向谁学？"

李善长指点他："已有的事，后必再有；已生的人，后必再生，你现在是什么样的人，历史上一定有过这样的你。"

朱元璋感悟良久，想到一人，正是汉高祖刘邦。

李善长点头说："汉高（刘邦）起布衣，豁达大度，知人善任，不嗜杀人，五载成帝业。您也是布衣，出于濠州，跟刘邦的老家沛县不远，效法刘邦所为，平定天下并非难事儿。"

从此，朱元璋处处效仿刘邦，豁达大度，知人善任，终于开创大明王朝。可以说，朱元璋的成功，是历史的助攻。

李世民（唐太宗）登基后，向众臣请教如何把帝国带上巅峰。大臣们各抒己见，轮到智商超群的褚遂良时，他只说了三个字："看杨广（隋炀帝）。"

众人不明白，褚遂良说："向历史借智慧有正借和反借。正借如刘邦、刘秀效仿尧舜，反借如汤武看桀纣。我们反借智慧，凡是杨广赞同的，我们就反对；凡是杨广反对的，我们就赞同。按此规律，天下很快就会大治。"

李世民采纳了这个建议。杨广喜欢悦耳动听的话语，李世民就敲锣打鼓欢迎他人的逆耳之言；杨广喜欢大修宫殿，李世民就住着前朝的宫廷，拒绝任何装修；杨广不惜民力，搞各种浩大基建，李世民就珍惜民力，尽量不折腾百姓。

总之，李世民把杨广当成反面"榜样"，处处和杨广的行为对着干，短短十余年，就把大唐带上了辉煌之路。

无论是朱元璋还是李世民，都在做一件事，就是向历史借智慧，或者说是，效仿历史人物，成就自己。

老子说的"执古之道"的"古之道"到底是什么"道"，我们只需知道老子的学术身份就能得到答案。西汉刘歆在《汉书·艺文志》中说："道家者流，盖出于史官，历记成败存亡祸福古今之道……"由此可知，老子的学术身份是史官。也就是说，老子的全部智慧，尤其是写进《道德经》的智慧，并非来自对大自然的观察，恰好相反，它是来自对人类历史的观察。老子口口声声的"天道"的母体不是地球，也不是外太空，而正是人类的过去。

通俗而言，老子的智慧源于历史，老子所谓的古之道，就是历史之道。所以，若想古为今用（执古之道，以御今之有），必须熟读历史。

读历史到底有用否，古人说过"前事不忘，后事之师"。意思是，记住过去的经验教训，可作以后行事的借鉴。朱元璋、李世民对历史人物的正向借鉴和反向借鉴是最好的证明，"前事不忘，后事之师"这八个字可谓是中国人的圣训之一。

老子说"执古之道"，就是照葫芦画瓢，就是模仿。如果不知如何创新，那先从模仿开始。人类历史上所有的创新，都从模仿开始。西周模仿商朝，在商朝基础上删改后形成自己的特色；商超模仿夏朝，在夏朝基础上删改后形成自己的特色。秦朝之后，全部王朝都在模仿秦，但你不能说汉王朝是秦王朝，唐王朝是汉王朝。它们各有千秋，大家都从模仿开始，最终肯定创新。

中国五千年历史，你所想象不到的任何事都发生过，你所想象不到的人也出现过。经典无数，反面教材也无数，而这些事和人，在今天一定有借鉴价值。因为人心没变，人类历史就不会有多大改变。执了这个道，外面的世界将变得格外清晰，你也能遇事当机立断，行事势如破竹。

第十五章
立于不败之地的七字诀

原文

古之善为道者①，微妙玄通，深不可识②。夫唯不可识，故强为之容。豫③兮若冬涉川，犹兮若畏四邻，俨④兮其若客，涣⑤兮若冰之将释，敦⑥兮其若朴，旷⑦兮其若谷，浑⑧兮其若浊。孰能浊以澄，静之徐清？孰能安以久，动之徐生⑨？保此道者不欲盈⑩，夫唯不盈，故能敝而新成⑪。

注释

①**古之善为道者**：王弼本作是"古之善为士者"，帛书乙本作"古之善为道者"。朱谦之认为此句和第六十五章"古之善为道者"同，所以，我们认为是"为道"而不是"为士"，为道即从事于得道。善为道者，指的是得道的圣人。

②**微妙玄通，深不可识**：玄通，玄则深远难测，通则变化无穷，所以深不可识。得道的圣人与道合二为一，道深不可识，圣人自然也是深远难测，变化无穷而不可认识。还有一种解释是，与朴素的道合一的圣人平平无奇，不会受到特别关注，所以没有人认识他。

③**豫**：和后文的"犹"组合一起，成为"犹豫"，豫，是事前过多思虑；犹，是事后不必要的反刍。犹和豫都是野兽，它们进退多疑，人如果疑惑而无法决定进退时，模样很像这两种兽。

④**俨**：恭敬谨慎。

⑤**涣**：涣散。

⑥**敦**：敦厚。

⑦**旷**：空阔。

⑧**浑**：浑厚。

⑨**孰能浊以澄，静之徐清？孰能安以久，动之徐生**：之所以浊，是因为动。若要清，只需要不动、静下来即可；之所以安（没有生命），是因为静。若要生，只需要动。

⑩**不欲盈**：不想盈满，不冒进。

⑪**敝而新成**：推陈出新、去故更新，腐朽化神奇。

译文

古代得道的圣人，精微玄妙而深通事理，高深不可测。正因深不可测，只能勉强描述他。他行动谨慎如在冬天过冰河，他思想戒惧如害怕恶邻，他待人恭敬有礼如同客人对待主人，他不顽固如同冰河融解，他淳朴如未加工的木材，他内心谦虚如同空谷，他含蓄浑厚如同一池浊水。谁能在动荡混浊中安静下来而慢慢澄清？谁能在安稳中变动起来而慢慢地生机勃勃？这些得道的圣人从来不自大自满，正因不自满，所以总能推陈出新，化腐朽为神奇。

度阴山曰

舜时，中国洪水滔天。舜先是用鲧治水。鲧很倔强，和洪水硬碰硬，洪水到哪里，他就堵哪里。结果，洪水更加肆虐。舜于是命令鲧的儿子大禹接替他老爹的职务。

大禹治水和老爹鲧治水最大的不同是，他尊重水的性格，以格外谦虚的姿态向水"服软"，鲧老爹是到处堵，大禹则是到处疏。最终，他把洪水轻松地引入大海，中华大地露出水面。因这一项对人类有再造之恩的功绩，大禹得到了人们史无前例的歌颂。

但大禹异常低调，回到自己部落后，好像治水的事和他无关一样,仍然过起朴素、简陋的生活。大舜多次派人来找他参加高层会议,大禹却婉拒说,我只是一名普通的部落酋长,天下的事不是我能了解的。

舜大为感动,当他很老时,把大禹叫来说:"禹,我已老眼昏花,主持繁忙的政事感到疲倦,你平日从不懈怠,请接替我总管众民吧!"

大禹连忙摇头说:"我的品德不能胜任啊。"

大舜说:"当年洪水滔天,你既在治平水患中成就功业,又在民众中建立威信。大家说,你既能勤劳为邦,又能节俭持家,不自满自大。所以,你对这个职位胜任有余!"

舜把话都说到这份上,大禹仍然谦让说:"既然如此,就让所有功臣来占卜,看谁的卜兆最吉就由谁来接位吧。"

大舜道:"大禹!我们占卜公事,是在难以决定的时候。如今我已决定,何必占卜。"

大禹只好接受舜的禅让,成为中华之主。大禹对首领之位的再三推辞是发自真心的谦虚,但这种心理却被后人形成固定形式,甚至形成传统。

古人对"自满"特别警惕,对谦虚高度重视。孔子曾在姬允(鲁桓公)的太庙中发现了一个厚底尖收、口薄敞开的倾斜的器皿,有人告诉他,这叫欹。

孔子马上转头对跟随的弟子们说:"这是用来给宽待赦免的人警示自己的器具。空的时候会倾斜,装一半水就会扶正,装满水则会翻倒。"

弟子们很惊奇,当场做实验。他们向倾斜的欹中灌水,随着水的灌入,欹从倾斜慢慢转正,当水刚好一半时,它恰好正当。而随着继续灌水,它开始倾斜,当水注满,欹毫无客气地倾覆,水洒了一地。

孔子马上说:"哪里会有装满了水而不倾覆的器皿呢!"意思是,任何器皿只要注满,一定溢出倾覆,也就是砸锅。

为什么装满水的器皿砸锅,会牵连到人生中有"人只要自大自满就会倒霉"的真理呢?用老子哲学语境来问就是,为什么满则溢呢?

第一,满则溢的理论不一定完全出自《道德经》,但也体现出了老子的"物极必反"论。即是说,按照天道逻辑,任何事物到达极点必然回返,所以,水满则溢,月圆则缺。至于为什么会是这样,是否可以提供科学论证,老子没有。老子似乎只是想告诉你这个结论,你听还是不听,老子不管。这是从天道角度来说的"满则溢"。

第二,从人道角度来讲,满也一定溢。元朝人密兰沙《求仙诗》:"一家富贵千家怨,半世功名百世愆。"意思是,一家富贵让千家万户产生怨恨;半世功业利禄名誉地位,积欠下了百世赎不完的罪孽。这就是"满则溢"的答案,如果你还不懂,那你一定听过这些俗话:出头的椽子先烂、枪打出头鸟、树大招风等。

这些话无非是告诉我们,人有了成绩是可以自大自满的,但有两个前提,第一,你对"物极必反"的天道嗤之以鼻;第二,你不在人类世界。如果你在人类世界,那当你自大自满时,一定会倒霉。

大禹为何受人爱戴?因为他在功勋卓著的情况下谦虚谨慎,不自大、不自满,从来不得意扬扬。孔子为何受万人顶礼,因为他一生都在谦退冲虚、引过自责。他眼中只有自己不尽如人意的地方,从来看不到自己有比别人强的地方。这就是不自满自大,谦虚为王啊!

老子说,只要你不表现出来自大自满,那你就能一直成功。而这种素质,只有得道的圣人才具备。他们是如何做到的呢?老子给出了七字诀：豫、犹、俨、涣、敦、旷、浑。

豫，就是谨慎小心，小心驶得万年船。犹，其实也是谨慎小心，但豫更偏重客观事情，而犹则偏重心理上的预备。所谓俨，意思是恭敬谨慎，不做出格的事。所谓涣，就是不固执，顺其自然。所谓敦，是敦厚淳朴，这既是美德，也是吸引人的一种技能。所谓旷，是虚怀若谷，宽大能容。所谓浑，是水至清则无鱼的反面。

遵循这七字诀的人，就是老子眼中的有道之士：他敦厚、谨慎、不固执，常常保持着微笑。最重要的是，他无时无刻不在谦虚，让所有人在他面前从不自卑。人人都喜欢这样在其身边没有任何压力的人，而这种人，会让你和他交往时特别地舒服。

七个字，其实只说了一个有道圣人的特质：不盈。只要不盈、不表现出盈，前途就是光明的，一切皆有可能。

当然，得道圣人最厉害的恐怕是"浊水变清"。这是个魔术，我们在人生中遇到的很多事，其实都在水中过于搅动而使泥水混合，从而变成浊水。遇到浊水时，大多数人千方百计去水中捞取泥巴，越捞水越混浊。此时，只需要静下来，给自己和事情一点时间，那浊水就会渐渐变清。

许多时候，我们不是不会动，而是不会静。老子认为，有道之人常常能让自己安静，采用一种无为方式解决问题。当然，它在现实中的表现往往成了大事化小，小事化了，没有是非，只有稀泥的混沌之态。这是需尽量避免的，虽然很多时候避无可避。

第十六章
所有失去的，都会以另一种方式归来

> 原文

致虚极，守静笃①，万物并作，吾以观复②。夫物芸芸，各复归其根③。归根曰静，是谓复命④。复命曰常⑤，知常曰明⑥。不知常，妄作，凶⑦。知常容⑧，容乃公⑨，公乃王⑩，王乃天⑪，天乃道⑫，道乃久⑬，没身不殆⑭。

> 注释

①**致虚极，守静笃**：虚，大而空，不带成见；静，宁静，安静。人虚才能接纳更多的实在，人静才能应付更多的变动。大多数人的心境因私欲和外界干扰而不虚空宁静，所以必须做虚空到极点、固守内心宁静到纯一的功夫，以此恢复内心的清明。致虚守静，皆是无为。憨山德清说，认为外物本来没有，谓之"虚"；认为心体本来不动，谓之"静"，世人不知外物本来没有，而自认为实有，所以逐物牵心，其心纷扰妄动。只要认定外物为假象（虚），那心就不会动，于是，致虚极，守静笃。

②**复**：返也，初也。按老子"物极必反"论，返回的任何物都会归于静，观静止的事物当然要比观动态的事物要真切。复，就是万物由无而有，又由有而无，返回到原来出发点的动作和过程。严遵说："天地反复，故能久长。"人反复醒了睡，故能聪明。草木枯了又绿，故能茂盛。一切事物的蓬勃长久，都以"复"为原动力。

③**各复归其根**：根，根本，本原，道，意为回到它的本原。

④**归根曰静,是谓复命**:万物生于道,老死又回归于道,物是动的,道是静的,所以复命就是回归于根(道),就被称为静。

⑤**复命曰常**:万物生于道,回归于道,生死无常,而道就在其中恒常不变,这就是常。

⑥**知常曰明**:知,是悟的意思,能悟到万物复返是永恒之道,就能脑子光明。

⑦**不知常,妄作,凶**:赵佶说:"圣人知道之常,故作则契理,每与吉会。不知常者,随物转徙,触涂自患,故妄见美恶,以与道违,妄生是非,以与道异,且不足以固其命,故凶。《易》曰:复则不妄,迷而不知复,此妄也已。"

⑧**知常容**:容,包容。赵佶说:"知常,则不藏是非美恶。故无所不容。"

⑨**容乃公**:黄茂材曰:"容有容宇宙之量,则无己无人无物,皆冥于一。"苏辙说:"无所不容,则彼我之情尽,而尚谁私乎?"

⑩**公乃王**:陈景元说:"包容动植,于己无私,则襟怀荡然而至公矣;至公无私,则德用周普,天下无不归往者矣。"

⑪**王乃天**:王安石说:"王者,人道之极也。人道极,则至于天道矣。"

⑫**天乃道**:王安石说:"天与道合而为一。"

⑬**道乃久**:刘泾说:"所谓自古固存。"

⑭**没身不殆**:终身没有危险。

译文

让心灵达到极限虚无,让内心清净到无限高度,看竞相生长的万物,观察它们循环往复。万物五花八门,但都要回归它们的本原。回到本原叫作静,即是说,静就是天道。万物从生到死,循环不已,只有主持着循环的道是恒常的,知道这个道理就是聪明。不知道这个道理，而轻举妄动，那就会面临凶险。知道常道的人，能包容一切，包容一切才能对世界坦荡公平，对世界坦荡公平才能全面周到，全面周到才能与天合德，与天合德才能符合自然法则，符合自然法则才能长久，终身没有危险。

度阴山曰

如何用一句话文艺地表达老子的复返之道，答案是：冬天走了，春天还会远吗？

嬴政（秦始皇）统一六国后，自认功德圆满，所以开始追求长生不老术。一方面，他命令炼丹士研究仙丹；另一方面，他派徐福等人远赴东方海岛，希望能找到长生不老药，或者是这方面的科研成果。

然而嬴政最终没有如愿，遗憾地离开了人间。两百多年后，汉武帝刘彻在功成名就后，也效仿嬴政，开始投资生命科学。

但和嬴政一样，刘彻也没有得到不死之术。在刘彻之后，中国历史上无数的皇帝前赴后继，只要生命足够长，一定对长生不老狂热。"天可汗"李世民就死于仙丹中毒，成吉思汗曾向老道丘处机咨询长生之道，明代嘉靖帝朱厚熜三十年修道，希冀长生不死。但是，没有任何人成功。

因为他们都违反了老子所说的"复命曰常"的"常"道，这个"常道"包括两部分内容。第一部分内容是，所有事物最终都会返回它开始的地方，人的生命也包含在内，无论你是贫穷还是富贵，无论你是权倾宇宙还是草民一个，无论你是貌美如花还是奇丑无比，无论你是万人瞩目还是默默无闻，只要你的生命开始了，就注定要返回生命开始的地方。也就是说，只要有了你，你一定会死。至少到现在，没人可以打破这个"有生就有死"的"复命"的道。所以，中国人对这个生死的圆圈总是心平气和地说:"生又何欢,死又何悲?"因为只要你懂得"复命"之道,你就懂得悲欢是相对的,生的那一刻就知道会死,这才是可悲;而死的那一刻知道以另外的方式再生,这才是可欢。

第二部分内容是,"复命"是万事万物的必经之路,"复命"不会只在你身上,它在所有事物身上。我们可以用这样一句话来理解:你不可能永远十八岁,但永远有人十八岁。这话听上去是不是令人绝望?不过按老子辩证法,绝望中必有希望。这希望就是,当你十八岁时,一定有人已经八十岁,十八岁的你之于八十岁的他人就是幸福,就是希望。

当我们懂得了"复命曰常"的道理后,就会如老子所说的那样"能包容一切,包容一切后才能对世界坦荡公正,对世界坦荡公正后才能全面周到,全面周到后才能与天合德,与天合德后才能符合自然法则,符合自然法则后才能长久,终身没有危险"。

如果不明白"复命"这个常道,那就对人生过于执着。对人生过于执着就会增强得失心,眼中只有得失就不会有是非,不会有是非就会不择手段,不择手段就会遭受危险,遭受危险很可能提前丧失性命。所以,承认人必死(复命)反而能长命,总和死亡抗争却提前送命,这就是老子辩证法的奇异之处。

什么样的人才真正懂得"复命曰常"这样宇宙级别的道理呢?老子的答案是:致虚极、守静笃的人。为什么嬴政、刘彻、李世民这些人无法理性看待人有生死这样的复命之道?因为他们不虚不静,或者是没有虚到极致,没有静到极限。

致虚极,是要让心空虚,不带成见,没有对比地接纳一切。人要长生,无非是看到自己越来越老,可还有层出不穷的年轻人,两相对比,自然希望长生。同时,希望长生的人还和从前的自己对比,这种对比更让人伤感。人应该接纳生老病死的自然规律。

守静笃，是要让人内心安静，人心不静，是因为私欲的活动和外界的扰动。归根结底，有欲则动，无欲则静。没有私欲，心自然安静。心安静后就会无欲无求，没有欲求后自然顺其自然，顺其自然后即见复命常道了。

不是因为我们致虚守静后才能看到复命的常道，而是我们一边致虚守静一边看到复命的常道，二者并驾齐驱。

"复命曰常"还有一种鸡汤解释法，用《许愿树》作者约翰·肖尔斯的话说就是：所有失去的，都会以另一种方式归来。

有这样一则寓言，说是有个国王在狩猎时断了一根小指。他疼得龇牙咧嘴，可宰相却说，一切都是最好的安排。

国王大怒，把宰相关押。后来他到深山老林微服私访，结果遇到土著，土著把他捉了准备献祭。忽然发现他少了根指头，这种残次品不能献给上天，于是他逃脱升天。

因为捡了条命，他回来后释放宰相，问他："你说得没错，一切都是最好的安排。可你被我扔进监狱关押这么久，也是最好的安排？"

宰相回答："是的，如果我不在监狱，那么这次肯定会陪您去，我可不是残次品啊，土著一定把我献祭。"

老子说，五花八门的万物出发，转一圈后，注定回归它们的本原。这个本原既是出发的起点，也是能量的守恒。所谓能量守恒，就是约翰·肖尔斯的那句话：所有失去的，都会以另一种方式归来。失去的和归来相加后等于零。

比如你失去青春，可能收获了爱情；失去了人生中最重要的依靠，却收获了坚强；失去了热闹的开心，却收获了独处的思考。也有可能是失去了工作，却收获了时间；失去了奋斗的快感，却收获了"休闲"的从容。

人生如同一个圆，你出发时，一无所有，最终必回到原点而一无所有。你转的圈，就是人生。转的时候，会有失去、挫折、痛苦。不过，失去、挫折、痛苦终究会以另一种方式转回来，回报你。

可无论你失去得多么惨烈，得到得多么壮观，最终，你都要接受你走时和来时一样的一无所有。

第十七章
无为：有所不为，才能有所大为

原文

太上①，下知有之；其次，亲而誉之；其次，畏之；其次，侮之②。信不足焉，有不信焉。悠③兮，其贵言。功成事遂，百姓皆谓"我自然"④。

注释

①**太上**：最上，最好。

②**四种层次的君主**：下知有之，人类历史上没有名号的君主；亲而誉之，五帝（黄帝、颛顼、喾、尧、舜）之世；畏之，三王（大禹、商汤、周文王、周武王）之世；辱之，三代之际（夏桀、商纣、周幽王）。

③**悠**：悠闲自得。这里指清静无为。

④**自然**：这是老子思想宇宙中和"无为"旗鼓相当的概念，它分两部分内容：第一部分是没有任何人为痕迹的客观大自然，你可以把它理解为人类没有诞生前的宇宙，那种状态，就是老子所说的自然。第二部分是顺其自然，指虽然有了人类，但事物并没有被人类干预，其行为发乎本质。比如，一朵生长在野外的花朵就是自然，被人移入室内，浇水培土，就不是自然。张钦和刘笑敢认为，自然的特点有三：一是事物的原始状态，比如幼苗；二是自生或自发，未经人为，它能自我运动；三是内在或长久，事物内在倾向发生的状态，比如，种瓜得瓜，种豆得豆。总之，老子的自然，是事物轻松自如地出

来的状态，不需要外力，不需要专家的建议，处于自然状态的万物，本身就是自我成长者。在成长过程中，不但轻松自如，而且可以笑口常开。

译文

第一等统治者，民众只知道有这样一个人；第二等统治者，民众爱戴他；第三等统治者，民众恐惧他；末等统治者，民众轻蔑他。没有信用的统治者，不会有百姓信任他。第一等统治者清静无为，很少发号施令。大功告成后，老百姓都说"这是我们自己做到的"。

度阴山曰

有人活在"专家建议"中，有人则活在"建议专家别乱建议"中，前者是不自然，后者是自然。

丙吉是西汉汉宣帝刘询的丞相，此人深通《道德经》。一次外出，他看到有群人在殴斗流血，但没有管，径直前行。路过郊野时，看到有头牛正吃力地拉车，他急忙命下属去询问。

下属说："您这是重畜轻人啊！"

丙吉说："你不懂。路人斗殴，有首都治安官（京兆尹）处理，我是宰相，责任是适时考察官员政绩，有功则赏、有罪则罚。宰相是政府中最大的官，应该关心国家大事。比如我让你去问牛，你以为是问牛的健康？如今是春天，天气不应如此酷热，那头牛却气喘吁吁。如果它是因为天热而喘息，那么现在的节气就不正常，农事势必受到影响，农事受影响，百姓会闹饥荒，所以要早做准备。"

斗殴会出人命，丙吉不过问，老牛哮喘，丙吉却当成天大的事。听上去很搞笑，可事实一点都不搞笑，因为丙吉遵循着《道德经》。

老子把人类世界的领导者分为四种,他称道的第一等领导者是无为而治的领导者,无为而治并非不为也并非不治,而是他为的事情不会让天下人反感;他治的事情看不见摸不到,所以你不会去赞扬他英明神武。

丙吉如果见到斗殴后加以制止,肯定会获得群众的掌声和鲜花,但是,这种赞赏和鲜花对于伟大的宰相丙吉而言,毫无意义。

丙吉的行为证明了老子"无为"的一方面:无为指的是不在视线范围内发生的动作,但其效果却惊天动地。

在老子眼中,那些总是被群众奉为明君、青天大老爷的人,恰好是二等的领导者。二等领导者虽然还被老子称道,然而夸赞的热情却泯灭不小,因为他有为。幸好为的是仁政而不是暴政。

至于第三等和第四等领导者,似乎都不被老子看好,让人怕你和让人鄙视你,对你而言都不是好事,对你的组织而言同样如此。至于诚信,这是任何组织的领导者基本素质之一,没有诚信,一切都是虚无。

一等领导者"太上,下知有之"的理论本身不是什么特别的谋略,然而被智慧超群的人一番操作后,它就成了非常厉害的谋略,和其他谋略一样,没法破解。

前206年,西楚霸王项羽谋杀了名义上的天下共主熊心(义帝)。当时的汉王刘邦正和项羽争夺天下,双方打得难解难分。渐渐地,项羽技高一筹,刘邦被逼入绝境。前204年,刘邦突然剑走偏锋,在洛阳宣布为熊心披麻戴孝,发丧三日。他哭得梨花带雨,哪怕是死了亲爹也不至如此。

诸侯被他感动,都站在了他的阵营。项羽最后的失败,和刘邦这次打着为熊心发丧的名义争取了更多诸侯的支持有很大关系。熊心正是老子所谓的"大家只知道有这样一个人"的一级领导者，刘邦对他的使用，也只需要"下知有之"就可以了。

中国历史上把"太上，下知有之"操纵成非常厉害的谋略的是曹操。如你所知，这条计谋被后人称为"挟天子以令诸侯"。挟的"天子"就是"大家只知道有这样一个人"，至于这个人到底是个什么样的人根本不重要，只要他被大家都知道就可以了。汉献帝刘协当时就是"下知有之"的领导者；曹操也只是让天下人知道，皇上还在，天下仍然是东汉的，不过，这个东汉却是以曹操为宰相的东汉。

第十八章
越缺什么，就越会炫耀什么

原文

大道废，有仁义①；智慧出，有大伪②；六亲不和，有孝慈③；国家昏乱，有忠臣④。

注释

①**大道废，有仁义**：大道，老子想象出的最初社会中人和人没有矛盾，没有斗争，大家处于自然、自由的状态，它是老子理想社会的最高原则；仁义是儒家的旗帜，仁是爱人。大道如同太阳，仁义如同烛光。太阳在时，烛光微乎其微不可见，太阳消失，才见烛光。老子不是拒绝仁义，他提倡的"慈"就是"仁"，他提倡的"果"就是"义"。苏辙说："大道之隆也，仁义行于其中，而民不知。道既废，而后仁义见矣。"

②**智慧出，有大伪**：李隆基说："用智慧者，将立法也。法出而奸生，则有大伪矣。"

③**六亲不和，有孝慈**：六亲，即父子、兄弟、夫妇。黄茂材举例说，舜的老爹、继母总想害死舜，舜总是以仁心对待，大家这才知道了舜是大孝子。

④**国家昏乱，有忠臣**：黄茂材认为，商纣王时代昏乱，才有比干这样的忠臣。

> 译文

大道破坏，社会出现矛盾和斗争，才有了拯救这些弊病的仁义；出现矛盾和斗争后，人们就需要用小聪明取得胜利，小聪明的出现带来了欺骗、奸计等诈伪；六亲之间出现了矛盾，才有人要求父慈子孝；国家混乱后出现"不忠"现象，才有了所谓的"忠臣"。

> 度阴山曰

魏斯（魏文侯）常常和大臣们饮酒谈国事。一次，他喝多后感慨道："我怎么就没有豫让那样的臣子呢？"

豫让是晋国权臣智伯瑶的家臣，智伯瑶被赵襄子击杀后，豫让多次刺杀赵襄子欲为主人报仇，是被司马迁高度赞许的人臣之一。

魏斯才发感叹，大臣蹇重马上说："大王，您应该罚酒一杯。"

魏斯很奇怪地问："为什么？"

蹇重回答道："命运好的父母不知孝子，有道的君主不知忠臣。大家知道豫让是杰出的臣子，说明他的君主不怎么样，您觉得呢？"

魏斯恍然大悟，自罚一杯后说道："没有管仲那样的臣子，才会有豫让那样的功劳。"

魏斯的意思是，如果有管仲这样的臣子在，就不可能发生君主被杀的情况。君主不被杀，当然就不会出现豫让复仇的事，自然不会有刺杀的功劳。

与"蹇重论"类似的是魏徵的"良臣忠臣论"。魏徵对李世民说："古代尧和舜的臣子稷和契是良臣，而商纣时的比干则是忠臣。良臣不只会使自身享有美名，还会让君主有好声誉，从而让国家昌盛。忠臣不但会有杀身之祸，也会让君主落得一个昏庸残暴的罪名，最终，国破家亡。"

在老子看来，自然而然的事物如果被我们特意强调、高度关注，那就证明从前的平衡状态已失衡。

塞重说，命运好的父母不知有孝子，有道的君主不知有忠臣。反之，一旦到了孝子被我们高度关注、忠臣被我们特意强调时，那一定是忠孝的德行严重衰退，失去平衡了。忠孝的德行衰退，强调忠孝的那些人就会站在道德制高点上，对另一些人专制。这是非常恐怖的事。

知晓一个人或社会本质的最佳方法，就看他在高度强调什么、炫耀什么。他越是炫耀什么，意味着他越缺什么。

前面我们谈到过，老子的辩证法本身就是一种顶级智慧，将它运用得当，其效如神，刘备就是这方面的高手。

著名的长坂坡之战中，刘备兵团惨败于曹操，他本人仅率二十余人逃离战场，而他的夫人和唯一的孩子阿斗被困曹营。此时，大将赵云义无反顾地返回战场。如你所知，赵将军在乱军之中杀进杀出七次，救出了老刘的夫人和阿斗。

当赵云抱着阿斗冲出重围，把他交给刘备时，刘备突然把阿斗丢到地上说："为这孺子，几损我一员大将。"

众人都被感动，尤其是赵云，从此对刘备是死心塌地，绝没有半点非分之想。刘备这一举动为我们创造了一句歇后语"刘备摔孩子——收买人心"。

赵云七进七出乱军救出刘备唯一的孩子，刘备当时拿不出让赵云感动的赏赐。如果按直线思维，刘备让赵云坐二把交椅都不为过。刘备必须独辟蹊径"赏赐"赵云，于是老子的辩证法登台：用自己最爱的儿子和赵云的功勋比对，摔最爱的孩子就是给赵云最大的封赏！

如果直线解决不了的问题，通过曲线式的对比，就能毫不费力地解决问题，这就是老子辩证法的神威。

第十九章
让事情变得简单,你才会省力

原文

绝圣弃智①,民利百倍;绝仁弃义②,民复孝慈;绝巧弃利③,盗贼无有。此三者,以为文④不足。故令有所属:见素抱朴⑤,少私寡欲。

注释

①绝圣弃智:此处的"圣"指的是于事无不通,显然,这是一种"有为",所以要绝弃。"智"在这里指的是庸人自扰的小聪明,该做的不做,不该做的乱做,当然更要绝弃。

②绝仁弃义:仁是有所爱,义是有所别。有所爱,就有所不爱;有所别,就有所区分,不能一视同仁。不能一视同仁就会产生差别和矛盾,是假仁假义,所以要把仁义绝弃。

③绝巧弃利:巧,指的是先进技术、人工制造的中看不中用的奢侈品;利,指的是私利。

④文:中国传统思想中,文与质是相对的两个范畴,文,文饰;质,质朴。文质彬彬才是君子模样。这里指的是文治法度。

⑤见素抱朴:未染色的丝为素,未加工的原木为朴,意思是放弃后天修饰,返归本来面目。

译文

统治者拒绝自作聪明,人民就能得到百倍利益;统治者拒绝假仁假义，人民就会不自觉地孝慈；消除奇技淫巧和私利，盗贼就会消失。这三点（三绝三弃）不能是耍嘴，而要落实到百姓的具体行动中，让他们知道这样做：现其本真，内心淳朴，私心减少，欲望降低，不求知识。

度阴山曰

法律法条是不是卷帙浩繁、面面俱到更好？我们来看看汉高祖刘邦是如何看待这个问题的。

前207年，刘邦率军进入大秦都城咸阳，这意味着显赫一时的大秦帝国灭亡，刘邦成了咸阳城的主人。面对当时乱哄哄的局面，刘邦让萧何以最快速度制定法律法规，恢复秩序与和平。

萧何马上拿出精简后的秦帝国律法，刘邦看后说："虽然已经很少，但还是多。"

萧何又去精简，刘邦问他："秦帝国为何灭亡？"

萧何回答："当然是严刑峻法。"秦从商鞅时代就确立繁多、严苛的法条和刑罚，百姓无法承受，最终造反。

刘邦摇头说："你说得对，但也不对。秦帝国法律繁多、严苛，只是让老实的百姓无法承受，却让一些奸猾分子得到指引，钻法条空子，搞得作奸犯科屡禁不绝。"

刘邦的意思是，法条越多，对于有些人而言不是禁令，反而是启示。举例说明，有些人可能不知故意杀人和失误杀人的区别，但读了有关法条后，就会把故意杀人伪装成失误杀人，从而减轻罪责。再举例说明，有人不知一夜暴富的方法，忽然看到法律上写了抢劫要判死刑，于是找到了方法，那就是抢劫。

萧何问刘邦："怎样做，才不让刁民钻法律空子？"

刘邦说："渔网有空隙，天网没有空隙，法律法条不必严密，自然就没有空子可以钻。干脆就让百姓只遵守三条法律：杀人者处死，伤人者抵罪，盗窃者判罪！除此之外的秦帝国法律全部废除。"

这就是成语"约法三章"的来历，刘邦将三条法律公布后，得到了咸阳城中父老、豪杰们的热烈拥护。紧接着，刘邦派出大批人员到各县各乡去宣传约法三章。这一措施让刘邦得到了群众基础，几年后，他和项羽争霸，约法三章为它积攒的"粉丝"贡献了主要力量。

刘邦的"约法三章"是老子"见素抱朴"思想的实践版。"见素抱朴"是还事物以本来面目，其思想基础是，所有事物的本来面目都是简单的。越简单越明快，越明快越通透，越通透越简单。

我们总以为绞尽脑汁，把一件事做得面面俱到就是完美，殊不知，这恰好违背了事物的简单本质，弄巧成拙。

由此可知，老子所谓的绝圣弃智、绝仁弃义、绝巧弃利都是见素抱朴，让事情趋于简单。事情简单，就会省力，省力就是无为。事情复杂，就非见素抱朴，而是把清水出芙蓉的女子浓妆艳抹，这是有为。它的危害是，让女子失去本真的同时，还增加了不必要的工作量。

作为个人，我们如何"见素抱朴"呢？

第一，要在外表上淳朴，包括你的神情和装扮，即使是装，也要装出艰苦朴素的模样来，这是要表面的行为成为习惯，最后成为朴素的本能。

第二，内心要敦厚，不做道德和法律不允许的事，让自己变得单纯、胆小一些。守法者最快乐，说的就是人别耍心机，试图做坏事而逃避法律和道德的制裁，只需要敦厚些，只要守法，只知守法。

第三，少些私心，私心多，会斤斤计较，患得患失。别总惦记着自己那点"小九九"，适当时要为他人着想。

第四，降低你所有的欲望，保持一颗平常心。所有的欲望都应以是否干扰、伤害他人为善恶标准，凡是超标，必须降低，最后减少至无，是为寡欲。

这个世界上充满了各种引诱我们为恶的提示，老子只是希望聪明的统治者拒绝这些提示，让人见素抱朴，以最真实的面目示人。当你最真实时，就是你不必用力时，你的行为会从自发倾向中即时地、自由地流淌出来——不多想，也不纠结——与身边环境的种种规定完全适应，有如神助，又与传统的道德规范相和谐。此时，就意味着你进入了无为境界。

第二十章
"不接招"才是绝招

原文

绝学无忧①。唯之与阿②，相去几何？善之与恶，相去若何？人之所畏，不可不畏③。荒兮其未央④哉！众人熙熙，如享太牢，如春登台。我独泊⑤兮，其未兆，如婴儿之未孩；儽儽⑥兮，若无所归！众人皆有余，而我独若遗。我愚人之心也哉！沌沌兮！俗人昭昭，我独昏昏；俗人察察，我独闷闷。澹兮其若海，飂兮若无止⑦。众人皆有以，而我独顽似鄙。我独异于人，而贵食母⑧。

注释

①**绝学无忧**：陈景元说："今之学者，但糟粕而已矣。所言绝学，非谓其绝灭不学也，谓守其自然之性。"

②**唯之与阿**："阿"当作诃，大怒；唯是答应声，唯和阿是顺从和反对的意思。

③**人之所畏，不可不畏**：李隆基说："凡人所畏者，慢与恶也。善士所畏者，俗学与有为也。皆当绝之，故不可不畏。若不畏绝俗学，则众生正性荒废，其未有央止之时。"

④**未央**：央，尽也；未央，未尽。

⑤**泊**：怕。

⑥**儽儽**：颓丧失意。

⑦**澹兮其若海，飂兮若无止**：飂，大风疾速的样子。朱元璋说：

"如昭昭察察，其常人之所为；昏昏闷闷，乃守道之如是，岂昏昏而闷闷？云漂兮其若海，飂兮若无所止，此非海非飂，言其守道如是，人莫知其所之。海，旷也。飂，荡驱也，长风。"

⑧**食母**：一说是吃饭的本能，这里指老子尊崇的是"圣人为腹不为目"；一说是母亲，母亲就是道，指老子只尊重道。第一章中有"有，名万物之母"，母在老子思想宇宙中也是个重量级存在。把道比作母亲，道像母亲一样不但生万物，而且养育万物，并尽可能地身心都跟随着万物。

译文

放弃异化的学说可以没有搅扰。顺从与反对之间能有多少差别？善良和凶恶之间又有多少距离？别人害怕的事，我也会担心。这样的事不胜枚举啊！别人都显得高兴，如同参加盛大宴会，如同春天登上高台。只有我很害怕的样子，好像一个婴儿傻笑；形单影只，格格不入，如同孤魂野鬼。大家都显得满腹经纶，只有我一副失落模样，像傻瓜一样无知无识；别人都表现得特别精明，而我却懵懂无知：深沉如大海，行动飘忽没有固定的方向和目标。别人都能自作主张，有所作为，而我却坚持自己的简陋。我和别人不同，我只遵循道。

度阴山曰

北宋初年，南唐派大臣徐铉出使北宋。徐铉学识渊博，能说会道，有三寸不烂之舌，天下人都恐惧与他交流，北宋臣子们也如此，宰相赵普感到非常棘手，不知派谁去才能对付得了徐铉。

皇帝赵匡胤得知赵普的难处后，命人呈上一份文盲保镖名单。他只扫了一眼，就在名单上圈了个人名说："此人可以。"赵普看了，惊叫起来："他不识字啊！"

赵匡胤仍然坚持，而受命去应对徐铉的保镖也不知怎么回事，糊里糊涂地就去半路迎接徐铉。二人见面后，徐铉开始口若悬河，妙语连珠，言惊四座。可当他看向那个保镖时，他发现对方像个闷葫芦，只是偶尔点个头，除此一言不发。

徐铉以为此人学问精深难测，立即又拿出吃奶的本领，口吐莲花，天花乱坠。可对方仍是一副死人脸。一连几天，徐铉夸夸其谈得口干舌燥，没得到对方半点回应，遂心灰意懒，闭上了嘴巴。在之后与北宋官员的谈判中，由于总想着那个深不可测的保镖，徐铉总失神，一点便宜都没有讨到。

赵匡胤这招叫"以愚困智"，它的玄机是不接招，这是老子所说的道。老子所谓的"道"和现实注定格格不入，因为道是无为（不采取让对方感受到敌意的行动），道是不争。而现实是有为，是争斗。道就是保镖对付徐铉的方法。

赵匡胤派遣的人，正是老子白描的那个看上去傻乎乎的"有道之人"：大家都显得满腹经纶，只有我一副失落模样，像傻瓜一样无知无识。别人都表现得特别精明，而我却懵懂无知（俗人昭昭，我独昏昏；俗人察察，我独闷闷）。

倘若赵匡胤派去的人和徐铉一样精明，此人必接徐铉的招，二人必争吵无止。倘若徐铉赢了，那他会理直气壮；如果他输了，由于是争吵，所以他也不会服输。无论输赢，因为有了"有为"、有了"争斗"，北宋其实已经输了。而用一个不识字的、在别人眼中傻乎乎的保镖，就杜绝了"有为"和"争斗"。保镖的"不接招"没有让徐铉感受到敌意，没有敌人，就没有输赢。最终，一心想有敌人，想要赢的徐铉就输了。

不接招，可以让我们在面对"杠精"，面对他人争斗、攻击时，产生奇效。

第二十一章
真正的人间清醒是恍恍惚惚

原文

孔德之容①，惟道是从②。道之为物，惟恍惟惚③。惚兮恍兮，其中有象；恍兮惚兮，其中有物④。窈兮冥兮，其中有精⑤；其精甚真，其中有信⑥。自古及今，其名不去，以阅众甫⑦。吾何以知众甫之状哉？以此。

注释

①**孔德之容**：孔，大的意思；容，外貌，表现。孔德之容的意思是，大德的表现。苏辙说："道无形也，及其运而为德，则有容矣。故德者，道之见也。"当我们谈道德时，其实我们在谈一个东西：德，它是呈现在你眼皮子底下的道。

②**惟道是从**：唯独遵循此道。

③**道之为物，惟恍惟惚**：道这个东西。按理，道不可见，非物，这里说道之为物，可能是恍惚了。惟，助词；恍惚，超感觉、超形象的存在。黄茂材的解释最棒："恍者，阳也；惚者，阴也。道惟阴阳而已，不谓阴阳而谓恍惚者，升降消长之理，交感契合之情，恍恍惚惚，不可指名，惟心能得之，故其字从心。"

④**惚兮恍兮，其中有象；恍兮惚兮，其中有物**：刘骥说："恍惚者，在有非有，在无非无。惚兮恍，其中有象经，所谓大象无形者是矣；恍兮惚，其中有物经，所谓有物混成者是矣。

⑤**精**：生机。

⑥**信**:神。

⑦**众甫**:甫通"父",众甫,是万物本原的意思。老子思想宇宙中,父母都是重要的隐喻。

> 译文

哪怕是最大的德,也要依据道的准则。道虽然模模糊糊、混沌得难以捉摸,但它客观存在。在混沌模糊中,好像能看见它的形象,又好像能摸到它的实在。在那深远暗昧之处,有具备生命力的东西;它非常纯真,有强大的精神证明它的存在。从现在向古时考证,道的形象始终没有改变,所以可以用它来观察世间万物本原。我是如何了解万物本原的呢?凭借的就是这个。

> 度阴山曰

许多人都认为恍惚是一种状态,但在老子这里,恍惚却是一种大智慧。搞明白了恍惚之智,也就能搞懂老子的道。先来看个故事,故事的主角是王安石的儿子王雱。

王雱是个神童,七八岁时,有人来拜访王安石,顺便带来一大笼子,里面有一头獐、一头鹿。看到王雱正在玩耍,客人逗他说:"你知道哪头是獐哪头是鹿吗?"

王雱之前从没见过獐和鹿,当然不知道。但他灵机一动,答道:"獐的旁边是鹿,鹿的旁边是獐。"

客人听了,感到十分惊奇。王雱回答了却又像没回答,没有回答却又像是回答了,这种似是而非、模棱两可的话就是老子特有的"恍惚"智慧。

恍惚,本义是隐约模糊,不可辨认。但在老子看来,恍惚的状态正是"道":说它有,又看不清,说它没有,你却能模糊地看到,在清晰和不清晰的中间有个状态,就是隐约。所谓隐约,是绝不清楚明白地确定某一事物,让事物模糊。这就好像看云雾中的山一样,隐约可见最好,是一种轻松自如的无为状态,而非要看清,则是有为。

一旦有为,必生烦恼。

北宋大臣吕端做宰相时,有个小官到处说他的坏话:"老吕糊涂,竟然也能当宰相?"吕端属下听了这话,马上要去调查这人的名字、背景。吕端制止说:"不可,我一旦知道了他的情况,对这种公然侮辱我的人自然记在心上。当然,我不会去刻意报复,可以后有什么政事涉及他,凑巧撞到我手里,想做到公正对待就很难了,而我又不是那种公报私仇的人,但不报仇,又过不去。这种状态一定折磨我。所以,不知道最好,大家都相安无事。"

吕端这种"糊涂"行为,就是老子所谓的"恍惚"智慧:很多事,知道比不知道更让人难受,清晰比不清晰更让人煎熬。大道是恍惚的,人遵循大道,自然也应该恍恍惚惚。为人处世不要过于清楚明白,清人郑板桥说"难得糊涂",正是老子"恍惚"智慧的通俗表达。

另一位北宋名臣富弼也深知恍惚之道,遇到有人辱骂他,他装作没有听见。旁人告诉他:"有人在骂你!"他心知肚明,却说:"不是骂我吧。"旁人又好心提醒他:"那人指名道姓地骂你呢!"他仍然拒绝相信地说:"不会吧?天下同名同姓的多着呢!"

这就是不想听得太清楚、知道得太真切,让自己处于恍惚中。有人说,富弼才是人间清醒。因为真正的人间清醒不是清醒,而是无伤大雅之下的糊涂。

老子的道,要求我们尽量不要明确某一方面。明确了某一方面,就会产生它作对的力量:另一方面。倘若不确定一方面,那我们就永远处于两方面不清晰、恍惚的状态中。这种状态不会清晰地告诉我们"某种事物是什么",它只告诉我们"怎么做才像某种事物"。比如老子的"道",老子从来不说道是什么,只说,你只要恍惚就趋近于"道",你只要似水就趋近于"道"。

中国的智慧从来不定义任何事物,只让人间清醒的人去体悟,最终体悟出的事物,才是真正的事物。一旦把某种事物定义,那就限制了事物,同时也限制了我们的脑子和心。不做定义,使其朦胧恍惚,似是而非,才能更大程度地让每个人去思考,并无限拓宽我们的心境。

老子的"恍惚"还是一种被动的自如,那就是"出神""走神"。相信你一定有过这样的经历,看着某事物忽然感觉眼前的一切都模糊起来,身体与心灵飘飘欲仙。整个身心都轻松自如,无比愉悦,这就是恍惚的状态。冥想、自我催眠,都可以让自己进入这种赏心状态,或者是有人在你身边叠纸,其发出的声音也可以让你进入"走神"神境,它带给人的是懒洋洋的舒爽,如果你有过这样的感觉,那意味着你当时正在体验老子的道。

第二十二章
人生的"捆绑销售法则"

原文

曲则全，枉则直；洼则盈，敝则新；少则得，多则惑①。是以圣人抱一，为天下式②。不自见故明；不自是故彰；不自伐故有功；不自矜故长③。夫唯不争，故天下莫能与之争。古之所谓"曲则全"者，岂虚言哉！诚全而归之④。

注释

①**曲则全，枉则直；洼则盈，敝则新；少则得，多则惑**：王安石说："方则易挫，曲以应之，此所以能全也。直则易折，故枉以待之，此所以能直也。海者常处于卑，而为百川之所委，故洼则盈。无春夏之荣华，秋冬之凋落，故弊则新。少者复本则得矣，多者有为则惑矣"。

②**是以圣人抱一，为天下式**："抱一"帛书甲、乙本中为"执一"，"一"指的是"曲则全……"的逆转法则，意思是，坚持万事万物皆会从一方面逆转到其反面。天下式，治理天下的模式、法式。

③**不自见故明；不自是故彰；不自伐故有功；不自矜故长**：这四句皆是从逆转法则得出的智慧总结，只要坚守一方面（不自见、不自是、不自伐、不自矜），就一定能逆转到另一方面（无所不见、无所不是、无不用功、无不有能），所以可以明、彰、功、长。

④**诚全而归之**：绝对是以"委曲可以保全"为代表的逆转法则能够做到的啊。

译文

能弯曲才能保全，能委曲才能伸张；低洼可以充盈，破旧可以刷新；少索取才能得到多，索取多反而混乱迷惑。所以，圣人只用这种逆转法则治理天下。（圣人）对任何事没有成见，才能明察秋毫；不自以为是，才能明辨是非；不自我夸耀，功绩才能长久；不妄自尊大，才能有长进。正因为不争，所以天下没有人和他相争。古人所谓"曲则全"一类的话，岂是空话吗？当然不是，按此而行，就能够实现保全而复归自然无为的轨道。

度阴山曰

老子说，一切事物都在逆转，包括逆转。

秦时，前韩国贵族张良谋划刺杀嬴政（秦始皇），他让人造了一柄重达六十斤的大铁锥。有人劝他说，这么沉重的玩意儿，抡起来太费力，如何刺杀？张良回答，正因为它沉重，抡起来费力，才能狠狠地集中目标，把嬴政一击毙命。这就叫想要轻松，先要沉重。

很多在乡村劈过柴火的人都知道，劈柴的斧子大多很沉。有人觉得，斧子应该制造得轻些，举起来省力。可如果斧子很轻，固然省力了，但劈起柴来就费力了。也正因为斧子沉重，举起来费力，所以劈起柴来才省力。这就叫要想省力，先要费力。先费力后省力，先省力一定后费力。

韩信早年遇到流氓要他钻裤裆，他犹豫许久终于钻过，忍受了胯下之辱。其过程可谓惊心动魄，稍一动气，就是粉身碎骨，哪能有后来的百战成功，名动天下？韩信深知，只有委曲才能保全。而《水浒传》中的杨志便不懂老子的话，意气用事杀了牛二，大好前程葬送梁山。

从前，有块门槛向木佛抱怨说："同样是木头，为何你受众生膜拜，我却受万人踩踏？"

木佛说："你才挨了几斧头，我却挨了千刀万剐啊！"

木佛的意思是，任何人无论在人品还是事业上要有闪光点，必须经历磨难和奋斗。这就是中国古人修行中著名的"捆绑销售法则"：想买幸福，必须先购买苦难。你不购买苦难，老天就永远不卖给你幸福；若想购买成功，就必须先购买磨难，不购买磨难，老天就绝不卖给你成功。

老子所说的"曲则全，枉则直，洼则盈，弊则新"，正是"捆绑销售法则"的表现，若想得到全，必须曲，若想得到直，必须枉……两个对立面水火不容而又互相成就，永远都捆绑销售给我们。

老子还说，少则得，多则惑。意思是，想得少，不纠结，得到的就会出乎意料，从而觉得得到很多。而如果想得多，欲望强，即使得到很多，也认为很少，从而产生困惑。用"捆绑销售法则"来解释就是，若想收获多，就要想得少；若想收获少，只要想得多。

只要你坚信"捆绑销售法则"的真实，那你就知道该如何做事了。我们来看下面这个故事。战国时期晋卿赵鞅（赵简子）刚死，中牟城守将就叛变投靠了齐国。新上任的晋卿赵无恤（赵襄子）把老爹赵鞅下葬后，调兵攻击中牟城。马上要对中牟城包围完成，戏剧性的一幕出现，中牟城城墙突然自行倒塌。这是个绝佳的进攻机会，可赵无恤却下令鸣金收兵。

他的将军们气急败坏道："君主亲率兵马征讨中牟守将，城墙自行倒塌，说明老天爷帮助我们去讨伐这些天理不容的罪人，为什么要撤退？"

赵无恤解释道："有人说，君子不该在有利的形势下欺凌别人，君子也不该在他人处于险境时逼迫他。所以让他们将城墙修好后我们再进攻吧。"

中牟城守将听到赵无恤这番仁义的话后,便请求投降。赵无恤未死一兵一卒,就收回了中牟城,可谓神奇得让人摸不到头脑。

赵无恤的成功,完全符合老子"曲则全"的逆转法则,自然也遵循了"捆绑销售法则":通过后退,其捆绑的对立面——前进——就会出现。值得我们注意的是,单纯的前进也能让成果出现,但它耗费力气。而通过"后退"引出必须出现的"前进",是节省力气的。老子全部智慧的目的就是节省力气,甚至于不用力,不用力才是无为,才是自然,才是道。

那么,问题是,从曲到全,真就注定?或者说,按照逆转法则和捆绑销售法则,努力了就一定能成功?后退了就真能大踏步前进?比如一块木头被千刀万剐后成为人人膜拜的木佛,可菜板子也挨千刀万剐,却仍然只是个菜板子啊。

所以,老子的"从曲到全"应有必要的桥梁,如果没有桥梁,那曲就是曲,不可能全,枉就是枉,也不可能直。

这个桥梁应该有如下特征:

第一,你要先看到全,自信一定能全,曲才有意义,或者说,你曲的背后要有实力。比如赵无恤为什么敢在对方城墙破坏时不进攻,因为他带来的军队十倍于中牟城中的士兵,他根本不怕对方填补城墙后的反抗。倘若没有实力做"曲"的后盾,那"曲"就是没办法,并非老子所谓的"曲"。

第二,曲的过程必须讲究技巧,必须有为,而不是无为。即是说,为了全,你的曲要无所不用其极。

第三,如果达到"全"过于艰难,那索性你就一直曲。按照老子的理论,曲到极限,即使仍在低谷,你也会神经错乱地认为自己走向了巅峰。所谓低谷和巅峰,只是一种自我感觉,没有客观标准,活好自己的感觉,就是道。

第四,"曲"之所以有存在的意义,是因为后来的"全"。没有了"全","曲"什么都不是。当你成功后,你从前的"曲"就会成为光辉的奋斗历程;当你不成功时,现在的你和从前的"曲"都一文不值。

第二十三章
老子的道就是"何事惊慌"

原文

希言自然①。飘风不终朝,骤雨不终日②。孰为此者?天地。天地尚不能久,而况于人乎?故从事于道者同于道③,德者同于德,失者同于失。同于德者,德亦乐得之。同于失者,失亦乐得之。信不足焉,有不信焉④。

注释

①**希言自然**:希言,少说话;自然,老子所谓的道。希言自然,意谓少说话符合道,对于统治者而言,就是少发布各种政令才合乎自然。司马光说:"知道者不言而谕,故曰自然。"顾欢说:"希,少也。人能爱气少言,则行合自然。"大意是,闭上嘴就符合道。

②**飘风不终朝,骤雨不终日**:飘风是狂风,骤雨是暴雨,二者并非自然之态,而是变态,所以不能长久。苏辙说:"阴阳不争,风雨时至,不疾不徐,尽其势之所至而后止。"王雱说:"风雨者,阴阳交感所为,飘骤者,交感之过,所以不能久。"

③**从事于道者同于道**:按照道行事的人应该与道相同一。

④**信不足焉,有不信焉**:统治者欠缺诚信,百姓不会信任他。所谓欠缺诚信,是统治者不"希言",常常急吼吼地朝令夕改,所以不合乎自然。不合乎自然,那道就不会跟随他,德也不会,只有失会跟随他。

译文

少说话（统治者不施加政令）合于自然。狂风不会吹整个早晨，暴雨无法下一整天。谁搞出的狂风暴雨？是天地。天地搞的狂风暴雨还不能持久，何况是人的行动？所以，从事于道的人，所作所为就与道同；从事于德的人，所作所为就与德同，从事于自然的人，所作所为就与自然同。与德相同的人，德乐于帮助他，与自然相同的人，自然乐于帮助他。统治者若欠缺诚信，那百姓就不可能相信他。

度阴山曰

如果选一幅字挂在办公室，你会选哪幅：上善若水、厚德载物、自强不息、天道酬勤、宁静致远、诚信赢天下、何事惊慌……

历史上真实的白居易不仅写诗是一把好手，为人处世上更是高人一等。白居易所生活的时代，政治风云变幻难测，许多和他差不多聪明的人都受到了重大打击，只有他的生活未经波折。

他本和杨虞卿是亲家，但和其关系却淡如水，没有任何利益往来。他和大政治家元稹、牛僧孺关系极好，但坚决不与其结党。他被更大的政治大佬裴度欣赏，却从未向裴度张口请求提拔。所以，当杨虞卿被政敌搞得死去活来，当元稹、牛僧孺几起几落，当裴度殒命政治斗争场上时，和这些人关系密切的白居易每次都能置身事外，完好无缺。

后人评价其保身之道时说，白居易向来都不过于急切冒进，而是致力于谦退，所以能够在去留和爱恨之间来去自如，游刃有余。

"急切冒进"是老子眼中的飘风骤雨，在老子看来，"慢慢来"才是"道"，看似唬人的来去如风并非道，因为它无法持久。

曾国藩常给家中子弟写家书，有封家书居然问子弟："你们最近走路慢些吗？吃饭慢些吗？说话慢些吗？"

走路、吃饭、说话，这是人人能做到而习以为常的事情。但在曾国藩看来，这三件事中有大乾坤。他认为只有心急火燎的人才会走路快、吃饭快、说话快。而心急火燎的人，一定是没有时间思考、整理心境的人，这种人肯定没有出息。

你会发现，所有的优雅都慢半拍，所有重大成果都是慢工而出。松树慢慢长，鲜花几乎瞬间绽放，但青松百千年，鲜花刹那间。简单而言就是，快比慢更慢，慢比快更快。

中国有句古话叫"来得快去得也快"，本义是说暴发户乍富乍贫。其实，这句话完全是老子"飘风不终朝，骤雨不终日"的通俗版。它们都在试图证明，违反自然状态下的任何事物，都不持久。越是速成的东西，灭亡的速度越快。反之，越是符合自然状态的东西越能持久。

比如蝴蝶，它的前身是蛹，蛹破茧才能成蝶，而破茧的过程必须是自然发生。如果你看到一只出现裂痕的蛹中正有只湿漉漉的蝴蝶在挣扎，那千万不要帮忙，当它挣扎了一定时间后，自然破壳而出，飞向天空。可如果你认为它的挣扎很痛苦，擅自将蛹剪开，你以为帮了蝴蝶，反而是害死了蝴蝶。因为它没有过多时间让翅膀变得坚硬有力，属于早产，最后会因为你的"圣母心"而死掉。

老子说，疾风骤雨不会持久，因为它不在自然状态下。自然状态下，风是微风，雨是细雨，如此慢悠悠才能长久。好比我们呼吸，人正常呼吸时会有三个特点：第一，缓慢悠长、有频率，处于非常自然状态下；第二，你感觉不到自己在呼吸，而一旦你大口呼吸，就立即感觉到呼吸，它也不再缓慢悠长，失去了频率；第三，正常的呼吸能维持一天，但玩命呼吸只能维持一会儿，正常呼吸是自然的，玩命呼吸则是不自然的。超出了正常自然的范围，就会出问题。

我们正常的呼吸都是自然而然，虽然有动作，但肉眼不可见。比如婴儿长出第一颗牙齿，春暖花开，许多行为本身一直在进行中，可我们肉眼看不到。这种肉眼看不到的行为，就是老子所谓的"无为"之道：事物不是没有动作，而是不在你视线范围内。符合老子无为之道的人，其行为都是自发表现出来，毫无意识的。

慢悠悠，就是这种毫无意识的自发表现，而"何事惊慌"四个字，则是告诉我们，世界上没有任何事值得你反自然地惊慌，一切都能顺应自然，顺应"慢慢来"的道，就不可能有惊慌之事。

第二十四章
大力不会出奇迹，不用力才会

原文

企者不立，跨者不行①。自见者不明，自是者不彰，自伐者无功，自矜者不长。其在道也，曰余食赘行②，物或恶之，故有道者不处。

注释

①**企者不立，跨者不行**：企，同"跂"，踮起脚跟。司马光说："心有所属，故不能两存。"意思是，脚在这里，心却飞到那里，而不是心与脚在同一处，肯定走不远。俗话说，没学会走就跑，一定摔得鼻青脸肿。

②**余食赘行**：余食，为人所弃的剩饭；赘行，即赘形，赘瘤的意思。

译文

踮脚想站高的人会因为站不稳而摔跤，跨大步急于走快的人会因体力消耗累倒；处处表现自己有见识的人，其见识肯定不高。自以为是的人，其所谓的"是"可能是"非"；自我夸耀的人，不会有功劳；自高自大的人，不会有长进。以上之人的行为对道而言，好比是剩饭、赘瘤一类的东西，人们会厌恶它，所以有道之人都避免有这样的行为或成为这样的人。

> **度阴山曰**

小孩并不是因为跑才摔跤,而是因为没学会走就跑。

你一定听过这个故事,主角是个农夫。他种了很多庄稼,每天都去察看。有一天,他看到邻家的庄稼长势喜人,而自己的庄稼又矮又小。于是,他参悟到了一个绝佳的办法。当夜,他跑到自家田中,把禾苗全部拔高。天明后,他看见自己的禾苗和邻家的一样高,心花怒放。中午,他叫了许多朋友喝酒庆祝。下午,醉醺醺的他跑到庄稼地发现,禾苗全蔫了。

第二天,庄稼统统死掉。他大惑不解地对死掉的庄稼说:"我好心好意帮你长高,你怎么如此不识好歹地死掉了呢!"

这个故事就是揠苗助长,通行的意义是,告诫我们不可违反自然规律。直白而言就是,我们做任何事都要顺其自然。比如走路,肯定要脚踏实地,脚跟完全着地才是顺应我们人类走路这种自然行为的,如果你踮起脚来走路,那就是反自然。比如想走得更远,只需顺应我们的身体状况,持之以恒地慢走就能做到。如果大踏步快走,会提前耗尽力量。

人有能力、有水准,这是自然的事;过度炫耀,就是反自然。因为凡是自然的行为都是省力的,凡是不自然的行为都是费力的。人有本事在身,技不压身;但炫耀本事,唾沫横飞,这就需要很大的力气。

所以,自见者(过度表现自己有见识)、自是者(自以为是)、自伐者(自我夸耀)、自矜者(自满自大)这些反自然的人,即使前期取得一定成功,但很快会失败。

那么,什么是自然的行为呢?给禾苗除草灌溉后,等着它成长就是自然行为;走路脚踏实地、不紧不慢就是自然行为;才华横溢而不张扬,不自以为是,品德高尚而不吹嘘就是自然行为。

从以上的几个比方中我们可以得出自然行为的一个特征,这个特征就是，所有的自然行为都是不用力的、省力的。反之，所有的反自然行为，都必须用力，绝不省力。

脚踏实地地走路，就是不用力的，它是我们自然而然的行为之一。好比吃饭，正常吃饭其实是省力的，可当你玩命吃的时候，就必须用力。正常呼吸是省力的，深呼吸（腹部）则费力；让禾苗自然生长不必用力，拔苗才要用力。自身本领硬是省力的，只有当你不停吹嘘，希望让所有人知道你很硬时，才最耗力气。

所以，老子告诉我们，顺其自然的行为不需要用力，不需要用力就是无为，无为最省力。

我们来看看宋太宗赵光义是如何用最省力的无为解决麻烦事的。他即位不久，首都开封城图书市场就流行一本名为《推背图》的预言书，众所周知，人们对预言总是莫名热衷，大家都热衷后，预言就会变成谣言。不久，开封城中就有谣言说，按照《推背图》所记，宋朝只有两个皇帝，一个是开国皇帝赵匡胤，另一个就是现在的赵光义了。

赵光义听说后，大发雷霆，严禁《推背图》流通，把妖言惑众的人全部斩杀。

这种方法是正面解决问题，它当然有效果。一个月后，市场上的《推背图》被全部焚烧，谣言少了很多。但是，越是被禁止的东西越能吸引人的兴趣，很快，《推背图》又卷土重来。

赵光义出奇制胜，宣布不再禁，反而大批量出版。不过，他在出版中加入了许多胡说八道的话，而且推出了各种版本。

大家开始还很兴奋，后来发现新书内容不但牵强附会，而且每本书的内容都不一样，顿时没了猎奇心理。渐渐地，《推背图》风波冷下来，开封城恢复了平静。

赵光义禁书，是正面解决问题，这必须用力；后来自己出版图书，则是顺应问题本身，是顺其自然，不用力。

这种谋略的玄机在于，不用力，只是不用自己的力量，而是借了问题的力量来反击问题。这正是老子"企者不立，跨者不行"的无为思想的完美运用，非常完美！

第二十五章
追风去，不如等风来

原文

有物混成，先天地生①，寂兮寥兮，独立而不改，周行而不殆，可以为天下母②。吾不知其名，字之曰道，强为之名曰大③。大曰逝，逝曰远，远曰反④。故道大，天大，地大，王亦大⑤。域中有四大，而王居其一焉。人法地，地法天，天法道，道法自然⑥。

注释

①**有物混成，先天地生**：物，指的是道，顾欢说，道非有而有，非物而物，不混而混，混沌不分，而能生成天地。陈鼓应认为，道是浑朴状态的，并不是不同分子或各个部位组合而成，它是个圆满自足的和谐体。儒家认为，一切的最高主宰是天地。但老子降维打击说，道生了天地，道才是一切的最高主宰。

②**寂兮寥兮，独立而不改，周行而不殆，可以为天下母**：憨山德清说："无声不可闻，无色不可见，故曰'寂寥'。超然于万物之上，而体常不变，故曰'独立而不改'。且流行四时而终古不穷，故曰'周行而不殆，穷尽也'。天地万物，皆从此中生，故曰'可以为天下母'。"

③**大**：憨山德清说："老子谓我说此'大'字，不是大小之大，乃是绝无边表之大，往而穷之，无有尽处，故云'大曰逝'。"

④**大曰逝，逝曰远，远曰反**：曰，则的意思；逝，由出发点而

往；远，道离出发点越来越远；反，道做圆圈运动。这句话大意是，道运行而不停止，所以"逝"；应而不穷，所以"远"，走得太远，肯定要回返，所以"反"。

⑤**故道大，天大，地大，王亦大**：道大，天地如果效仿道，那天地就是道，天地大。人如果效仿天地的道，那人也和道、天地一样大。

⑥**人法地，地法天，天法道，道法自然**：李霖说，人效法地的安静，无为而建功。地效法天的无为，所以无为而万物生育。天效法道的自然，所以不产而万物化。道则自本自根，未有天地，自古已固存，没有它要效法的事物。无法者，自然而已，所以"道法自然"。李霖的大意是，人、地、天都有效法的对象，道却没有，它只做了一件事：做最真实的自己。这个真实，就是自然。

译文

有个浑然一体的东西，它出现于天地之前，无声无息无形无体，它不依靠外力，循环运行永不停止，可谓是天下万物的母亲。我不知怎样称呼它，把它称作"道"，勉强再给它起名叫作"大"。大（道）是运行的，是永远运行的，是永远循环运行的。所以道是大的，天是大的，地是大的，万物之灵的人也是大的。宇宙间有四个大，而人占其中一个。人要效法地，地效法天，天效法道，道自然而然。

度阴山曰

如果用一句话来解析历史大势和个人努力的关系，那这句话一定是：没有谁的时代，只有时代中的谁。如果用一句话来解析道和个人的关系，那这句话必须由老子来说：人法道，道法自然。

西汉末年，王莽改革失败，天下大乱，群雄并起。在一番惨烈角逐后，一个叫刘秀的人脱颖而出。随着势力无限扩张，他已有了称帝的资本。然而刘秀性格沉稳，懂得老子的智慧，所以想低调发展。

他的部下们却不这样认为，能征善战的大将耿纯找到刘秀说："您趁势称帝啊！"

刘秀说："当初陈胜称王，不久灭亡，不能不谨慎。"

耿纯说："这就是您不对了，现在局势已非常明朗，天下的力量，您称第二，无人敢称第一。这就是大势，而您称帝，恰好符合大多数人的利益，所以这就顺应大局。能顺应大局而不顺应，老天是要降灾祸的。"

刘秀仍不为所动。耿纯抛出最狠的话来："无数人抛弃家业和亲人跟随您，冒着生命危险在刀口上过日子，为的就是攀龙附凤，升官发财，成就功名。现在，您总是推辞，违背众人愿望，不登大位。我担心大家会对您绝望，纷纷离去。大伙一散，誓难再聚啊！"

刘秀大吃一惊，原来，这些人跟随自己是有私心的。他们把刘秀当成了通往权势与财富之路的梯子，用耿纯的话来说就是，你刘秀就是大势，我们追随大势，大势越好，我们自然也越好。想明白这样的道理后，刘秀宣布称帝，建立东汉帝国。

其实，刘秀不是大势，正如人不是道一样，但刘秀顺应了大势，又通过个人努力获取成功。虽然那个时代不是刘秀创造的时代，但那个时代中注定留下了刘秀的名字。正如开篇的那句话：没有刘秀的时代，只有时代中的刘秀。

我们要说的可不仅仅是刘秀，而是跟随刘秀这个大势的人。比如耿纯，比如后来被刘秀确定为开国功勋的"云台二十八将"，他们固然有建立功业的本领，可如果他们没有摸中那个时代的脉搏跟随了刘秀，那也有可能成功，却不可能那么辉煌。

所以，有脚不重要，重要的是能用脚踩中节点。在中国几千年历史上，顺应大势而成的人多如牛毛。刘邦在建立西汉帝国后，其执政班底成员大多数是他的同乡，朱元璋建立明王朝后，其执政班底成员大多数也是他的同乡。刘邦老家是江苏沛县，朱元璋老家是安徽凤阳，两个小县城，居然藏龙卧虎，所有的治国天才全部投胎那里！

其实，刘邦的执政班组成员和朱元璋的执政班组成员，无非是踩中了点，跟对了人，确切地说，是顺应了大势，最终，获得了其他人无法获取的成功。

这告诉我们，顺应大势是最省力的方式，用某企业家的话说就是：在风口，猪都能飞起来。这不是命运问题，只是个站在风口与否的问题。

老子说："人法地，地法天，天法道，道法自然。"最终的结论就是：人要效法自然。自然，可以理解为自然而然，又可以理解为大势。顺应大势就是自然而然，好比顺风走，不必太用力就能事半功倍，但如果逆风走，困难可想而知，结果也未必好。

老子说，道在永远地重复转圈（大曰逝，逝曰远，远曰反），这和中国的那句古话"天下大势分久必合，合久必分"异曲同工，也和孙悟空的"皇帝轮流做，今日到我家"类似。如果道在转圈，那我们有两种方式遵循道，一是紧跟道跑，二是抓住道跑。

在老子看来，紧跟道跑太累，属于有为；抓住道跑，属于无为。"等风来，不如追风去"是自讨苦吃，在老子那里，正确的做法是"追风去，不如等风来"。

道是循环往复的，风肯定要回来。

第二十六章
此心不动是无为，此心被动是有为

原文

重为轻根，静为躁君①。是以圣人终日行不离辎重②，虽有荣观，宴处超然，奈何万乘之主，而以身轻天下③？轻则失根，躁则失君。

注释

①**重为轻根，静为躁君**：王弼说："凡物轻不能载重，小不能镇大，不行者使行，不动者制动，是以重必为轻根，静必为躁君也。王安石说，轻者必以重为依，躁者必以静为主。"河上公说："人君不重则不尊，治身不重则失神。草木花叶轻，故零落。根重，故能长存。"

②**是以圣人终日行不离辎重**：辎重，军中载器械粮食的车。憨山德清说："兵行而粮食在后，乃大军之司命。虽千里远行，深入敌国，戒其掳掠，三军不致鼓噪以取败者，赖其所保辎重也。"河上公说："辎，静也。君子终日行道，不离其'静''重'。"

③**奈何万乘之主，而以身轻天下**：吕吉甫说："万乘之主，任重道远，以观天下，其可不静且重乎？盖迫而后动，感而后应，不得已而后起，则重矣。无为焉，则静矣。"

译文

持重是轻浮的控制人，虚静是躁动的主宰。所以君子一举一动如同旅行之人，时刻不远离载重的车辆，纵然身处繁华，依然能超然对待。为什么万乘大国的主人却去追求荣华富贵而轻举妄动呢？轻浮会丧失控制力，浮躁则会丧失主宰。

度阴山曰

1100年，赵煦（宋哲宗）去世，他唯一的儿子早他而亡，谁来继承皇位成了问题。赵煦生母向太后把几名重臣叫来，让他们在赵煦的五个兄弟中推荐一人继位。

宰相章惇认为赵煦的同母弟赵似可以，向太后反对说："赵似不似人君。"

章惇又举出一人，是五人中年纪最大的申王。

向太后还是不同意，因为申王的眼睛快瞎了。

章惇也不好再说什么，向太后才把真话说出来："立端王（赵佶）最合适。"

章惇差点跳起来大叫道："端王轻佻，不适合做皇帝！"向太后瞪了章惇一眼说："先帝曾说过，端王有福寿相，人又仁孝，有当皇帝的资格。"

众臣都恐惧向太后，纷纷表示赵佶是天下第一皇帝人选，章惇虽然极力反对，但没有人支持他。最终，赵佶上台，他就是北宋实际上的亡国之君宋徽宗。

章惇说宋徽宗"轻佻"，说的是他不自重，心浮气躁，不务正业。赵佶本是翩翩少年，聪明英俊，每天都到向太后住处请安，很得向太后喜欢。他多才多艺，喜欢书法、画画、写词，还经常骑马、射箭、踢足球锻炼身体。

做亲王时，他就有各种爱好，做了皇帝后大权在握，更把这些爱好变本加厉。他崇尚道教，自称道君皇帝。又铸九鼎，建九成宫，在各地立道观。他大兴土木，在都城大建宫殿庭院，无所不用其极。为了修景灵西宫，他让人从南方太湖里采来石头四千六百枚。后来，采办石头专门发展成一项"赋税"：江南各地每年都要向中央进献石头，号曰"花石纲"。

赵佶穷奢极欲，朝政一塌糊涂，最终在北方金人的进攻下，亡国灭身。这大概就是老子所说"万乘之主而以身轻天下，轻则失根，躁则失君"吧。

赵佶注解《道德经》这段时说，重则不摇夺而有所守，故为轻根；静则不妄动而有所制，故为躁君。说的比唱的好听，可惜知行不一。

为什么老子说"重为轻根，静为躁君"呢？重既是外形上的庄重、沉稳，又是心态上的稳如泰山，我们稳如泰山的最好办法就是避免心浮气躁。静不是安静，而是对欲望的视而不见，无动于衷。人如果对欲望痴迷，那内心永远都躁动不安。重和静，构成了一个人能成大事的两条腿，当它走起来时，就是一种普通人无法看出来的"无为"——无论是重还是静，都是省力的，而其反面"轻"或"躁"，已明显具备了"有为"的上蹿下跳的成分。赵佶的各种爱好于国事无补，这就是轻而非重，是有为而非"恭己正南面"的无为。

重、静的人，你看不到他来无影去无踪，似乎还有点慢动作，但他心中有数，办事有谱。重、静的人，就是那种"件件有回音、事事有着落、凡事有交代"的靠谱之人。靠谱之人，就是此心不动的人。

有人曾问用兵如神的王阳明：用兵是否有特定技巧（用兵有术否）？

王阳明回答："无技巧，只是努力做学问，养得此心不动。如果非要说有技巧，那此心不动就是唯一技巧。大家彼此智慧相差无几，胜负只在此心动与不动之间。"

弟子们请求王阳明举例说明。王阳明举例说，当初和造反的宁王朱宸濠对战时，我们前期处于劣势，我向身边的人发布准备火攻的命令，那人却无动于衷。我说了四次，他才回过神来。这种人平时学问不到位，一临事就慌乱失措。那些急中生智的人的智慧可不是天外飞来，而是平时学问纯笃的功劳。

弟子们就问，何谓努力做学问，养得此心不动？

王阳明回答："我所说的学问，可不是各种知识点，而是道德知识。学会很多道德知识后，你就懂得很多人生道理，比如名利于我如浮云，比如人生价值应该是做圣贤，而不是做大官、发大财。明白了这些道理，内心对功名利禄就少了渴求。当你没有渴求时，则能专心针对事情本身。所谓此心不动，是此心不要被动，不要被功名利禄牵着走。"

弟子们听了都在思考，有个大嗓门弟子突然欢喜叫道："那我也能带兵打仗了，因为我也能不动心。"

王阳明笑道："不动心岂轻易就能做到？非要在平时有克制能力，在自己良知上用全功，把自己锻造成一个泰山压顶色不变、麋鹿在眼前而目不转的人，才能不动心。"

王阳明所谓的"泰山压顶色不变"是老子所谓的"重"，主要表现是厚重、稳重、庄重、慎重；王阳明所谓的"麋鹿在眼前而目不转"是老子所谓的"静"，主要表现是宁静、虚静、恬静和清净等。重和静合二为一，就能达到此心不动的境界。其实此心不动，无非是面对利益要稳重，面对危险要宁静，树立自己的价值观，抛掉所有的利害毁誉。

此心不动，是不因名利而乱动，稳重而虚静，这是无为；此心被动，是受名利而乱动，轻浮而暴躁，这是有为。

第二十七章
最好的善良是隐形的

原文

善行无辙迹①，善言无瑕谪，善数不用筹策，善闭无关楗而不可开，善结无绳约而不可解。是以圣人常善救人，故无弃人；常善救物，故无弃物②。是谓袭明。故善人者，不善人之师，不善人者，善人之资③。不贵其师，不爱其资，虽智大迷。是谓要妙。

注释

①**善行无辙迹**：卢育三说，有行则有辙迹，无行则无辙迹，所以善行即以不行为行，故无辙迹。后面三个例子，皆按此说。这几个例子都说明了一点，无为而无不为（什么都没做，等于什么都做了），没有行是最好的行，没有锁门则是最好的锁门，没有打结则是最好的结……

②**是以圣人常善救人，故无弃人；常善救物，故无弃物**：救，拯救，圣贤救世济民的行为。常善救人就是"善救人无弃人"，善于拯救苍生的行为就是主动去救，这和善行无辙迹一样，都是无为。善救人的人不会去特意救某些人，而是让人自救。所以世界上就没有弃人，救物弃物同样如此解。

③**故善人者，不善人之师，不善人者，善人之资**：资，学生。老子对善人和不善人都平等对待，并不嫌弃，二者都有长处。最重要的是，善人会主动学习不善人的长处，而不善人不会主动去学习善人的长处。

译文

善行路的人不留痕迹，善讲话的人没有语言上的漏洞，善于计算的人根本不用筹码，善锁门的人不用门闩，善打结的人不打结，他人则无法解。因此圣人常善于救人，所以没有废弃的人；常能救物，所以没有废弃的物。这叫顺应自然之理。所以，善救人的人是不善救人的人的老师，后者则是前者的学生。如果后者不尊重前者，又不以其为榜样，虽然自以为聪明，却是大糊涂。这是深远微妙的道理。

度阴山曰

有人问，让歹徒无法破门而入的方法是什么？充满老子味道的答案是：把门卸掉，让他没办法破门，这样他就无法进入。

恐怕没有人不知道"嗟来之食"的典故，故事说齐国某年发生饥荒，许多百姓被活活饿死。有个叫黔敖的富人，为博取名声，在路旁摆了些食物，准备施舍给饥民。一个已快要饿死的人摇晃走过，黔敖看到后，左手拿起食物，右手端起汤，吆喝道："嗟！免费的食物！来吃！"

他以为对方会来狼吞虎咽，结果那人轻蔑地瞪着他说："我就是因为不吃'嗟来之食'才饿成这样的。"

黔敖觉得有些过分，连忙向对方道歉，结果对方不接受，最后活活饿死。黔敖本想做好事，但过于张扬，居高临下，反而让好事变成坏事。

《论语》中，子张问善之道。孔子说："不践迹。"意思是，做一件好事不必让人看出来是善行。为善要不求人知，如果为善而好名，希望成为别人崇敬的榜样，这就有问题了。

《菜根谭》在谈到为善时说："为善而欲自高胜人，施恩而欲要名结好，此皆是善念中戈矛，最易夹带，最难拔除者也。须是涤尽渣滓，斩绝萌芽，才见本来真体。"大意是，行善举却想着要与别人攀比；帮助人却想着借此传播名声，这是藏在善念中的刀，最容易带上，却最难除去。一定要把这种想法除去，才能见到善行本来的意义。

孔子的"不践迹"和《菜根谭》的"为善不攀比"正是老子的"善行无辙迹"。所谓"善行无辙迹"是"真正的善行是不露痕迹的"。它应该达到三条标准。第一，善行不能是居高临下的施舍；第二，善行不能刻意做给别人看；第三，行善时不图回报，不计得失；第四，你的善行不可让受助者有负担，要有换位思考的体贴。

朱熹说："善，欲人见，不是真善；恶，恐人知，便是大恶。"《战国策》说："人之有德于我也，不可忘也；吾有德于人也，不可不忘也。"意思是，别人有恩德于我，是不可忘记的；我有恩德于别人，是不可不忘记。这就是善行无辙迹。

总之，按照老子思想，善行必须自然而然，它从善意开始到善行结束，无论是行善者还是受助者，都轻松自如，没有任何心理祈求和压力。

什么才是最好的善良？某大学的贫困生很多，如何帮助他们呢？学校领导们想出个好办法，他们用大数据把每月在食堂吃饭超过60次，饭费不超过420元的学生列为贫困生，悄悄把扶贫款汇入这些学生的饭卡。这就是最好的善良，它不是表演，而是温暖。

东汉帝国皇帝刘庄（汉明帝）问兄弟刘苍："你平时在家里做什么事情最快乐？"刘苍回答："为善最乐！"刘庄很疑惑地再问，我曾派人去你封地巡视，并没有听到你为善的事情啊？刘苍笑道，这正是我最乐的地方，为善不求人知是为善最乐处。

刘苍这句话很有老子辩证法的味道：做好事不是为了让人知

道，才是真正的做好事。最快乐的为善是没有人知道你为善。

老子说，善行路的人不留车马痕迹，善于讲话的人没有语言上的漏洞，善于计算的人根本不用筹码，善于锁门的人不用门闩，善于打结的人不用绳索，他人却无法解。

古语云，若想人不知，除非己莫为，天下没有不透风的墙。任何人只要做了事情，就一定留下痕迹。老子的本意是，善行走的人，并非一日千里不留脚印，而是不必走；善于算账的人，不是把算盘打得噼里啪啦作响，最后得出精准的数字，而是不会产生账单；善于解开死结的人，不是轻而易举把死结解开，而是根本不会让死结出现。

善于治理百姓的人，不是为百姓解决全部问题，而是让百姓自己去解决问题。一旦百姓发现问题只能靠自己解决后，他们就会尽可能地不制造问题。如此，管理者轻省了，百姓也因为没有他人管束而高兴，这叫皆大欢喜。

所以，本章的原意还是无为。无为的两种境界：第一，什么都没做，但什么都做了；第二，什么都做了，但让人感觉什么都没做。

善行的人，要么避免行走，要么走起来踏雪无痕，润物无声。

第二十八章
无法破解的计谋：韬光养晦

> 原文

知其雄，守其雌，为天下溪①。为天下溪，常德不离，复归于婴儿②。知其白，守其黑，为天下式。为天下式，常德不忒③，复归于无极。知其荣，守其辱，为天下谷。为天下谷，常德乃足，复归于朴④。朴散则为器⑤，圣人用之则为官长。故大制不割⑥。

> 注释

①**知其雄，守其雌，为天下溪**：雌性趋于静下，雄性趋于动上，老子思想，静能制动，下能制上，雌能制雄。按老子逆转法则，以雄为雄，则会转化到自己的反面——雌，所以要守雌。溪，水出于山、入于川则曰溪，溪位卑下，为山水所归，老子用溪比喻圣人守雌处下，为天下所归。

②**婴儿**：老子眼中的婴儿无知无欲，以柔弱为用，不与人争雄。老子常以婴儿喻得道者的情状。无知的知指的是传统意义上的知识，它具备两个特征，第一，使人们能分出高低，比如我考第一，你考第二，这就有了争的意味；第二，使人们可以评价自己的行为，比如我救了一个人，这种行为是善的，善有善报，我就应该得到奖赏，这和老子提倡的"生而不有"思想严重冲突。

③**忒**：差的意思。

④**朴**：尚未雕琢成器的原木，这里指道。老子的朴完全符合自然

无为的道：本质自然生长，没有人力痕迹；生长过程中不用力（任何自然生长的事物都不会用力）。而孔子喜欢的则是雕琢后的原木，所以才说过"朽木不可雕"的话。老子喜欢野生，孔子喜欢家养。老子喜欢浑然天成，孔子喜欢人工雕饰，一无为，一人为，这是二派的最本质区别。

⑤**朴散则为器**：散，坏掉；器，与道对称，道无形，器有形，指事物，工具。原木被切割成几段，每一段都成为器，于是有了名。

⑥**大制不割**：制，指治国之道。割，伤害。最完整的制度不分割，仍是一种主张原木状态的无为治国理念。

译文

认识到自己能雄健，所以安心处于雌弱的地位，做天下的小溪。做天下的小溪，谦虚的德行就不会离散，则会回复到婴儿（道）的位置。认识到自己能洁白，所以安心处于污黑的地位，做天下的法式。做天下的法式，原有的德行就不会缺损，会回复到人类的原初。认识到自己能有荣光，所以安心处于卑辱的地位，做天下的空谷。做天下的空谷，原有的德行，就能保持充足，又回复到上古的淳朴。上古的淳朴一旦分散，就变成各种器物，圣人遵循器物中的朴（道）来进行管理。所以，最高明的统治是因顺自然（遵循朴散后器物具备的朴）不必分割。

度阴山曰

有一种谋略叫韬光养晦，它最厉害的地方是，你不是不想破解它，而是不忍心。

大唐帝国第十七位皇帝李忱（唐宣宗）是"知雄守雌"的典型历史人物，成语"韬光养晦"即从他出。李忱是唐帝国第十二位皇帝李纯（唐宪宗）的第十三子，李纯死后，皇位传了四人，最后到了李忱的侄子李炎（唐武宗）手中。李炎对这个叔叔很不放心，因为不知什么时候开始，李忱就傻乎乎的，整日不讲话，常常呆坐。平时皇室聚会时，大家都在李炎的带领下拿他开玩笑。李忱对哪怕是恶意满满的玩笑也始终保持着微笑，这更让皇帝李炎对他戒备森严。

李忱就在侄子的特别关照下，经常出现各种异常。比如吃饭时突然吃出石子，喝茶时突然喝出鸟屎，每次走路都感觉有人跟踪他，甚至在一个雪夜，李忱竟然挨了记闷棍，差点死在雪中。

不过，无论受到多大的委屈，遇到多么危险的事情，李忱都只字不提，但李炎却一清二楚。看到叔叔真像个傻子，李炎放下心来。846年，李炎一命呜呼。由于他没有后代，宫中掌控禁军的太监马上跑到皇子皇孙的大本营挑选一个新皇帝。在斟酌后，太监们一致认定傻乎乎的李忱是最佳人选，因为傻子最容易控制。

李忱登基后，太监们发现自己才是傻子，李忱像变了个人，性情果敢，雷厉风行，明察秋毫，俨然是百年不遇的雄主。在李忱的治理下，大唐帝国出现了自安史之乱后从未有过的光芒，后人称李忱为"小太宗"（精灵版李世民）。

李忱能上位，全靠他的装疯卖傻、韬光养晦。它来自老子的"知 X 守 Y"，X 是光明的，高处的；Y 是黑暗的，低处的。知是指思想上的认识，守是指在实践中执行，而老子的意思不是知道什么就去做什么的知行合一，恰好相反，他是绝对的知行不一：知道雄却去做雌、知道白却去做黑，知道荣却去做辱。这种非直线、极不正常的思路让人如遭闷棍，眼前漆黑。

其实，知雄守雌、知白守黑、知荣守辱没那么复杂，它的前提是，你此时还没有雄、白、荣的资本。若要达到雄、白、荣的地步，必须从雌、黑、辱开始。

老子绝对不是受虐狂，所以他不可能让你永远都坚守着卑劣的雌、黑、辱，他还是希望你能从这种卑劣的地位转化到雄、白、荣的境界。如何转化呢？

第一，你必须自信一定能称雄，而通过韬光养晦能达到这一目的，然后再去韬光养晦，这就是知雄守雌。

第二，你必须真的明白，而不是揣着糊涂装明白，然后再去装糊涂，这样的外糊涂内明白才是真的明白。你装得糊涂才叫"知白守黑"。否则，你就是个货真价实的糊涂蛋。

第三，你必须对荣光有着高度的渴求，而且也坚信自己一定能得到荣光，为了得到荣光，你此时甘于屈辱才是有意义的，才是真正的"知荣守辱"。

知雄、知白、知荣是明理，是自信；守雌、守黑、守辱是务实。二者是思想和行动、意识和实践的关系，缺一不可。

第四，你当然可以知雄守雄，知白守白，知荣守荣。但如此一来，你就会因为过于有为而引起别人的注意，你的高调可能会葬送了你。只有在意识上高调，行动上低调，思想上盲目自信，实践上埋头苦干，才能从低转化为高。这就是老子三知三守的威力，后人总结为韬光养晦。韬光养晦是世界上无法破解的计谋之一，对方明知道你要崛起，却因为你守雌、守黑、守辱而不忍心对你下手，他只能眼睁睁看着你崛起，这是所有对手最痛苦的事情。

第二十九章
独享是有为，分享则是无为

原文

将欲取天下而为之，吾见其不得已①。天下神器，不可为也，不可执也②。为者败之，执者失之③。物或行或随，或歔或吹，或强或羸，或挫或隳④。是以圣人去甚，去奢，去泰⑤。

注释

①**将欲取天下而为之，吾见其不得已**：取，治理；为，有为，主观勉强去做；不得已，没有办法，无可奈何。苏辙说，圣人有天下，并非取得，而是其无为，天下归之。

②**不可执也**：王弼本缺此句，根据刘师语和易顺鼎的说法补之。

③**为者败之，执者失之**：李霖说："天下神明之器，不可以力为而固执之。万物以自然为性，故可因而不可为也，可通而不可执也。"陈景元说："七窍凿而混沌死，鞭策威而马力竭。"这就是为者败之，执者失之。

④**物或行或随，或歔或吹，或强或羸，或挫或隳**：这八个方面是正反四对，老子辩证法的证明。既然有吹风的就必有其反面暖身的，有强大的就必其反面瘦弱的，那就不必非要为、非要执。

⑤**去甚，去奢，去泰**：甚，过分安乐；奢，挥霍浪费；泰，骄纵奢侈。王安石说，安于所安，则能去甚；以俭为宝，则能去奢；以不足自处，则能去泰。北宋陆佃说："去甚慈也，去奢俭也，去泰不敢为天下先也。"和六十七章的"三宝"相同。

译文

有人治理天下希望通过有为的方式，我看他注定无计可施。天下这个神妙的器物，不能有为，不能抓住不放。有为会弄坏它，抓住不放则会失掉它。世间上的人，有前行的则有后随的，有嘘暖的则有吹冷风的，有强健的则有瘦弱的，有安全的则有危险的。所以圣人不应该过分安乐，不过分享受，不过分骄纵。

度阴山曰

玫瑰什么时候最香？答案是，和别人分享时。

上古时期，部落首领靠禅让产生，当时发生了一件趣事。尧即将退休，想找接班人，大臣们推荐了一个叫许由的人。许由品德高尚，风行天下。尧恭恭敬敬地跑去找许由请他出山。但许由说，对不起，我不做这个首领。

尧真诚地劝许由，把他比作天上的太阳和月亮，而将自己说成是小小的火把；把许由比作及时的季雨，而将自己比作小小的灌溉之人，极力言说自己的贤能不如许由，非要许由接受首领之位不可。

许由拒绝说："天下在你的治理下已获得大治，我这个时候怎么能够接受首领位子呢，那样岂不是落入了追求名利的圈套中了？"

尧多次来请许由，许由死活不同意，最后干脆跑进南方的原始森林，从此不知所终。

普通人一定会觉得奇怪，权力是天下第一等好东西，谁都想要，为什么许由偏偏不要呢？

尧的时代，大地尽是洪水和野兽飞鸟。老百姓的日子很艰苦，缺衣少食，和动物没有什么区别。当时的环境如此恶劣，天子也好不到哪里去，住的是没有门框的茅草房子，出门全靠两条腿，吃的是和老百姓一样的野菜，穿的是野兽皮毛制作的衣服。

部落的首领不仅没有享受天下的快乐，还要为天下担忧。所以，许由何必去受那份罪？他耕田种地，自食其力，乐在其中，这多么舒适！

许由的让天下还说明了一点，当时的天下之主是能和百姓站在一起的。他们不过分安乐，不过分享受，不过分骄纵，因为他们和百姓一样，没有享受、骄纵的资本。他们治理天下的方法只有一条：从不把天下当成是自己的私有物，而是天下人的天下。所以，他不会把天下交给自己的儿子，而是交给最有德行的人。

尧和继任者舜是历代儒生的偶像，他们的治天下模式只是"恭己正南面"而已，只是坐在椅子上让百姓尽可能自主，这就是无为之治。而舜之后的大禹，临死前居然把位子传给了自己儿子，据为家族所有，这导致大禹虽然治水成功，但在中国政治品德系统上，却没有他一席之地。

姜子牙说过，天下非一人之天下，乃天下之天下也。同天下之利者，则得天下；擅天下之利者，则失天下。大意是，天下是天下人的天下，而不是国君一人的天下，只有与天下人同利才能得到天下人的拥护；把天下据为己有的人，注定失掉天下。

齐宣王曾问孟子："周文王的狩猎场方圆七十里，老百姓却认为小。而我的狩猎场方圆四十里，老百姓却认为很大。老百姓是'杠精'吗？"

孟子回答："周文王的狩猎场好像是个广场，老百姓可以进入割草打柴、捉鸟捕兽，他们当然觉得小。而你的狩猎场杀机四伏，老百姓在里面杀只麋鹿，都要被判处死刑。这无异于在国中挖了个方圆四十里的陷阱，老百姓以为它大，不是很正常吗？"

齐宣王无话可说，但老子有话说。老子说，有人治理天下希望通过有为的方式，我看他注定无计可施。天下这个神妙的器物，不能有为，不能抓住不放。有为会弄坏它，抓住不放会失掉它。所以按照辩证法，圣人不应该过分安乐、过分享受、过分骄纵。过分安乐、享受、骄纵要付出大力气，而且会走向它的反面：不安乐，生不如死。这是有为带来的恶果。

这段话还有如下意思：第一，天下不是帝王一人的天下，你把天下据为己有，不与民同乐，迟早完蛋；第二，越是抓住不放，越会失去，就好像齐宣王抓住狩猎场不放一样，最后会激起民愤，百姓造反将他的天下毁掉；第三，老子的"有为"，很大程度上指的是为自己谋取利益，独享，"无为"则是与他人分享；第四，过分安乐、过分享受、过分骄纵，这都是"有为"，有为注定没好，只有无为才符合老子的道。

第三十章
老子的反战思想

原文

以道佐人主者,不以兵强天下,其事好还①。师之所处,荆棘生焉;大军之后,必有凶年②。善有果而已,不敢以取强③。果而勿矜,果而勿伐,果而勿骄,果而不得已,果而勿强。物壮则老④,是谓不道,不道早已。

注释

①**以道佐人主者,不以兵强天下,其事好还**:强,逞强;好,喜好;还,还击、报复。苏辙说:"圣人用兵皆出不得已,非不得已而欲以强胜天下,虽或能胜,其祸必还报之。"王安石说,杀人之父,人亦杀其父……人报也……大军之后,必有凶年,天报之也。

②**师之所处,荆棘生焉;大军之后,必有凶年**:黄茂材说:"师之所处,田事废,故荆棘生;大军之后,和气伤,故有凶年。"大战之后,必有大疫,战争死人,尸体难以迅速妥善处理,细菌滋生。

③**善者果而已,不敢以取强**:果,达到效果。虽然发动战争是凶险的事,但有时为了济弱扶倾、除暴救民,不得不用兵。此时必须善用,善用者,"果而已",也就是说,用兵达到除暴救民的目的就马上收兵。或者说是给对方一点颜色瞧瞧就收兵,而不是努力灭掉对方。憨山德清说,用兵的目的就是俗话"了事便休",意思是,但可了事令其平服便休。

④物壮则老：王雱说："盛极则衰，物理必然。"用兵则不知进退，逞强天下，必然会从盛到衰。

译文

用道辅佐国君的大臣，不依赖战争逞强天下，发动战争特别爱遭到报应。军队所过之处，生机全无；大战之后，瘟疫横行，饥荒遍野。善于用道的人，只是达到济弱扶贫的目的而已，而不用武力称霸天下。达到目的而不炫耀，达到目的而不自夸，达到目的而不骄傲，达到目的是不得已，达到目的而不逞强。任何事物到达强盛就会转向衰败，这只是因为没有遵循道，不遵循道，除了早早败亡别无他路。

度阴山曰

《孙子兵法》弘扬的主题是"不战而屈人之兵"。以"不战"为"战"。

前597年，楚国国王熊旅（楚庄王）和晋国在邲（河南荥阳东北）展开大会战，结果晋军大败，死伤无数。战后，楚军大将潘党请求熊旅把晋军的尸体集中掩埋、筑为高丘而竖立标志，这是向世人炫耀楚军武功的最佳方法。

熊旅不同意，他义正词严地说："战争是为了制止强暴，而不是获取和炫耀功绩。'武'字由'止'和'戈'两字组成，'止戈'才是'武'！即是说，止息兵戈才是最值得炫耀的武功。武功要具备七种德行：禁绝强暴、泯灭战争、保障发展、巩固基础、安宁百姓、调和诸国、获取财富。这七种德行，我一种也不具备，拿什么留给子孙！晋军士兵是为了执行国君命令而战死，他们也没有过错。怎么可以侮辱它们的尸体呢！"

这番话大义凛然，据说晋国人听到后都为他"点赞"。熊旅的话也是老子的态度：果而勿矜，果而勿伐，果而勿骄，果而不得已，果而勿强。

北宋初年有名统帅叫曹彬，以在战场上不嗜杀闻名。赵匡胤（宋太祖）命他率兵灭南唐，曹彬渡过长江围住了南唐都城金陵后，赵匡胤要他立即结束战争，但曹彬不紧不慢地攻城，每次攻城都是象征性的。他的目的是希望南唐皇帝李煜主动投降，避免无辜伤亡。

李煜死都不降，曹彬只好采取"闪电战"，很快，金陵就要被攻破。在这节骨眼上，曹彬突然病倒。

将士们见曹司令的病大为蹊跷，就都来探望。曹彬却精神抖擞地告诉众人，自己的确是病了。将士们问该如何治。

曹彬说："我的病不是药物能治好的。想要治好我的病，只需各位真心实意发誓，在攻进金陵的那一天，不乱杀一人，那么我的病就自然好了。"

将士们明白了曹司令的意思，为了让他尽快进入指挥部，痛快答应了他的要求。第二天，老曹的病痊愈。两天后，金陵城被攻破。将士们信守承诺，真没有乱杀一人。

消灭敌国这种事，本应喜气洋洋、敲锣打鼓地回师，但曹彬却率领大军，昼伏夜出，好像干了见不得人的事一样悄悄回到大宋都城开封，见到赵匡胤后，交出兵权，回家喝茶去了。直到第二天，大家才知道曹彬干掉了一个国家，这就叫低调。

司马迁、班固这群史学家对战争，哪怕是正义的战争虽没有厌恶，但也绝不赞赏，他们说，三代为将，道家所忌。这话很明显，发动战争、参与战争的人，要小心。如同曹彬那样，要低调，永远低调，一切和战争有关的行为都要低调。

不滥杀人是低调，尽量让对方投降，避免无谓的牺牲也是低调，凯旋后就好像没有打胜仗一样更是低调。当然，在老子看来，对待战争最好的办法是杜绝它发生，如果它真不幸发生了，那就要平稳而迅速地结束它。一旦发生战争，圣人要不带任何偏好地去战斗，它不会对战争产生狂热，更不会有凯旋的喜悦。

总之，老子讨厌战争，无论是正义的还是邪恶的。

第三十一章
三代为将，道家所忌

原文

夫兵者，不祥之器。物或恶之，故有道者不处①。君子居则贵左，用兵则贵右②。兵者，不祥之器，非君子之器。不得已而用之，恬淡③为上，胜而不美。而美之者，是乐杀人。夫乐杀人者，则不可得志于天下矣。吉事尚左，凶事尚右。偏将军居左，上将军居右，言以丧礼处之。杀人之众，以哀悲泣之。战胜，以丧礼处之④。

注释

①**夫兵者，不祥之器。物或恶之，故有道者不处**：夫兵者，王弼本作"夫佳兵者"，帛书甲、乙本作"夫兵者"，据帛书本改为"夫兵者"。赵佶说："吉事有祥（善），兵凶器也，故曰不祥。"苏辙说，战争是救济他人艰难而不能当成常态，是谓不处（使用、依靠）。

②**君子居则贵左，用兵则贵右**：顾欢说，左阳右阴，阳生而阴杀，所以左为善右为恶。赵佶说："阳为德，阴为刑，君子贵德而畏刑。"后文的"左右"都是古时的一种习俗和礼仪。

③**恬淡**：内心宁静淡泊，不热衷于功名。成玄英说，恬淡，即无为。这个注解非常好，无为就是内心的宁静淡泊，对功名富贵毫无兴趣的最佳人生状态。

④**战胜，以丧礼处之**：叶梦得说："《易》以聪明睿智而不杀者

谓之神武。"季康子问孔子，如何杀无道以就有道，孔子告诉他，子为政，焉用杀。夫虽无道，而亦不可杀，战胜而处以丧礼，宜也。吕吉甫说："战胜以丧礼处之，则是不祥之器，而不美之可知已。以悲哀泣之，则是不乐杀人也可知已。"

译文

战争，是不吉祥的事物，受到众人的憎恶，所以有道的人从来不依靠它。君子平时以左边为贵，战争时则以右边为贵。战争，是不吉祥的事物，不是君子的事物。不得已而发动，尽量平心静气，战胜了不要得意。如果喜欢战胜后得意，就是喜欢杀人。喜欢杀人的人，是无法得到天下人心的。吉事以左边为上，凶事以右边为上。军礼，偏将军在左，上将军在右，这是把军事当成了丧礼。战争时官兵死亡众多，要以悲伤心情对待。战胜了，也要用丧礼来处理这个胜利。

度阴山曰

中国有句古话叫"三代为将，道家所忌"，足以说明道家不喜武人，不喜武功，自然更不喜战争。

仅以统一中国的秦国为例，将星如云。王翦、王贲父子消灭五国，杀伐最多，功勋卓著，天下闻名，而到王翦之孙王离时，却被项羽在涿鹿击败，一战而化为乌有。除王翦家族外，还有蒙骜家族，他和儿子蒙武征伐六国，杀人无数。而家族中的佼佼者蒙恬、蒙毅兄弟，位居将相，后却被赵高一朝构陷，兄弟二人死于非命，蒙家三代荣耀，毁于一旦。

我们熟知的西汉李广家族，更是人才不穷。李广身经百战，后来在战场迷路错失战机，愤而自杀。其子李敢立功封侯，后被仇人射杀。李广的孙子李陵孤军深入大漠，与匈奴战杀千里，寡不敌众，弹尽粮绝后投降，皇帝刘彻（汉武帝）将其灭族。

像以上的例子在中国历史上不胜枚举，北宋的杨家将还未到三代，男人死绝，从杨家将变成了杨门女将。至于那些开国武将，很少有人能坚持三代而仍光芒万丈的，要么被皇帝诛杀，要么主动隐退。由此，"三代为将，道家所忌"就成了命数、客观规律。

《道德经》中提到战争的章节并不多，但也不少，每次提到战争，老子都咬牙切齿。这足以说明，老子的确讨厌战争。那么，这是为什么呢？

第一，瓦罐终需井上破，将军难免阵前亡。对于保身的道家而言，阵前亡不是好死，而是横死，如果横死，等于违背了自然而死的天道。第二，三代为将，说明军功卓著，军功是建立在战场杀人的基础上，杀人当然不好，每个人都有资格自然死亡，强行夺他人性命也是违背自然的天道，违背天道就会遭到天道的惩罚。第三，文臣立功是慢工出细活，武臣立功是立竿见影，最容易引起他人嫉妒。人性最大的恶不是自私，而是既怕你穷，又怕你富。当你被人嫉妒时，你就成了他人的眼中钉。

那么，"三代为将，道家所忌"的咒语有没有失效过？当然有。它在东汉开国功勋耿弇家族那里就完全失效。耿家在东汉两百年中，共出了两个大将军，九个将军，一百多个中郎将、护羌校尉。无疑，这是一个超级名将世家，而且超越了三代、四代、五六代。

耿家如何做到的呢？我们从其家族开山老祖耿弇那里可以找到答案。耿弇跟随刘秀后，征战无数，建立赫赫功勋。但在攻取整个齐地（山东地区）后，就再没立功。《后汉书》也发出疑问：难道是他不想再立大功吗？大概是时运的气数，不允许他再立大功啊！"三代为将，道家所忌"，而耿氏家族几代都建立功名享尽天年，原因是什么呢？

原因就是，他们知道在什么时候停止。耿弇平定齐地后，刘秀已基本统一中原，不需要再过度杀伐。另外的原因是，耿弇用兵从来不滥杀，也很少炫耀胜利。他往往都是以杀伐来制止杀伐，止戈为武。

这是耿家的家训，耿家之所以能摆脱"三代为将，道家所忌"的魔咒，就是这条家训。但是，能摆脱这魔咒的家族，屈指可数。魔咒总是发挥作用，导致了中国人讨厌战争、拒绝战争，所以有"杀人一万，自损三千"的告诫。逼不得已必须战争，也要如老子所说的那样，哪怕是正义的反侵略战争，也要将其当成丧事来对待。

所有的丧事，即使办得再风光，也没有人开心地炫耀；所有的丧事，哪怕是所谓的喜丧，也不是大家喜欢的，所以有丧事时，必须悲伤而不是欣喜；对于那些把丧事当成喜事的人，大家都要唾弃他。

老子反对的是滥杀。人类很多时候是为了发泄私愤、满足贪欲、逞强而发动战争，这是非正义的。老子反对这样的战争，他不反对自卫反击。同时，老子认为，无论是侵略战争还是自卫，战争胜利后，都不要大张旗鼓地炫耀，因为战争本身就是凶，是耻。炫耀战争是不以为耻反以为荣。

第三十二章
无为就是，不刻意分别

原文

道常无名，朴虽小①，天下莫能臣。侯王若能守之，万物将自宾。天地相合以降甘露，民莫之令而自均。始制有名②，名亦既有，夫亦将知止。知止可以不殆。譬道之在天下，犹川谷之于江海③。

注释

①**道常无名，朴虽小**：两种断句法，第一，道常无名、朴。虽小。第二，道常无名，朴虽小。朴是原木，它和无名、小一样，都是对道的一种规定。小，精微，意思是，道是超形象、超感觉的。王弼说，道，无形故无名。以无名为常，故曰"道常无名"。

②**始制有名**：卢育三说，朴（道）分割制作为器物，然后据器立名。从社会意义上说，原始混沌的自然状态破坏，分裂为尊卑贵贱的等级制度，因而有了名号。

③**譬道之在天下，犹川谷之于江海**：王雱说，江海不求水而水皆归之，只因无论是江海的水还是河流的水都是同一性质，同性相吸，所以全奔赴同一地方。道，是所有人的性，圣人能集其性，众望所归，也是同一性的缘故。黄茂材说："人之于道，如川谷之赴江海，无有不至，惟其不知道之所在，故有横流绝港之患。"

译文

道永远是没有名字，处于朴质状态又微小难见的，但天下没有谁可以让它臣服。圣人如果能遵循道，什么都不需做，万物就自动归顺。好像是天地阴阳之气的交合，甘露自然降落，圣人只要遵循道，不必发布任何命令，万民就能普遍得到滋润。道自我分割后成为各种器物，然后根据器的特质命名，于是就有了各种人在社会中不同地位的名号，有了名号，争名夺利开始，此时应该制止，让器复归于道，如此才没有危险。圣人守道为天下所归，如同江海为河流所归。

度阴山曰

老子喜欢野生，孔子喜欢家养，两个老头因此爱好，创造了道、儒两个光芒万丈的学派。

孔子的弟子宰予口才极好，能说会道。起初，孔子很喜欢他。但不久，宰予就暴露出懒惰的毛病。有一天，孔子正给弟子讲课，忽然发现宰予没来，于是派弟子去找。

弟子很快来报告说，宰予正在睡大觉。孔子叹息道："腐烂的木头不能雕刻，粪土一样的墙壁不能粉刷（朽木不可雕也，粪土之墙不可圬也）。往常我听到别人的话，就相信他的行为和他说的保持一致；现在我听了别人的话后，还要考察一下他的行为。这是宰予给我的教训啊。"

注意该故事中这句话：朽木不可雕也。孔子在其他场合还说过这样的话：（君子的修养应该）如切如磋，如琢如磨。"如切如磋，如琢如磨"是指把骨头、象牙、玉石、石头等加工制成器物，还要细细打磨。

"朽木不可雕也"意味着孔子认为，木头必须经后天雕刻。至于切、磋、琢、磨，都是对先天的事物进行后天的改造。谈到这里，我们就该明白，为什么老子反感孔子了。因为孔子在"有为"，而老子则主张"无为"。所以，孔子才说玉不琢不成器，而老子则认为，朴才是道。

朴的本义是未经加工的木材，属于自然状态，这种状态当然是老子最喜欢的状态。在大自然中，树木不会鄙视小草，小草也不会羡慕树木，老虎不会羡慕飞鹰，飞鹰也不会嫉妒老虎，大家相安无事，没有分别心。为什么小孩子无忧无虑？因为他们没有分辨事物高下的能力，他们还不知道何谓丑何谓美，不知道何谓富有何谓贫穷，他们处于一种人人平等、人人都一样的朴的自然状态中。

自然之物一旦被雕刻、被切磋琢磨后，就成了人造物。人制造事物的目的只有一个，那就是可以分别事物。一块木头，分成几段，第一段做木佛，第二段做马桶，第三段做门槛，本来是一块毫无分别的木头，如今被分成了三等，这就是老子所谓的"朴散为器"。

小孩子长大后，从客观世界中知道了美丑、贫富、善恶、是非，于是，在经过分别、对比后发现了自己丑、穷，然后焦虑情绪顿生，幸福感荡然无存。

在孔子眼中，朴必须散为器，只有人为制造后的事物，才更符合人类世界的审美和意义。世间万物无数，必须一一命名，分门别类，让人熟知。而在老子眼中，朴散为器是大逆不道，因为凡是人为就是有为，有为是不自然，自然的事物才是无为。

老子说，道自我分割后成为各种器物，人会根据器的特质命名，于是就有了各种人在社会中不同地位的名号，有了名号，争名夺利就开始了。其实认真想来，那些名利都是人为，并非自然的道。争名夺利都是在玩一个别人设计好的游戏。朴散为器的最大祸害不是让人争名夺利，而是让人不能无为，永远地有为下去，无穷无尽的内耗最终毁掉自己。

第三十三章
老子告诉你，如何打破生死观

原文

知人者智，自知者明①。胜人者有力，自胜者强②。知足者富，强行者有志③。不失其所者久④，死而不亡者寿⑤。

注释

①**知人者智，自知者明**：老子这里，"智"即使不是贬义，也非褒义。这两句话并非并列关系，而是递进关系。大意是说，了解他人只能算是聪明，了解自己的人才算是高明。河上公说，人能自知贤与不肖，是谓悄无声息地自我省察，内视无形，故为明也。曹道冲说："智以达外，但能知人；明以照内，自灵于身。"这八个字，其实不可分割。真能知人的人，必自知。真自知的人有时也要通过别人那里知自己，这是个内外合一的问题，不可分离。

②**胜人者有力，自胜者强**：王雱说："力可以胜人，不可以胜己。"这就好像项羽力大无穷，却不能揪住自己头发而脱离地面。自胜的人不是力气有多大，而是克己（战胜自己的私欲是克己）从道。黄茂材说："有力者可以胜人，力所不及，焉能胜人，吾能自胜，不与物争，强莫甚焉。"

③**知足者富，强行者有志**："强行者有志"这句话有两种截然不同的表述，一是强行是勉强力行，勉强力行就是有志，这种有志是有为；二是强行是自强不息，自强不息志于道，就是有志。注意这个"志"，李霖说："或志于高名，或至于厚利，非所谓志也，惟强行

于道，斯可谓有道之士。"

④**不失其所者久**：道无前无后，无居无所，不失其所就是道。司马光说："得所则安。"苏轼说，此心安处即吾乡。叶梦得说："所者，人之所安也。人之所安，莫大于道。"

⑤**死而不亡者寿**：司马光说，身没道存。如果你活的时候始终秉持着道，在你死后，道不会消失，当它在野外游荡时，会被求道的人捉到，于是，你的魂（道）就在别人身上找到了住所，这叫借尸还魂。

译文

了解他人只能算是聪明，了解自己才是高明。战胜别人固然算有勇力，但战胜自己才叫强大。能够知足就是富有，勉强力行的是有志。不丧失处所的人算悠久，死后而又不会灭亡的就是长寿。

度阴山曰

明代心学大师王阳明小时候曾问老师："何谓'第一等事'？"意思是问：人生的终极价值是什么？老师告诉他，读书做大官。

王阳明却不这样认为，他说："我认为第一等事应是读书做圣贤。"

什么是圣贤？用儒家大宗师张载的话来说就是，圣贤是为天地立心（为社会重建精神价值），为生民立命（为民众确立生命意义），为往圣继绝学（为前圣继承已绝之学统），为万世开太平（为万世开拓太平之基业）的人。

那么，为什么中国古代知识分子都要做圣贤呢？第一，中国没有宗教，没有彼岸世界，想要永生只能活在别人心中。没有天堂可去，做圣贤恰好能活在别人心中。第二，人生是苦的，若要幸福，不能过于关注自己，要有事可做。圣贤是不停止自己行善的人。当你专注于某一件事时，就没有时间胡思乱想，就不会有过多痛苦。

做圣贤是中国人最高明的地方，也是中国人在精神上能超越自己的智慧，深信精神充足才最富有，并可以打破生死观。

而《道德经》本章，恰好谈了以下四个主题：第一，什么是高明；第二，什么是强大；第三，什么是富有；第四，如何打破生死观。

什么是高明？了解别人需要用智，这是逻辑思维，了解别人只是小聪明，了解自己需要用心，这是直觉思维，所以了解自己才最高明。中国人喜欢直觉思维，因为它能验心证道，中国人不喜逻辑思维，因为它只能获取知识点。一盏明灯，只能让人看到别人，而无法看到自己；一面明镜，既能让人看到别人，也能看到自己。明灯是理性智慧，明镜却是直觉，直觉远高于理性。

什么是强大？战胜别人只能证明你比别人有勇力，但无论是对方挑起还是你挑起的争斗，你都有为、逞能了，这不算强大。能战胜自己的好胜心，做到自我克制，从而不为，不发生任何矛盾，这才是强大。到处挑事，充当搅屎棍，这是小人。

什么是富有？心有宏图大志玩命去实现，这不叫富有，知足而停止脚步才叫富有。因为凡是适可而止的财富才不会丢失。实现宏图大志是有为，所以是贫穷；知足而停止脚步是无为，所以是富有。

最后，老子告诉你，如何破掉生死观。直到今天，人类全部思想的大部分都放在了一件事上，那就是生死问题。破掉生死观不是让人不惧怕死亡，而是让人做到长生不死。老子说，要做到长生不死，有两个办法，一是不失其所，二是死而不亡。

所谓不失其所，是指从意识上就该认识到，自己是如何来的，来的那个地方叫道，道是循环往复的，即是说，既然有"来"就必有"回"，既来之则安之，不必焦虑，等着回去就是。倘若你知道自己是从道而来，道没有出生一说，自然也就没有死亡一说，只有循环一说。既然你来的地方没有生，那你走时也就不是死，无生无死，即长死不生或长生不死。

所谓死而不亡，王弼注解说是身没而道犹存，人倘若能成为立德立功立言的圣人，就可不朽，永远活在他人心中，这就是"不亡"，即"不忘"，不被他人遗忘就是长寿，永远不死。这是中国人对生死观的破解。

第三十四章
不想做大，才能做大

原文

大道泛兮，其可左右①。万物恃之以生而不辞，功成不名有②。衣养万物而不为主，常无欲，可名于小；万物归焉而不知主，可名为大③。以其终不自为大，故能成其大④。

注释

①**大道泛兮，其可左右**：大道如泛滥河水，左右漫流，形容道的无处不到。苏辙说"泛兮无可无不可，故左右上下，周旋无不至也。"注意，"水"是老子和道联系最紧密的一个物。

②**万物恃之以生而不辞，功成不名有**：万物都靠道而生，道对这种功劳却毫无感觉，这就是道的傻乎乎。苏辙说"世有生物而不辞者，必将名之以为己有；世有避物而不有者，必将辞物而不生"只有道，让人摸不着头脑地反其道而行：生而不辞，成而不有。

③**衣养万物而不为主，常无欲，可名于小；万物归焉而不知主，可名为大**：衣养，护养。小，道对万物无欲无求而言，是为"小"；万物归往于道而言，是为"大"。通俗而言就是，道养万物"小"意思，但万物却认为，道对自己的养育是"大"恩"大"德。黄茂材说："道无大小，自吾无欲以观之，则谓之小；自物不知所主以观之，则谓之大。"

④**以其终不自为大，故能成其大**：《文子》说："古之善为君者，效法江海。江海无为，以成其大，洼下以成其广，故能长久。"

译文

大道如泛滥的洪水无所不到，无所不在。万物依赖它而生，它从未拒绝过万物，功成后不自以为有功。它覆盖养育万物，却不主宰它们，可以称为"小"；万物归附它，它却不主宰万物，可以称为"大"。由于它始终不自以为大，所以能够成就自己的大。

度阴山曰

如果只能选一条必定成功定律，那肯定是春秋霸主秦穆公的这条训诫："人之有技，若己有之；人之彦圣，其心好之，不啻若自其口出。"意思是：发现他人的才能，如同自己拥有一样；遇见才德之人，心里喜欢他，不仅仅停留在口头上。这句话当然也和老子"生而不辞、功成不名"的道严丝合缝。

李隆基（唐玄宗）时期，有个叫卢怀慎的宰相，毁誉参半。认可他的人赞美他说身居高位而家无余粮，勤恳地管理国家，可谓一等良臣。卢怀慎直到去世前，还担忧李隆基荒废政事的潜在危险。甚至有人动情地认为，李隆基前期的宰相中，卢怀慎最合格。否定他的人则批评说，卢怀慎就是个"伴食宰相"（唐时，所有宰相在办公室吃饭），遇事从来拿不出方案，永远都把另一宰相姚崇推到前台。

但卢怀慎的粉丝则反驳说，这是老卢的无为智慧，他总把事情推给姚崇，正是秦穆公所说的"发现他人的才能如同自己拥有"一样，卓越的人，往往都是这样，胸怀宽广，识人容人，让才华横溢之人充分发挥才能，好像自己在发挥一样。但有些人则恰好相反，嫉贤妒能，处处阻挠他人的发挥，最终两败俱伤。

卢怀慎把姚崇一直推向前台，也正是老子描述的"衣养万物而不为主，常无欲，可名于小；万物归焉而不知主，可名为大"

的有道者形象。卢怀慎如果有私心，就不会推举姚崇。所以，推举姚崇没有私心也没有不可告人的目的。但外人却把他看成是无能之辈，把他看小了。或许姚崇也认为老卢很无能，在朦朦胧胧中，因为老卢的推举而实现了自己的大理想。

老子说，圣人始终不想怎么做大，最终却有大成。卢怀慎从来不想让自己名留青史，结果因为推荐了姚崇而被载入史册。

老子的这种套路，通俗而言就是"借力"。"借力"绝不仅是借助他人力量为己所用，这是有意识、有私心、有目的的，老子鄙视这种"有为"的行为。老子所说的"借力"，是没有私心、没有目的地认同他人力量，在力所能及的情况下，轻松自如地让对方发挥力量。

孔子说，己欲立而立人，己欲达而达人，是有目的的有为，而老子的"圣人终不为大，故能成其大"是无目的的无为。因为有目的性和无目的性使用的力量大大不同，有目的的有为用力大，无目的的无为用力少。用力的多少，是判断有为无为一个重要的指标。

你在为人处世中，不需要知道自己帮助别人是有目的还是无目的，你只需夜深人静时感受自己是否吃力还是顺力就能知道答案。

"圣人终不自为大，故能成其大"还有因祸得福的意味。三国时期，曹魏帝国的两名将军王昶、陈泰在一次战斗中惨败，两人准备向皇上请罪。二人的直属领导司马师阻止他们说："据可靠消息，皇上现在心情很差。如果你们此时向皇上请罪，皇上会要了你俩的命。"陈泰大惊失色，王昶也冷汗直冒，向司马师求救。

司马师就说，你二人打败仗，责任全在我。

于是，司马师以战败者的身份向皇帝请罪，这一招引起了飓风般的反应，不但皇帝认为他勇于承担责任，曹魏帝国上下都把鲜花和掌声送给了他。

这就是老子所谓的"圣人终不自为大，故能成其大"。习凿齿在评价司马师这一招时说："司马将军主动承担责任，本来是削弱自己，想不到事与愿违。大家看到他如此谦虚和有责任心，都忘记了他的失败而记得他的美好品质，纷纷来帮助他，使他没有想过做大，最终却做大了。倘若他为了保持自己的地位和名誉而推脱责任，或者只是把属下的责任还给属下，那也会让他离心离德，众叛亲离。"

由此可以看出，老子的"不为大故成其大"很有点"反败为胜""因祸得福"的侥幸味道。而当我们认真体悟这种侥幸时会发现，世界上的成功和福气，从来不靠侥幸获取。一切看上去的侥幸，都是老子高级智慧"不为大故成其大"的精准运用和未卜先知。

第三十五章
真理是简单的

> **原文**

执大象,天下往①;往而不害,安平太。乐与饵②,过客止。道之出口,淡乎其无味,视之不足见,听之不足闻,用之不足既③。

> **注释**

①执大象,天下往:大象此处指的是道。曹道冲说:"无象者,大象也。母之于子也,未有母处而子不往就之也。"赵佶说:"象如天之垂象,无为也。"

②乐与饵:音乐和美食。

③道之出口,淡乎其无味,视之不足见,听之不足闻,用之不足既:足,可;既,尽。道之所以永恒,就因为淡而无味,没有私欲,恬淡。这还是在说,道是无为。

> **译文**

大道在手,天下人都来归;来之后大家从不互相伤害,而是安宁和平。音乐和美食固然美好,但只能让过往客人停留一时。大道被描述时平淡无味,看它不可见,听它不可听,用它却用不完。

> 度阴山曰

东汉末年，以张让为首的宦官势力强悍，人人忌惮。公元189年，刘宏（汉灵帝）去世，长子刘辩（汉少帝）即位。何皇后的哥哥何进找到世家出身的士大夫袁绍，密谋铲除宦官。

在得到袁绍的支持后，何进进宫面见妹妹何太后，把他和袁绍联合铲除宦官的计划和盘托出，何太后犹豫不决。何进出宫后对袁绍说，女人难成大事，还要靠咱爷们。

两人于是躲进黑屋，整日谋划。他们知道张让现在控制着小皇帝刘辩，如果在诛杀宦官过程中，宦官拿刘辩做挡箭牌，他们会投鼠忌器。两人困在思维迷宫中，无法突破。

可突然有一天，何进脑洞大开地对袁绍讲，可以请西边的军阀董卓进京诛杀宦官。

袁绍一拍大腿，兴奋地表示同意。

而袁绍的谋士陈琳则冷静地警告两个笨蛋说：董卓手握重兵，早有觊觎东汉之意，你们倒好，居然给他这样的机会。对付宦官，一个法官就够了，非要让董卓进京，恐怕能发不能收。

后来的事证明，陈琳智商超群，洞察力精准。董卓受邀进洛阳后就开始把持朝政，东汉被他搞成一锅粥，灭亡近在咫尺。

人遇到麻烦事时，总把事情想得过于麻烦。比如看到一团乱麻，立即想到抽丝剥茧般的麻烦，所以办法也想得复杂。人类高超智慧的指导原理只有一句话：两点之间，线段最短。走直线，即使出错，也不会大错。一团乱麻，解起来很难，但一刀下去，就是线段思维，会立竿见影。

顾城说过这样一句话：真理是什么我不知道，但我知道它一定是简单的，否则人们早就知道它了。这话很有老子的辩证味道：真理简单，但我们总认为真理不简单，于是把它想得复杂，于是，我们越是努力接近真理，真理离我们越远。

老子说，道之出口，淡乎其无味。道是清淡的，世界上只有一种物质是清淡，人类必不可缺的，那就是水。水没有任何味道，人类却离不开它。真理其实也是这样，简单无味，好像一盘没有任何调料的拍黄瓜。而那些不是真理的假真理，就好像是放了无数调料的假羊肉串，绝无一丝羊肉味道。

俗话说，高端的食材只需最朴素的烹饪方式。真理也是这样，它是赤裸裸的简单、朴实。老子这句话只想告诉我们一个道理：大道至简。

西汉初年，刘邦让叔孙通制定大臣的朝堂礼仪。他担心叔孙通把朝堂礼仪制定得过于烦琐而引起大臣们的排斥，所以千叮咛万嘱咐叔孙通，要简约朴实。

叔孙通告诉他，我制定的礼仪条文是随顺世事人情的，大臣们在执行它时几乎想不到它是一种礼仪。

刘邦很高兴，后来，叔孙通制定的礼仪果然简约质朴，大臣在朝堂上遵守礼仪时丝毫没有感到吃力和不适。叔孙通制定的礼仪就是老子所说的"道"：平淡而无味道，人人都能接受。

你如何知道一个道理是老子所谓的大道呢？凭你的感觉，如果听到一个道理后的感觉是"就这？"那它很有可能是大道。

从前的某天，两位僧人来拜访赵州禅师。赵州问其中一位："以前来过这儿吗？"对方回答："没有。"赵州便说："吃茶去。"对方撇了撇嘴说："就这？"

接着又问另一位："你以前来过吗？"对方回答："来过。"赵州还是那句话："吃茶去。"对方也撇了撇嘴说："就这？"

赵州的同事非常不解，便问："没来过的人和来过的人，你都让人家吃茶去，这是什么道理？"赵州微微一笑，悠然地对同事说："吃茶去。"

他同事肯定也在心中说："就这？"

"就这"正是大道至简的合格标准。我们总认为大道深奥,其实它特别简单。饿了吃饭,困了睡觉,这是简单,是大道。饿了吃饭时却想着睡觉,困了睡觉时又想着明天吃什么饭,这是复杂,就不是大道。

老子说,音乐和美食固然美好,但只能让过往客人停留一时。因为任何事物太浓烈,久必厌烦。而大道好像空气、水,看它看不见,听它听不到,用它却用不完。

第三十六章
比谋杀还凶狠的叫捧杀

原文

将欲歙之,必固张之;将欲弱之,必固强之;将欲废之,必固举之;将欲取之,必固与之①,是谓微明。柔弱胜刚强②。鱼不可脱于渊,国之利器不可以示人③。

注释

①**将欲歙之,必固张之;将欲弱之,必固强之;将欲废之,必固举之;将欲取之,必固与之**:歙,敛也,合也,聚也;固,姑且。陈象古说,张极必歙,强极必弱,兴极必废,与极必夺,自然之理也。刘骥说:"物盛则衰,物极必反,乃消息盈虚之常理也。日中则昃,月满则亏,日月尚尔,况其他乎,此天之道。"这个天之道就是老子的物极必反之道、逆转法则。承认这个道是哲学,利用这个道则是智慧。

②**柔弱胜刚强**:这句话是以上四句话的总结,刚强迟早会逆转到自己的反面(柔弱),所以,柔弱胜刚强。苏辙说:"圣人知刚强之不足恃,故以柔弱自处。天下之刚强,方相倾相轧,而吾独柔弱以待之,及其大者伤,小者死,而吾以不校坐待其毙,此所谓胜也。"达真子说:"刚胜柔,强胜弱,形器之然也;柔之胜刚,弱之胜强,道用之然也。"黄茂材说:"柔未尝求胜刚也,而刚者常不能屈,故曰柔胜。弱未尝胜强也,而强者常不能加,故曰弱胜。"《文子》说:"道可以弱可以强,可以柔可以刚。"柔而能刚,弱而能强,始于柔弱,成于刚强,积柔成刚,积弱成强。

③鱼不可脱于渊，国之利器不可以示人：吕吉甫说，人不能离开柔弱，如同鱼不能离开水一样。陈景元说："国家之权谋，泄漏于民下，则小夫得以玩弄，况奸雄乎。"

译文

将要收合，必先暂时张开；将要削弱，必先暂时加强；将要废除，必先暂时振兴；将要夺取，必先暂时给予，这就是洞察了事物对立面可以互相转化的玄机。柔弱必能胜刚强。鱼不能离开深渊，国家的利器不可随便炫耀于人。

度阴山曰

世界上有种毒药叫"鹤顶红"，还有种毒药叫"高级黑"。一红一黑，中招者皆无药可救。

《风俗通义》中有个小故事，说是有位官员的马很肥壮，看到的人都夸奖这匹马，一定能日行千里。马的主人听了这些赞赏扬扬得意，就让马不停奔跑，结果，马因过度疲劳累死。如果用两个字概括这个故事，那就是——捧杀。

中国历史上捧杀最经典的案例由西晋末年的石勒制造。石勒当时最大的对手除了西晋帝国外，只有占据幽州（北京）的王浚。为了得到王浚的幽州，石勒给王浚写信吹捧他："我本是一小胡（石勒是胡人），贸然起兵不过是为您扫清称帝障碍，放眼天下，能有称帝资格的只有您。所以，您就登基吧，这是众望所归的事情。"

王浚被石勒捧得神魂颠倒，石勒趁势请求去幽州参加登基大典，王浚心花怒放，下令沿途各地不许阻拦石勒。就这样，石勒率领大军轻松地抵达幽州城下，一番进攻后，王浚被活捉，称帝大梦破碎。直到此时，他才发现石勒是个大骗子。

石勒本不识字，但却把老子这段话运用得炉火纯青，可见很多时候智慧和知识无关。

三国时期，孙权给曹操写信，吹捧他是天底下第一英雄，只有他才有资格称帝，并建议曹操的屁股应立即坐到龙椅上。曹操大笑说："孙权这小子是想把我放到火炉上烤啊！"曹操之所以不中孙权的捧杀计，归根结底，是他懂老子的这段话，所以，曹操不是王浚那种笨蛋。

石勒"捧"王浚，是为了"杀"。好比是老子所说的给予他人物质，是为了夺取他人更多的物质。老子很聪明地看到了两个互相对立的方面都潜伏着自己的否定因素，而且能够互相转化。比如翕中潜伏着张，翕能向张转化；弱中潜伏着强，弱能向强转化；废中潜伏着举，废能向举转化；取中潜伏着与，取能向与转化。反之亦然。

如果懂了这条规律，那我们就知道如何做事了。比如我们若想得到，由于得到中潜伏着它的对立面付出，而且付出能转化为得到，所以我们不必在"得到"这里下功夫，而是要去它对立面"付出"那里下功夫，于是，若想得到，必先付出。

再比如，我想要废了某人，由于废中潜伏着它的对立面举，而且举可以转化为废，那我没必要敲锣打鼓地在废了某人上用功，只需要敲锣打鼓地去举他上用功，举得越用力，举向废转化得就越快。

从种种对立面的互相潜伏、互相转化中，老子最终得出他的结论：柔弱能胜刚强。按他的解释，柔弱中潜伏着刚强，柔弱能向刚强转化，若想刚强，只需在柔弱上用力，推动它尽快向刚强转化，即能让柔弱胜了刚强。但按照这个逻辑，刚强也能胜柔弱，刚强中潜伏着柔弱，刚强能向柔弱转化，最后取代柔弱。

所以，当你受人捧时，一定要小心，捧的后面紧跟的可能是杀。

第三十七章
无为是省力的

原文

道常无为而无不为①。侯王若能守之，万物将自化。化而欲作，吾将镇之以无名之朴②。无名之朴，夫亦将不欲。不欲以静③，天下将自正。

注释

①**道常无为而无不为**：无为是没有自主意识和清晰目的的作为，或是不勉强而为。它的范围很广，从没有自主意识来讲，无知、无欲、无言、无事都是无为；从不勉强而为来讲，无为就是不用力，为小不为大是不用力，为弱不为强是不用力，为柔不为刚是不用力，这些都是无为。只有无为才能无不为，无不为就是任万物自为。张岱年的说法很有意思：道是自然的，故常无为。道又生成一切，故又无不为。宋人凌遘说："道以无为为常，以其无为，故能无所不为。无为者寂然不动，道之真体，所谓无体之体也。无不为者感而遂通，道之真用，所谓无用之用也。黄茂材说，道惟无为，故能无不为。若其有为，则其为也然矣。"

②**化而欲作，吾将镇之以无名之朴**：化，万物自然顺化；无名之朴，指的是道。苏辙说："圣人以无为化万物，万物化之，始于无为，而渐至于作。譬如婴儿之长，人伪日起，故三代之衰，人情之变，日以益甚。"这时必须用朴素的道来镇之。

③**不欲以静**：黄茂材说："朴虽无名，若存诸念，则是未能无欲

也，古之至人非特于物也无欲，其于道也亦无所欲，淡然自守，清净无为，天下各自正其性命而已，吾何欲焉。"

译文

道永远顺应自然不妄为，但没有一件事不是它为出来的。侯王如果能持守它这特性，万物会自动孕育生长。孕育生长到欲望发作时，就用道来安定它。用道来安定它，就不会再起贪欲。没有欲望就会宁静，天下自然正常。

度阴山曰

顺水推舟最省力，几乎不用力就能让舟行进；逆水推舟不但要用大力，舟还特别不高兴。

孔子的学生宓子贱治理单父三年，单父繁荣昌盛，而他的治理诀窍竟然是居家弹琴。接替宓子贱的巫马期，也是孔子的学生。他在单父只工作三个月，累得上气不接下气，单父反而没有宓子贱治理时出色了。他只好跑去宓子贱那里请教。

宓子贱见他气喘吁吁而来，于是弹琴给他听。巫马期哪里有心情听音乐？可他不听，宓子贱就拒绝他的咨询。巫马期只好硬着头皮听。听完五首后，宓子贱看他已心平气和，所以示意可以开始咨询。

巫马期说："自从到单父后，我是披星戴月，栉风沐雨，上上下下所有的事都做了，结果累个半死不说，单父的老百姓还不满意。我就不明白了，您治理单父时，每天在家弹琴，百姓就生活得非常滋润，而我天天累得半死，百姓还诅咒我，您说这叫什么事？"

宓子贱笑着告诉他心法："你是一个人做大家的事，而我是让大家来做大家的事，你肯定累啊。这就好像教人走路，你用双手扶住每个人，絮絮叨叨地和人家说先迈左脚，再迈右脚。你付出很多心力不说，人家还嫌你碍事。倒不如让所有人自己去学走路，你轻省，别人也高兴。"

宓子贱这套心法的前提是：第一，别拿百姓当离不开父母的婴儿，独立的人最反感别人面面俱到的管理，做大事别拘小节；第二，作为管理者，要效仿大舜"恭己正南面"，也就是在管理岗位上严格自律，让别人来效仿；第三，高效的管理一定是省力的，如果你很吃力，那说明管理方式出了问题。

老子说，只要你能遵循这个道理，就做到了他所谓的"无为而无不为"：感觉什么都没做，其实很自然地把一切都做了。

那么，用无为的手法创造了美好天地后，这片美好天地中的人有了欲望，该怎么办？老子的办法是用道的无为来镇压人的欲望。贡献这一方法的仍然是宓子贱。

某年秋，边防军得到可靠情报，敌人正向边境移动。宓子贱管理的地方恰好离边境不远，所以上级领导指示他，命令老百姓抢收麦子。由于时间紧急，因此只要是人都可以去抢割麦子。因为如果不收割，那就会被敌人收割了去。

宓子贱拒绝执行命令，他的上级怒不可遏，派人将其捉拿，亲自审讯他。宓子贱解释说："麦子丢了，明年可以再种。可如果发布命令允许老百姓去抢割麦子，那些没有麦子的也会抢，强壮的人会抢得多，弱小的人就抢得少。如此一来，没有麦子的人甚至还希望敌人来，他才有好处捞。想想吧，因为要主动做一件看似挽回损失的事，反而破坏了民风，蛊惑了人心。这可是损失惨重啊！"

宓子贱的两个故事只说明了一点：道是无为而无不为的，只要在某些事情上不为，就等于为。在别人看来，你似乎什么都没做，其实你已经把一切都做了。

这就好比你请客吃饭，当你点菜前问大家："有什么忌口（不想吃）的吗？"这是无为。当你得知了大家不吃什么时，就能自然地点菜，怎么点都没有问题，这就是无为而无不为。

如果你点菜前问大家："有什么想吃的吗？"这是有为。有为就是要不停地为，甲要吃鱼，乙要吃驴，胖子要吃五花肉，瘦子想来条泥鳅。如此点菜，你要问个遍，越是有为，问题越多；越是无为，问题越少。二者相较，肯定选无为。

第三十八章
不假思索的判断和行动，就是无为

原文

　　上德不德，是以有德；下德不失德，是以无德①。上德无为而无以为②，下德为之而有以为。上仁为之而无以为③，上义为之而有以为④，上礼为之而莫之应，则攘臂而扔之⑤。故失道而后德，失德而后仁，失仁而后义，失义而后礼。夫礼者，忠信之薄而乱之首。前识⑥者，道之华而愚之始。是以大丈夫处其厚，不居其薄；处其实，不居其华，故去彼取此。

注释

　　①上德不德，是以有德；下德不失德，是以无德：德，得也。赵佶说，物得以生谓之德。怎样得德？由道而得。上德，指的是得道最彻底的人；下德，是指得道不彻底的人。林东说："上德近于道，故不认德而为德，是以有德。下德则勤勤于德，如恐失之，所以无德。此德之真者，非于勤执而得之也。"老子的上德只需顺应本心，不需太多努力即可得到。倘若努力过多，反而得不到。由此可知，老子所谓的德是在无为下的自发产物，它不是孔子口中的德。

　　②上德无为而无以为：无为不是为达到某种目的，无为就是无为，一切因任自然。赵佶说："不思而得，不勉而中，不行而至，上德也。"曹道冲说："德之上者，本自无为，非故造无为之念也。"

　　③上仁为之而无以为：上仁之人爱人不抱任何目的。王安石说："仁者，有所爱有所亲也。惟其有所亲爱，则不能无为矣，其下者可

知也。"据此可知，无为是一视同仁，有为是仁者爱人。

④**上义为之而有以为**：上义之人行义是抱有目的的。《杂说》曰："上德无为而无以为，羲皇也。上仁为之而无以为，尧舜也。上义为之而有以为，汤武也。"

⑤**上礼为之而莫之应，则攘臂而扔之**：上礼之人按礼仪待人，而无人答礼，于是愤怒将其拉过来使之还礼。李霖说："仁者施之而已。义则择所施之宜者也，未责所报也。礼则施报矣，来而不往非礼也，往而不来亦非礼也。施报之义也，行礼于彼而彼不应，则攘臂而怒以相仍引。"

⑥**前识**：预知。

译文

上德之人依本性行事，不考虑什么是德，所以是真正的有德；下德之人总考虑如何做才有德，这种人实际上无德。上德之人顺应自然而无心作为，下德之人的作为则是抱有某种目的。上仁之人爱人本身就是目的，上义之人行义则是抱有其他目的，上礼之人按礼仪待人而无人答礼，于是愤怒将其拉过来使之还礼。当一个人目的性很强后，无为之道开始沦丧为没有德的道德，道德又开始沦丧，大家只好强调仁，但仁也注定沦丧，又提倡义。义也会沦丧为礼，礼是忠信浇（xiāo）薄的表现，是大乱的开端。当礼也失去作用后，小聪明出现。小聪明华而不实，虽算是智慧，却是愚昧的开始。所以，大丈夫要处道德之淳厚，不居忠信之浇薄。处道德之朴实，不居小聪明的浮华。要保留厚实，祛除浮华。

度阴山曰

孟子在证明人皆有恻隐之心时，假设过这样的场景：当你路过一口深井时，看到小孩子坐在井边，他只要一动，马上会掉入井中。此时，你该怎么办？

有人回答孟子：当然是飞奔过去解救孩子啊。

孟子说："你的回答也对，也不对。"

那人很疑惑。孟子解释说："如果你看到孩子，不假思索地去解救，那就是对的；如果你解救孩子前，想着在解救孩子后得到其父母的奖赏，或者是群众送你面锦旗，到处宣传你拯救生命的事迹，虽然你解救了孩子，但仍是错的。"

儒家对孟子的这段解释是，动机比结果重要。良好的动机即使不产生完美的结果，行为本身仍得到赞赏；恶劣的动机即使促成了完美的结果，行为本身也是恶。而用老子的解释则是，孩子在井边，这是危急时刻，正常人来不及多想，几乎是出于本能上前将孩子救下。这种出于本能、不假思索的判断和行动，就是无为。无为绝对没有任何达到某种目的的念头，无为就是面对一种非动不可的情境时，不多想、不纠结，马上行动。

所以老子说，上德之人无为不是达到某种目的，无为本身就是目的（上德无为而无以为），正如看到小孩要掉井中，解救小孩不是为了获得赞赏，解救本身就是目的一样。而儒家学派的王阳明则更极端地说，一念发动即是行。有人大概不明白，我只是产生了一个念头，并没有将其付诸实践，怎么就说我行动了呢？

王阳明的解释是，念头必由事物引发，当它发动时就证明了你对事物的态度。比如，看到孩子要掉井中这件事，你一定会产生念头，这念头中可能有善念，立即去解救；可能有恶念，不去解救或是为了获取赞赏而解救。虽然你可能没有解救，但已经用念头表明了你的态度。你对不义之财所起的念头是不取还是据为己有，即使没有行动，也已经表明了你的态度。

态度决定一切，一念是佛，一念是魔。

那么，问题是，我们如何判断自己的念头是善还是恶呢？儒家认为判定标准是心安与否，你的念头能让你心安就是善念，反之，就是恶念。而老子的判断标准则是无为还是有为。

当面对一种情境时，只要你不假思索地判断和行动了，这就是无为。比如看到孩子要掉入井中，你没有任何犹豫地跑过去解救，这就是善念善行，也当然是老子所说的无为。在这里，无为成为人的本能、直觉。只要是本能、直觉，它一定是自然而然的。只要是自然而然，不需要外力推动，那它就是老子所说的无为。

而有为，无论在念头还是行动上，都没有那么迅速和自然，这种不迅速和不自然，会让它和外界不匹配，进而造成心理和行动上的不舒服。我们由此可知，老子的"有为"指的是人想得太多，甚至总和自己作对，无穷无尽的内耗，始终不自然、不放松。

本章是《道德经》中"德经"的开篇，文字很多，内容却短小精悍，老子确定了无为的经典内容之一：不假思索的判断和行动。

第三十九章
放下身段才能毫发无损

原 文

昔之得一①者，天得一以清，地得一以宁，神得一以灵，谷得一以盈，万物得一以生，侯王得一以为天下贞，其致之。天无以清将恐裂，地无以宁将恐发，神无以灵将恐歇，谷无以盈将恐竭，万物无以生将恐灭，侯王无以贵高将恐蹶。故贵以贱为本，高以下为基②。是以侯王自谓孤寡不穀。此非以贱为本邪③？非乎？故至数誉无誉。不欲琭琭如玉，珞珞如石④。

注 释

①一：苏辙说："一，道也，物之所以得为物者，皆道也。"陆佃说："入于一，道将得；出于一，道将失。一者，有无之界也。"达真子说："道之混同，则归于一，故得一者，得其道之混同也。"陆象古说："一者，大道之妙用也。司马光说，一者，道之子，物之祖也，故莫不赖之以成功。以事言之，常久不已所谓一也。"综上所述，我们一致认为，《道德经》中的"一"不是道，因为有"道生一"的话，虽然一不是道本身，但道若要发挥作用，必须由一代劳，一可以认为是道，也可以认为是道的作用。

②**贵以贱为本，高以下为基**：赵佶认为，凡是高的东西都是以下为本基的，凡是贵的东西都以贱为根本。世人只看到高的贵的，却没有看到下的贱的，所以世人才庸碌无为。陈景元说："夫贵者岂自贵哉，必由贱者所奉，然后贵耳，此以贱为本也。高者岂可自高哉，

必缘下者所戴,然后高耳,此以下为基也。

③**是以侯王自谓孤寡不穀,此非以贱为本邪**:孤(孤德)、寡(寡德)、不穀(不善),都是王侯的谦称,这是中国人独有的自贱之道。陆象古说:"(这些自称)是用贱下之道者也……谦之至也。《易》曰,天道亏盈而益谦,地道变盈而流谦,鬼神害盈而福谦,人道恶盈而好谦,谦尊而光,卑而不可踰,君子之终也。"

④**琭琭如玉,硌硌如石**:高贵的美玉,下贱的坚石。

译文

那些得过"道"好处的:天得道后而清明,地得道后而安宁,人得道后而灵明,河谷得道后而充盈,万物得道后勃勃生长,首领得道后将天下治理太平,这就是"道"的威力。如果天不清明,就会崩裂;地不安宁,恐怕要崩溃;人不能保持灵明,恐怕要灭绝;河谷不能保持充盈,一定干涸;万物不能保持生长,注定死亡;首领不能保持地位,恐怕天下大乱。所以说,贵以平庸为根本,高以下为基础,因此,圣王都自称"孤""寡""不穀",这不就是以平庸为根本吗?所以荣誉太多,等于没有荣誉,不要求做高贵的美玉,只希望做丑陋的坚石。

度阴山曰

中国戏剧表演中的各种形体动作称为"身段",在戏台上必须端着身段,以高姿态示人;而在戏台下的现实世界,必须放下身段,以低姿态面对众生。这里面当然有一定门道。

孔子和子路出门,车夫不小心把车赶进了一个农夫的田里。农夫不依不饶,孔子就派子路去和车夫谈判。

子路很快回来说:"车夫不讲道理,我根本在对牛弹琴。"

孔子笑了笑,又派车夫去,一会儿,车夫回来说,可以了。

子路很沮丧地说:"我连个农夫都不如。"

孔子却说:"农夫和农夫在同一层面,自然沟通起来容易。你是知识分子,和农夫谈话不能放下身段,不能把自己当成和农夫一样的普通人,那你和农夫永远都谈不来。"

心学大师王阳明的弟子们去传道,回来后唉声叹气地说:"为何传道如此难?"

王阳明心知肚明地告诉他们:"你们一定拿个圣人模样去传道,人家一看圣人来,全吓跑了,哪里还听你们说话!"

弟子们问:"那该如何传道?"

王阳明回答:"放下你们的身段,别把自己当成圣人,也不是什么传道者,用愚夫愚妇的模样去和他们谈,自然就和他们拉近关系。人家发现你这种圣人居然肯如此低姿态地和他们谈,当然就听你们的话了。"

孔子和王阳明都懂得一个道理,当你姿态很高时,会甩掉很多人,而当你有高姿态却以低姿态出现时,会吸引更多人来。这就是老子所谓的"贵以贱为本,高以下为基",它的思路是出乎意料地反转:明明是高姿态,却以低姿态示人,鲜明的对比造成的反转会给人以惊喜,从高姿态到低姿态明明是向下减分,但在对方那里却是加分,地基是高峰的基础,低姿态(贱)是高姿态(贵)的必需。

"贵以贱为本,高以下为基"还可以让在高处的人避免不必要的风险。曾经有智慧老人问楚国宰相孙叔敖:"有三种情况会招来怨恨,你知道是哪三种情况吗?"

孙叔敖急忙请教。

老头说:"一个人地位高,任何人都嫉妒;官做得太大,君主不放心;待遇很好,招致的仇怨就更多。"

孙叔敖说:"你的话,我懂。人如果处于贵的位置,一定要小心，我现在就处于这个位置。"

老头捋着惨白的胡子点头说："你可以放弃贵啊。"

孙叔敖摇头说："离了贵，我如何为天下百姓做事？况且，为保身而撤退，这是逃兵。我有别的办法，我的地位越高越要谦虚，对别人更加尊重；我的官越大，我要越小心，绝不以权谋私，别人对我越是傲慢，我越要表现得卑微；我的待遇越厚，越不能往兜中放，而是全部拿出帮助贫穷的人，帮助亲戚朋友。请问，我这样做可以免去那三种怨恨吗？"

老头把头点得如捣蒜，说："没问题，没问题。"

孙叔敖解决被人嫉妒的办法很简单，正是老子给出的办法：既然贵是以贱为本，那我和贱打成一片就是了。我贱我有道，我贱我有理，贱就是放下身段，保持低姿态，虽然还在贵的位置上，但因为姿态在贱的位置，于是贵贱冲抵，由此降低了他人的嫉恨，使自己安全无忧。

老子说的天、地、神、谷、万物、圣王等人得到"道"后的如鱼得水状态，就是平衡了高低、贵贱后的和谐状态。圣王尊贵在，却自称"孤""寡"这样的谦辞，无非是平衡高低、贵贱的最佳方式之一。

中国古人喜欢给孩子取特别低贱的乳名，比如西汉的司马相如乳名叫"犬子"（狗子），南朝宋帝国的开国君主刘裕（宋武帝）乳名叫"寄奴"，清朝绍兴师爷的佼佼者汪辉祖给儿子直接取名为"垃圾"。

这些取名思想大概都来自老子的"贵以贱为本"，中国古代民间常常说，贱名好养活。这可能并非迷信，而是一种群体意识，刻意作践孩子的名字，没有那么多望子成龙的高期望，而一旦他能飞黄腾达后，因为低贱而形成的高贵反差，更让人大喜过望。

"贱名好养活"并不真的是取了贱名的孩子好养活,而是一种内心对高低贵贱的平衡,这种平衡就是老子所说的道。

如果你有了身段,具备高姿态的资本后却不放下身段,使自己处于低姿态来平衡高低贵贱,那你就会面临巨大风险。

圣贤说,人读书做学问,追求的是改变气质。人的气质之所以很难改变,都是虚伪自大的习气在作怪,因而不能放下身段,以致自以为是,自欺欺人,掩过饰非,滋长傲气,最终变得凶恶粗鄙。所以说,世上那些为人子女却不能对父母孝顺的,为人弟却不能对兄长恭敬的,为人臣而不能对帝王忠心的,起因都是不能放低身段,而这都是虚伪自大的习气导致的。如果我们能够懂得"高以低为基,贵以贱为本"的老子之道,明白"平衡"才是永恒之道,自然会放下身段,虚伪自大的习气消失,天理畅行无碍,自然也就安全、快乐了很多。

第四十章
学会示弱

原文

反者,道之动;弱者,道之用①。天下万物生于有②,有生于无③。

注释

①**反者,道之动;弱者,道之用**:反,老子命题中解释最多的一个,其一,复;其二,对立面之相反和斗争;其三,向对立面转化;其四,去而复返,循环,循环中包括了旋转、回归以及螺旋型上升。我们倾向于循环,但这循环不是如没头苍蝇般的循环,而是返回无。即是说,反是返回到开始的地方,这个开始的地方就是道,就是无。王雱说:"反本则静,静乃能动,譬如秋冬能起春夏也。"王安石说:"道之用所以在于弱者,以虚而已。"

②**有**:万物之母。

③**无**:万物之始。

译文

复返,是道的一种运动;柔弱,是道的作用和体现。无生有,有生天下万物。

度阴山曰

对中国历史稍有了解,就知道赵匡胤"杯酒释兵权"的故事。赵匡胤建宋帝国后，曾和宰相赵普有一段谈话。他问赵普，如何能让帝国绵延久远，而不像之前的五代（梁唐晋汉周）那样十几年就改朝换代。赵普告诉他，五代政权更替频繁的唯一因素就是武人掌军权。只要把将军们的军权收归，那帝国就可长寿。

赵匡胤本是后周帝国的将军，他能轻而易举地建立宋帝国，一是后周帝国皇帝年幼；二是他多年来在后周帝国的威望，况且他掌握着首都卫戍部队；三是他的战友们心服口服的支持。

赵匡胤要夺取这些战友的军权，其实只需要一道命令即可。或许有人反对，但一定很少，而且不会轻易成事。然而赵匡胤并没有硬来，他要把所有可能出现的冲突和矛盾都化解掉。

这个方法就是"示弱"。他请战友们吃饭，在饭局上把自己定义成一个弱者，他愁眉苦脸地对战友们说，如今做了皇帝还不如当初当将军快活。

战友们询问原因，他把自己弱者的担忧说出来："我是靠你们支持而发家，如果你们的部下也支持你们发家，你们怎么办？即使你们知道该怎么办，我该怎么办？所以，我现在一点都不快乐，我焦虑、抑郁、患得患失，每天活得像个精神病。你们难道不同情我？"

众人都明白了怎么回事，看到赵大哥这么悲惨，只好说："我们愿意让赵大哥活得舒服一点，放弃兵权。"

赵匡胤马上从悲伤中苏醒，和大家一醉方休。几天后，他的战友们陆续把兵权交了出来。这就是"杯酒释兵权"的故事，它的基础逻辑是：反者，道之动；弱者，道之用。

赵匡胤本处于强势，他的将军们处于弱势，他完全可以用强大的皇权剥夺战友们的兵权。但是，这种硬碰硬、直来直去的方法即使不搞出冲突，结果也一定不会皆大欢喜。况且，硬碰硬是需要用力的，真正的高手是不希望用力就能把问题解决的。

赵匡胤运用的是反向思维：我处于强势，但我反过来，把自己归于弱势（我活得不如从前当将军时开心，焦虑、抑郁，很痛苦）。我在你们面前呈现弱势后，本来处于弱势的你们就变成了强势（因为你们，我才睡不着觉）。强势对弱势，大多时候都有怜悯心。况且，赵匡胤的这种弱势并非真的弱势，而是"反"成弱势的。他的将军们都明白，这是赵大哥的绵里藏针，所以，无论是迫于赵大哥的强势，还是怜悯于赵大哥"反"成的弱势，他们只能交出兵权。

这就是"反者，道之动；弱者，道之用"，通俗而言就是，当你处于强势时，要"反转"成弱势，示弱给他人看。只有蠢材，才不会对一个强者的示弱不屑一顾。当你强大但却反转到弱势地位时，对方就会减少自己不如你的自卑感，从而有台阶下，愉快地接受你的一切条件。老子的智慧，高深莫测就在这里。

在日常生活中，如果你各方面都比别人强，这当然是好事。但更好的事是，你要在某些方面示弱给他人，寻求他人的帮助。如此，你的强大就"反"成了弱小，和对方处于同一频率，从而拉近了你们的关系。

强者的示弱，不勉强，所以省力，因为之前在他人心中的刚强形象突然反转为柔弱，所以对方会将其看成是自己人，虽然明知对方的确强大，然而因表现出来的柔弱平衡了真正弱者的心，所以，强者的示弱才更被尊重，更有意义。当然，也只有强者的示弱才有意义。

第四十一章
被嘲笑的梦想，也值得去实现

原文

上士闻道，勤而行之；中士闻道，若存若亡；下士闻道，大笑之，不笑不足以为道①。故建言有之：明道若昧，进道若退，夷道若颣②。上德若谷，大白若辱③，广德若不足，建德若偷④，质真若渝⑤，大方无隅⑥，大器晚成，大音希声，大象无形。道隐无名⑦，夫唯道善贷且成⑧。

注释

①**上士闻道，勤而行之；中士闻道，若存若亡；下士闻道，大笑之。不笑不足以为道**：憨山德清说："此言道出常情，而非下愚小智之所能知，必欲上根利智可能入也。"

②**夷道若颣**：夷，平坦；颣，崎岖不平、坎坷曲折。

③**大白若辱**：辱，黑垢。

④**建德若偷**：刚健的德好像怠惰的样子。偷，意为惰。

⑤**质真若渝**：渝，变污。质朴好像混浊。

⑥**大方无隅**：隅，角落、墙角。最方整的东西却没有角。

⑦**大器晚成，大音希声，大象无形，道隐无名**：赵佶说："大器者，不器之器也。不益生，不助长，故晚成。"王弼说："听之不闻名曰'希'，不可得闻之音也。有声则有分，有分则不宫而商矣，分则不能统众，故有声者非大音也。"钟会说："无象不应，谓之大象。陈景元说："道本无名，而强名曰道。"

⑧**夫唯道善贷且成**：贷，施与、给予。引申为帮助、辅助之意。

译文

上士听了道的理论，会身体力行；中士听了道的理论，将信将疑；下士听了道的理论，哈哈大笑，下士如果不笑，那就不是道了。因此建言中说：光明的道看起来并不光彩；前进的道看起来在后退；平坦的道看起来很崎岖；崇高的德看起来如峡谷；广大的德感觉不足；刚健的德看上去很怠惰；质朴而纯真却好像混浊未开；最洁白的东西，反而含有污垢；最方正的东西，反而没有棱角；最大的器物，往往是最后才成；最大的声响，反而听来无声无息；最大的形象，反而没有形状。道幽隐而没有名称，无名无声。只有"道"，才能使万物善始善终。

度阴山曰

推翻了大秦帝国的陈胜年轻时在田间劳作，看到乡亲们挥汗如雨，骨瘦如柴，不禁立下誓言说："苟富贵，无相忘。"我们今日听到这句话，很不以为然。但在秦王朝时，一个普通农民大谈富贵的理想，简直能让人笑掉大牙。所以同事们全都嘲笑他，而陈胜说："燕雀安知鸿鹄之志！"

陈胜就是老子所谓的上士，他的同事们就是老子所谓的下士，陈胜的"富贵"理想就是老子所谓的"道"，下士闻道，肯定大笑。或者还可以这样说，燕雀就是老子所谓的下士，鸿鹄则是老子所谓的上士，即使不是上士，至少也是个中士。

在陈胜发出他的理想之歌不久，又有两人也发出自己的理想之歌，他们的名字叫项羽、刘邦。刘邦在看到秦始皇车队出巡的壮观景象时，不禁赞叹说："大丈夫当如斯啊！"意思是，爷们就应该像秦始皇那样威风凛凛啊！和他一起观看的人说，别做梦了。而项羽在看到秦始皇车队出巡的宏大景象时，不禁咬牙道："彼可取而代也。"意思是，我要取代他。和他同时观看车队的人，不禁大笑说，你就扯淡吧，这是你能想象的吗？

刘邦和项羽的理想都和陈胜的理想一样，似乎不切实际，如同做梦。但如我们所知，这三人后来几乎都实现了自己的理想。这说明一点，人要有想象力，要有大的理想，万一实现了呢。

老子说，上士听了道的理论，会身体力行；中士听了道的理论，将信将疑；下士听了道的理论，会嘲笑。而衡量道和非道的标准就在这里，找一个下士，看他笑还是不笑，如果笑，那就是道；如果不笑，那会有两种情况，第一，他听到的理论不是道；第二，他不是下士。

陈胜、项羽、刘邦都属于上士，他们的誓言就是道。他们绝不是信口一说，说完后埋头苦干，暗中酝酿。陈胜仔细旁观时势，混上个农民工工头，终于在大泽乡抓住"富贵"的机会，揭竿而起。刘邦则混进体制内，结交各种朋友，后来一呼百应，成就大业。项羽更是挑灯夜战，学习兵法和骑射。

上士闻道，会身体力行，绝不满嘴跑火车。而中士闻道，则半信半疑，心中不定则没有行动，最终只能随大溜。但中士比起下士来，要好太多。下士闻道会轻忽非笑，他们意（臆测）必（武断）固（固执、没脑子）我（自以为是），是典型的"杠精"。所以，只要遇见稍稍有点符合道的事物，一定对事物冷嘲热讽而大笑。

那么，为什么"意必固我"的下士听到道会对道嘲笑呢？有两方面原因：一是他们本身（意必固我）的缺陷，二是道的特点。

老子道的特点古里古怪，不以真身示人，是以它真身的反面呈现的：明道若昧，进道若退，夷道若颣。如此，对于不懂老子逆转法则的没脑子的下士而言，看山是山，看水是水，自然会大笑。如同看到打扮成乞丐的富豪，下士肯定上去嘲笑一番，甚至还踢两脚。

如果"明道若昧"是道的善于伪装，那"大方无隅，大器晚成，大音希声，大象无形"就是道的广大难知。下士都急功近利，只重眉睫之事，他们没有远见，看不到真正的大家伙，只蝇营狗苟。在小鸟的世界，飞得高就是错，就是蠢。

一个对天地和道没有求知欲的下士，自以为是，固执己见，绝不会费心琢磨道、认识道的。下士被困在自己浅薄的认知中，一旦超出他的认知，他肯定大笑。

下士是否一无是处？按照老子辩证法，肯定不是，废物能逆转成好物。如果你想知道自己梦想是否值得实现，那就把它说给下士听。下士倘若大笑，就说明它值得去实现，你要做的就是马上行动去实现。但如果下士听了你的梦想没有笑，而是很认真地说梦想很好，你就要小心了，这是世界上最恐惧的事。

第四十二章
你的柔和，必须有锋芒

> [原 文]

道生一，一生二，二生三，三生万物①。万物负阴而抱阳，冲气以为和②。人之所恶，唯孤寡不榖，而王公以为称。故物，或损之而益，或益之而损。人之所教，我亦教之。强梁者不得其死，吾将以为教父③。

> [注 释]

①**道生一，一生二，二生三，三生万物**：这句话的解释，过江之鲫。憨山德清说："道本无名，强名之一。故曰道生一。然天地人物，皆从此生。故曰一生二，二生三，三生万物。"由此可知，"道"并未如女子生小孩生出个货真价实的"一"来，而是女子本来隐身，大家不知道她模样，突然现身，大家都认为她是由隐身的她生出来的，所以隐身的她是"道"，现身的她是"一"。司马光说，"自无入有；分阴分阳；济以中和。"三生万物，万物由天地之阴阳二气交合而生。

②**万物负阴而抱阳，冲气以为和**：负，背的意思；抱，向的意思；和，中华传统思想的重量级概念。和，本义是口吃禾（五谷），五谷丰登，大家都有得吃，这才是和，而且吃的是素食，这是人和大自然的和。和是恰到好处、和是平衡——调和与和稀泥，中医的阴阳失和，必须平衡、相互感应和交和。司马光说："万物皆以阴阳为体，以冲气为用。"

重点看阴阳。阴阳是中国人解释宇宙万物的最重要思想,遇到任何事物,只需"阴阳"二字即可势如破竹。人们发现向阳增产,向阴减产,于是产生了阴阳概念。阴,背对太阳,阳光照射不到的地方,山之北,水之南;阳,向日,阳光能照到的地方,山之南,水之北。

由粮食和山水可以推出中国人的特质:第一,农耕文明下的农民;第二,对大自然喜爱。

最早记载"阴阳"连用的是《诗·大雅·公刘》中的"既景乃冈,相其阴阳"(考察太阳的方位,登上高处,山南山北地考察一番),其次就是这里的"万物负阴而抱阳"。春秋时期,阴阳概念开始大行其道。

阴阳概念的内涵非常丰富,基本有三种:

一是万物形成的质料、要素或中介。这种内涵认为,阴阳是极细微的物质现象,是还没有形成具体事物时的混沌,是生成万物的要素,是万物的本源——气。这个点似乎没有什么好谈的,它的大意是阴阳就是气,气生万物。但怎么生的,这需要我们认真琢磨。

二是对立变化的客观实体。当阴阳生成万物后,万物之间就有了阴阳的对立,比如有暖就有寒,有善就有恶,有时间长的就有时间短的,有夫就有妻。注意,这是独立的各个事物都有阴阳事物。第三点则倾向于一个事物中的阴阳。

三是一切事物所具有的属性。任何一个独立的事物,其中必有阴阳。人有高尚的阳,就必有低下的阴。苹果有阴阳,任何事物都有阴阳。

③**教父**:母主养育,父主教化,言生则曰母,言教则曰父,此处指根本。

译文

道生出有,有生出天地,天地生阴气、阳气、和气,阴气、阳气、和气生万物。万物向阳而背阴,皆得到和气而为柔和。人最厌恶的是孤、寡、不穀等称谓,而王公却自称。所以一切事物,减损它反而得到增加,增加它反而得到减损。别人如此教导我,我也如此教导别人:"强横的人不得好死。"我把这句话当作施教的宗旨。

度阴山曰

绵里藏针,绵重要,针更重要;但没有绵,针也就远没那么重要。

战国后期,赵王国丞相蔺相如受到国王恩宠。大将军廉颇非常嫉妒,多次找机会要蔺相如好看,但蔺相如始终主动躲避他。蔺相如的跟班煽风点火说:"您怎么胆小如鼠啊!廉颇有什么好怕的,不如和他正面干一场,显示下您的威风。"

蔺相如说:"秦国之所以不敢进攻咱们赵国,就因为我这个丞相和大将军廉颇表面和气。倘若被秦国知道了我和廉颇不和,那可是将相不和,赵国一定受到进攻。我避让廉颇并非怕他,实在是为了国家啊。"

廉颇听闻蔺相如这番话后,懊悔地流下眼泪,背负荆条去向蔺相如请罪。二人冰释前嫌,一团和气,秦国短时间内对赵国自然没了可乘之机。

中国人一直讲和,儒家讲得几乎磨破嘴皮,"和为贵"几乎成为中国人的处世圣经。那么,到底什么是和呢?老子认为的"和"是这样的:它是阴气和阳气互相切磋后的和气。即是说,和气中既有刚强的阳气,也有柔弱的阴气,二者调和到刚刚好的程度,就成了和气。

比如蔺相如能让廉颇光着膀子、背着荆条来请罪,使用的就是和气:在柔弱的阴气方面,他处处避让廉颇;但在刚强的阳气方面,他却说了那番大义凛然的话,而且把这话传给了廉颇,暗示廉颇:老子可不是怕你,老子是为了国家才不和你一般见识。

这种刚柔并济、阴阳调和成的"和气"才是宇宙间最恐怖的力量。

传说中的"六尺巷"故事更是把"和气"运用得炉火纯青:大学士张英的邻居在建造房屋时抢占了张家的土地,张家人给在京城做官的大学士张英写信,要他用阳刚之气来搞邻居。结果张英回信说:"千里捎书只为墙,让他三尺又何妨?万里长城今犹在,不见当年秦始皇。"张家人得诗,旋即拆让三尺。

张家人把信交给邻居看,邻居深为感动,最后让出三尺,成就了"六尺巷"美谈。

无论是蔺相如还是"六尺巷"的张家,在处理遇到的问题时,都具有刚柔并济、绵里藏针的特质,用一句俗语讲就是,你的柔和,必须藏着锋芒。否则,柔和就是懦弱。

孔子对弟子很是了解,有一次,他看站在身边的子路昂首挺胸,叹息说:"子路啊,你以后恐怕会不得善终。"

孔子的嘴像开过光一样,不久后,子路和别人决斗,被砍成了肉酱。孔子为什么这么说呢?因为子路性情刚直,好勇尚武,无论做人还是做事喜欢直来直去,刚硬无比。用老子的话说,子路的性情中只有阳而无阴,有刚而无柔,所以不可能形成和气把问题处理明白,无法处理问题自然会引起矛盾,总是处于矛盾中又总是喜欢用刚硬态度解决矛盾的人,终究会应了"走夜路多必撞到鬼"的话。

这就是老子说强梁者不得其死的原因。强梁者固然是强大的,如同子路武艺高强,但越是强大就越应该用柔和的态度去处理问题，因为你的强大是被他人所知的。你不必把强大显示出来，它就已经是你让对方发抖的武器，你只需要略施柔中带刚的温柔，对方会立即缴械投降。这是最省力的方法，也是让人更加尊重你的方法。

懦弱者只有"阴"，强行表现"阳"是不自量力；强梁者只有"阳"，只要他依凭"阳"表现出"阴"，那就符合了老子所说的负阴抱阳的道。道是和气之源，也是解决问题最省力的玄机所在。由此可知，柔和能解决问题，必须有刚强做后盾！

第四十三章
避免正面对抗

原 文

天下之至柔，驰骋天下之至坚①，无有入无间②，吾是以知无为之有益。不言之教，无为之益，天下希及之③。

注 释

①**天下之至柔，驰骋天下之至坚**：在老子看来，地球上最柔的事物是水，水能驾驭天下最坚强的事物，是因为它不争。程大昌说，柔能胜刚的本意是，彼以刚来，我不与抗，常自处于雌弱，而待其有隙之可乘。李荣说："有象之至柔者，水也；无形之至柔者，道也。"

②**无有入无间**：无有，指道；无间，无空隙。

③**希及之**：很少有人知道无为的好处。

译 文

天下万物中最柔弱的水，却可以胜过天下至坚之物，无形的道可轻易进入无空隙之地，据以上论述，我可以肯定无为是一种有益的处世方法。我所提倡的不言之教，无为的好处，很少有人能够知道它的好处啊。

度阴山曰

春秋时期的晋国是一等一的强国，晋文公之后，国家大政都掌控在赵衰手中。赵衰是个顶级政治家，他能力超群，内心坚定，外表平易近人，懂得谦让和适当的让步，所以晋国上下都喜欢他，并且称他为"冬日的太阳"，意为能给人带来温暖。而他的儿子，同时也是他的继任者赵盾与其相反。赵盾和老爹一样，拥有高超的政治手腕，凭借老爹多年积累的政治财富而拥有强大的影响力，可他过于锋芒毕露，和同僚关系很差，大家把他和赵衰放一起比较后得出结论：赵盾是酷夏的太阳，意为使人煎熬。

后来，晋国国君联合其他大臣排挤赵盾，赵盾家族反击，居然把国君宰了。

赵衰做事，永远都顺应他人的自然。每个人都自然而然地喜欢安全感，赵衰就给他们安全感，这就是为什么大家都觉得赵衰是冬天的太阳，因为冬天的太阳是让人在寒冷中温暖的，人自然而然在严寒下需要温暖，所以，大家就喜欢冬日的太阳。而赵盾做事，永远都逆着他人的自然。大家都喜欢安全感，他就搞各种政治运动让别人如惊弓之鸟。大家称他是酷夏的太阳，无非是人们自然而然在酷夏喜欢冰凉，他非要给你太阳，这就是逆自然。

法国作家拉·封丹有篇寓言，说的是有一天，北风和南风抽风地打赌，看谁可以把行人的大衣脱掉。北风先出手，它大呼小叫，穿梭在行人中，行人顿时感到寒冷刺骨，为了抵御北风，他们把大衣裹得紧紧的。接着是南风出手，它徐徐吹动暖风在行人中，大家顿时感觉到了暖和，于是开始脱掉大衣。

很显然，南风赢了。南风为什么取得胜利而北风却没有呢？二者解决的问题是让人脱掉上衣。让人脱掉上衣的思路只有两个：第一，帮他脱；第二，让他心甘情愿地自己脱。

北风采取的是第一种思路，帮他脱，用狂风吹他的衣服。这是典型的对问题采取正面进攻的方式，用老子哲学语境来说，就是有为。我们在人生中遇到的大部分问题，都能靠正面进攻的有为方式解决。比如手机没电去充电，饿了去吃饭，困了去睡觉，没钱了去送外卖……

但有些问题，就无法用正面进攻的有为方式解决。

老子的智慧就是南风的智慧，南风是让你心甘情愿地脱掉衣服。其底层逻辑是，人心甘情愿做一件事时，这件事对他而言是自然而然的。比如天热脱掉衣服，这是自然而然的事，因为这是自然而然的事，所以脱掉衣服一定是心甘情愿的。

南风的方法论正是老子的"无为"。那么，这里的"无为"又做何解？老子说，"天下之至柔，驰骋天下之至坚，无有入无间"。意思是，天下万物中最柔弱的水，可以胜过天下至坚之物，无形的道可随意进入没有空隙之地。

当我们把南风和老子所说的水进行比较后即可得出"无为"的内容。

所谓"无为"，就是不和事物正面对抗，顺应事物，让事物发生自然行为而非反自然行为。水和南风都没有和它的对手正面对抗，南风吹出暖风，使人感到温暖而自然而然地脱掉衣服，水沿着物体本身轮廓而自然流动，但北风就在让事物发生反自然行为（越冷越不脱）。老子所说的"无有入无间"，并非指没有形状的水能随意进入无空隙之地，而是水始终在顺着事物自然而然地流动，并且轻而易举地抵达目的地。

当你非常自然又省力地顺应事物时，事物也会自然而然地发生。一句话，当你很舒服地让别人舒服时，就证明了你在无为，反之亦然。

第四十四章
适可而止：置身其中而不深陷其中

> [原文]

名与身孰亲？身与货孰多？得与亡孰病①？甚爱必大费，多藏必厚亡②。故知足不辱，知止不殆，可以长久③。

> [注释]

①**名与身孰亲？身与货孰多？得与亡孰病**：名，名誉；身，生命；货，财物；亡，丧失。王弼说："尚名好高，其身必疏。贪货无厌，其身必少。"李荣说："身形是成道之本，故为亲；名闻是虚假之法，故为疏。世人不能为身以损名，只为名以损身。"

②**甚爱必大费，多藏必厚亡**：王弼本中有"是故"二字，依郭店简本、帛书甲本删。甚爱，过分贪恋；费，破费；厚亡，加重丧失。林东说："爱之甚，则凡可以求之者，无所不至，能无费乎；藏之多，则攻之者必众，能无亡乎。"

③**故知足不辱，知止不殆，可以长久**：曹道冲说："辱莫大于贪。"知足、知止才能全生永年。李霖说："此章本意欲学长生久视，当先绝利忘名。若名利不除，身心俱役，不唯有妨于道，久必于身为患。"

> [译文]

名誉和生命，何者为亲？生命与财富，何者为重？得到名利和财富而失去生命与得到生命而失去名利财富，哪个正常？过分贪爱着什么，必然招来更过分的破费，得之越多，失去的会更多。所以知足而无求才不至于受到困辱，知道在哪里停止才不会发生危险，方可长久平安。

度阴山曰

中国有句极为佛系的古话，叫"差不多就行了"。它有个前提是，在做事上，不能"差不多就行了"；但在物欲上，只要"差不多就行了"。

西汉人严遵深懂财富、名利与人生的关系。他做了个小买卖，每天挣到一百钱立刻关店读书。一百钱，刚好是他家一天的生活支出。当地富人罗冲也读过几天圣贤书，因觉得和严遵是同道中人，不忍见他生活清贫，想接济他。

严遵谢绝，罗冲说："你不接受我的接济，为什么不去做官呢？"

严遵依然婉拒地说："第一，我很富足，不需要你接济；第二，给我扬名的人，是在毁灭我的身体，所以我不做官；第三，如果你我之间非要发生接济，那也是我接济你，因为你太贫穷了。"

罗冲认为严遵穷疯了，居然说出这种邪门的话来。他微笑着等待严遵的解释，严遵没有让他失望地说："我曾路过你家，见你深夜还在忙碌赚钱，却从未有满足。我虽然每天只挣一百钱，却有时间读书，偶尔还能剩下几文钱，这些钱花不出去，生了尘土。请想想，人生短短几十年，天天想着赚钱而没有时间享受别的，那这人生有什么意义？你不是穷人是什么？"

罗冲似乎听明白了，严遵所谓的穷人，不是守财奴，也不是视追逐财富为人生的人，而是不懂得适可而止的人。适可而止是一种超级大智慧，它出自朱熹的《四书集注》：适可而止，无贪心也。但源头绝对是老子的"知足不辱"。

老子"适可而止"的理论依据是，名利、财富、生命三者中，生命最重要，享受生命最重要。但生命最重要，并非绝对，是与名利、财富相比后的勉强产物。因为名利和财富如同海水，喝得越多越觉口渴，如同老子说的"甚爱必大费，多藏必厚亡"一样。

适可而止的难点在于，什么时候该止？是人看到财富时就停止，还是得到一定财富后停止呢？"一定财富"又是多少呢？

有个关于人性的游戏，庄家出谜，你来猜。每猜中一次，就有比之前多一倍的奖金。但是，如果你猜错，那之前因猜对积攒的奖金就会清零。大多数人都希望赚得越多越好，坚持猜下去，至少要再猜一回。只有极少数人选择停止，拿着并不多的奖金高兴地离开。

事实上，在哪一次停止，没有唯一答案，你的心就是答案。你永远拿不到最多的奖金，正如你的欲望无止境一样。当你心满意足地停止时，无论你取得多么少的奖金，那就是你的正确唯一的答案。我们在物质追求上要适可而止，见好就收。这个"好"可以分解为四个字：心满意足。西方影星玛丽莲·梦露说："我曾拥有的名声与光环早已散去，幸好我早已洞悉了它的虚无缥缈。我庆幸自己曾经置身其中，而没有深陷其中。"

"置身其中而没有深陷其中"就是最高境界的适可而止、见好就收。

第四十五章
有种人生境界叫"呆若木鸡"

原文

大成若缺,其用不弊①。大盈若冲,其用不穷②。大直若屈,大巧若拙,大辩若讷③。躁胜寒,静胜热,清静为天下正④。

注释

①**大成若缺,其用不弊**:弊,坏也。"成"与"缺"是辩证的一对,"大成"是中国传统思想中特有的词,我们常听到的"集大成者"即源于此。所谓"大成"在老子看来是永不损坏。缺当然不好,但成也不好,按照辩证法,有成就有缺,就会缺。大成则不是,大成是看上去缺,其实永远都不缺。

②**大盈若冲,其用不穷**:冲,虚。李霖说:"月盈则亏,志满则损,至人知盈虚之有数,虽盈而常若冲也。"

③**大直若屈,大巧若拙,大辩若讷**:讷,言语迟钝。王弼说:"随物而直,直不在一,故若屈也。"苏辙说:"巧而不拙,其巧必劳,付物自然,虽拙而巧。"赵佶说:"不言之辩,是谓大辩。"

④**躁胜寒,静胜热,清静为天下正**:躁动生热,热胜寒冷。清静胜热,所谓"心静自然凉"。达真子说:"春与夏则万物动之时也,动之极则有寒之者至焉,故曰躁胜寒,是躁胜之时必有寒也;秋与冬则万物静之时也,静之极则有热之者至焉,故曰静胜热,是静胜之时必有热也,此理之必然矣,皆出于胜极之所致也。惟大成犹若缺,大

盈犹若冲，大直犹若屈，大巧犹若拙，大辩犹若讷，皆无其胜极之心也。心无胜极，则清不为物所污，静不为动所诱，若是则心之造其有不正哉。故曰清净为天下正。"据此可知，所谓清静，只是个不争之心，非胜心。

译文

"大成"好似残缺，永远用不坏。"大盈"好似空虚，永远用不穷。"大直"好似弯曲，"大巧"好似笨拙，"大辩"好似结巴。暴躁产生热量而战胜寒冷，安静下来就不会感觉炎热，无欲无为便可以成为天下的君长。

度阴山曰

在庄子的寓言宇宙中，周宣王喜欢斗鸡。后宫除了各宫嫔妃外就是各种鸡，周宣王常常斗鸡取乐。不过他有个心结，就是没有一只斗鸡能永远胜利。他把这个遗憾说给大臣们听，大臣们闹哄哄地推举了驯鸡高手纪渻子。

纪渻子来后，先从鸡群中挑出一只金爪彩羽的高冠鸡，在把鸡关进训练场后，他要求任何人不得去干扰他和那只鸡。

十天后，性急的周宣王派人来问纪渻子："鸡可以了吗？"纪渻子摇头："不行，它还牛哄哄的。"

又过了十天，周宣王再叫人来问。纪渻子仍然摇头说："不行，它听到声音或看到什么东西，还会灵敏地做出反应。"

周宣王疑惑地说，这不就是斗鸡的素质之一吗？

又过了十天，周宣王等得心急火燎，他让人把纪渻子召来亲自询问。纪渻子告诉他："不行，这鸡居然还能怒视而盛气。"周宣王叫起来说："你到底懂不懂驯斗鸡，怒视而盛气，不正说明它勇猛善斗吗？"

纪渻子微笑说："您的那些勇猛善斗的鸡，有哪一只赢到现在？"

周宣王不语。又过了十天，纪渻子主动跑来对周宣王说："可以了。"

周宣王问，怎么个可以法？

"它听到其他鸡的叫声已经毫无反应，精神高度凝寂，看上去就像一只木鸡。其他鸡见了，都不敢和它交锋，扭头就跑。这只斗鸡已经天下无敌。"周宣王听了他的话，非常高兴，后来实验，果然未遇敌手。

这就是成语"呆若木鸡"的来历，本意是收敛精神后，心神笃定而此心不动，天下无敌。后来变为看上去遇到惊吓，吓得痴呆如木雕刻的鸡一样。

老子认为圣人应该达到的境界正是"呆若木鸡"。呆若木鸡的特征有三点：第一，藏，即大成若缺，大盈若冲，大直若屈，大巧若拙，大辩若讷。这和纪渻子训出的那只鸡一样，呆呆的，但这是假象，老子提倡的典型的辩证法假象——表面是A，真实是—A。《菜根谭》说："藏巧于拙，用晦而明，寓清于浊，以屈为伸。"意思是，做人宁可笨拙一点，不可显得太聪明；宁可收敛一点，不可锋芒毕露；宁可随和一点，不可自命清高；宁可退缩一点，不可太积极冒进。这是藏，呈现出来的是辩证法假象。

呆若木鸡的第二特征是"清静"，也就是无欲无求，那只呆呆如木鸡的鸡之所以能战胜其他的鸡，是因为它能自我清静。自我清静是无欲无求，如何做到无欲无求呢？看那只木鸡，它收敛精神，只关注一处，这一处就是斗其他的鸡，除此而外，无论鸡叫还是狗叫，无论是肥美的虫子、蜈蚣，都和它无关。它就像个傻子一样，定在那里，此心不动。

第三，呆若木鸡的那只鸡看上去毫无争斗心，没有胜心，它从来不想必胜，它只想不败。不败就是大胜，大胜若败。

清静真的是没有任何欲望吗？著名的相马师伯乐退休前，嬴任好（秦穆公）让他选择继任者，伯乐就指定了一个叫九方皋的人。嬴任好于是派九方皋去寻找良马。三个月后，九方皋回来报告说，已经找到，正在来的路上。

嬴任好多问了句："什么马？"

九方皋回答："黄色母马。"

不久，马被送来，嬴任好看了，差点晕死过去，马根本不是九方皋说的是黄色母马，而是一匹黑色公马。他找来伯乐委婉地说："看看你推荐的人，连马的毛色雌雄都看不出来，怎么可能知道良马劣马。"

伯乐大叫一声："呜呼，高手啊！他所观察的是天地间的奥妙：得其精微，弃其粗略，省察其内部而忘却其表象。看见了他所应当看见的，而没有看见他不必看见的，考察了他所应当考察的，抛弃了他所不必考察的。像九方皋这种相马的人，我绝对不如他啊！"

嬴任好被伯乐这番话搞得一愣一愣，半信半疑地让人去试那匹马，果然是天下少有的好马。

后人说，九方皋相马就是老子这段话的案例版，九方皋表面看上去傻乎乎的，连马毛的颜色和马的公母都分不清，其实不是人家分不清，而是根本没必要分。大多数人的人生都是平庸甚至失败，在老子看来原因只有一个：不清静。那么，什么是老子所谓的清静呢？

清静是无欲无为，无欲不是没有欲望，而是集中精神于某一个欲望。九方皋相马就集中在马是不是日行千里的功能上，他绝对不会把精力放在马的颜色和马的公母上。集中精神于一物一事，充分释放其欲望，这才是老子所说的"无欲"。人一旦"无欲"后，在外人看来肯定是"无为"的，类似于看上去好像啥都做不好。九方皋分不清公马母马的傻乎乎样子不正是"大成若缺，大直若屈，大巧若拙，大辩若讷"吗？

在藏和无欲的联合下，九方皋和那只木鸡一样，功成名就。

第四十六章
欲望是有为，知足是无为

原文

天下有道，却走马以粪①；天下无道，戎马生于郊②。祸莫大于不知足，咎莫大于欲得。故知足之足，常足矣③。

注释

①**天下有道，却走马以粪**：却，退回；走马，战马、快马；粪，种田。赵佶说，天下有道，就是统治者以道治天下，呈现方式是，民各乐其乐，而无所争。

②**天下无道，戎马生于郊**：郊，战场。统治者不以道治天下，人民就会争斗，战争出现。

③**祸莫大于不知足，咎莫大于欲得。故知足之足，常足矣**：赵佶说："人见可欲，则不知足，不知足则欲得，欲得则争端起而祸乱作，祸乱作则戎马生于郊。然则知足而各安其性命之分，无所施其智巧也，日用饮食而已，何争乱之有。"王安石说："墨子曰：'非无安居也，我无足心也；非无足财也，我无足心也。'万物常至于足而有所谓不足者，以其无足心也。得道者知其足心足财，故曰，知足之足，常足矣。"

译文

天下有道，战马会从战场撤回投入田地；天下无道，母马都要上战场，而且经常把小马生在战场上。祸患源于不知足，灾殃来自欲望。因此知道适可而止的人,永远是满足的。

度阴山曰

不知足的人,足也不足;知足的人,不足也足。

关于欲望与不知足的话题,总会使我们想到那个渔夫老婆的神话故事。故事说,渔夫很偶然地解救了一只神鱼。神鱼感恩他,允诺可以实现他许多愿望。渔夫的老婆知道后,半信半疑地希望神鱼给他们一个精美的脸盆。当看到脸盆真从天而降后,心中的欲望如火山般爆发。她从脸盆开始索要直到豪华邮轮,再到官殿版的别墅,直到最后索要神鱼的法术。

神鱼发现,这个女人的欲望是无止境的。于是使用法术让她回到原点:仍然是破旧的茅屋和如筛子一样的脸盆。

欲望不止,必有灾难,个人如此,国家也如此。

前658年,晋国派人对虞国说:"我们要打虢国,但你这里是必经之地,所以想借个道,可否?"虞国高级官员宫之奇拒绝晋国说:"我们和虢国平时关系不错,你居然向我借道灭它,这太荒谬!"

晋国使者说:"我们带来了晋国最昂贵的礼物:屈产之地的骏马和垂棘之地的美玉,希望能借我们一条道路。"

虞国国君对这两样礼物垂涎三尺,就要答应。宫之奇提醒他,有多大屁股穿多大裤衩,以咱们的国力,根本承受不起晋国的两样宝贝。如果你借道给晋国,那这两样宝贝只是暂时寄存在你这里。晋国灭了虢国,回头就灭你。

虞国国君说,这两样宝贝,全世界都想要却不能得到,如今送上门来,没有人能拒绝。

就这样,虞国收下了晋国的特产,借道给晋。晋军先灭掉了虢国,回师时把虞国灭掉,拿回了那两样宝贝。虞国因其国君的利欲熏心和目光短浅造成了亡国悲剧。

我们在讥笑渔夫老婆和虞国国君时,要清醒地意识到,我们每个人身上都有渔夫老婆和虞国国君的影子。清人钱德苍有首诗叫《解人颐》,把人的欲望说得通透淋漓:

终日奔波只为饥,方才一饱便思衣;
衣食两般俱已足,又思娇柔美貌妻;
娶得美妻生下子,恨无田地少根基;
良田置得多广阔,出入又嫌少马骑;
槽头扣了骡和马,恐无官职被人欺;
七品县官还嫌小,又思朝中挂紫衣;
一品当朝为宰相,还思山河夺帝基;
心满意足为天子,又想长生不老期;
一旦求得长生药,再跟上帝论高低。

按钱德苍的看法,每个人都有欲望,人如果没了欲望,那就不是人,要么是傻子,要么是神仙。西方的叔本华也说,人人都是欲望的囚徒。人的欲望无穷无尽,而其满足却是有限的和暂时的。当一个人的某个欲望未得到满足时,他就会痛苦。而当他实现此欲望时,新欲望接踵而来,于是又陷入新的痛苦。欲望永不枯竭,痛苦则永无止境。即使你的一切欲望全部得到满足,那人也不会高兴,因为他会感到空虚和无聊,这同样是一种痛苦。

叔本华得出的结论就是:人,在痛苦和无聊之间像钟摆一样地来回摆动着。

钱德苍对人的欲望只是白描,把客观事实说出来而已,虽然没有给出正确对待欲望的办法,但不像叔本华那样对人的欲望绝望透顶。

老子说,人类社会之所以堕落和混乱,就是因为人不知足,欲望强烈。欲望是万恶之源。那么,老子所说的欲望到底是什么。

首先，欲望和你的能力成反比，当你要得到某种东西时很痛苦，就说明你的这种想法是欲望；其次，欲望必须用力才可能得到，知足不用力就可得到；最后，欲望促成的状态是非自然状态，比如马把小马生在战场而不是主人家就是非自然状态，知足促成的状态是自然状态，比如饿时看到身边有食物就拿起吃，而不挑三拣四。

总结下老子对欲望的理解：欲望是有为，知足是无为。有为是强扭下的瓜，无为是瓜熟蒂落。知足之所以常乐，因为无为本身就是一种乐；欲望之所以痛苦，是因为有为本身就是一种苦。

欲望是万恶之源，其实也是从另一种角度证明了有为是万恶之源，这就是老子想告诉我们的。

第四十七章
事上磨炼不如静中体悟

原文

不出户，知天下；不窥牖，见天道①。其出弥远，其知弥少②。是以圣人不行而知，不见而名，不为而成。

注释

①**不出户，知天下；不窥牖，见天道**：牖，窗户。陆佃说："万物皆备于我，有天道焉，有地道焉，有人道焉。"黄茂材说："天地万物，其道一也。"林东说得最好："抚我则后，虐我则仇，天下之心何难知之有；所福者善，所祸者淫，天之道何难见之有。此其不出户，亦可知；不窥牖，亦可见。"

②**其出弥远，其知弥少**：刘骥说："离静而动，故其知弥少。"卢育三说，道是超形象、超感觉的，要把握道就必须超出形象、超出感觉，所以自我冥想，静止不动，最好。

译文

（只要得道）不出房门，就能知道人间的运行方式，不必看窗外，就能知道日月星辰运行的规律。活动范围越广大，对道的认识就越少。所以圣人不同外物接触便可知道一切，不用耳目便可明白一切，虽然他无为，但却无不为、无不成。

> 度阴山曰

有个年轻人问老道士：明天太阳一定会升起吗？老道士回答：是的。年轻人兴奋起来，好像是抓到了什么把柄，问：你有什么依据呢？

老道士回答，因为太阳落下去肯定要返回来啊。年轻人说，你这是凭经验判断，并没有总结为规律，所以会出意外。老道士想了想，反问他，几千年来，你听过或是在史书中看过太阳哪天没有升起来吗？年轻人回答，实在没有。

"那么，"老道士告诉年轻人，"这就是规律。"

据说当年乾隆下江南，在江苏镇江金山寺和一老禅师闲聊，看到江面船只往来如梭，就问老禅师，您在寺中修行多久了？老禅师回答：五十年了。乾隆又问：既然你已修行这么久，你每天都看着船只往来，一共看了多少船只？

这问题只有智障问得出来，当然，也只有高人能回答上来。老禅师想了想回答：只有两只。乾隆很疑惑，老禅师解释说：人生只有两船，一只为名，一只为利。

有部香港武侠影片巧妙地使用了这个桥段：小和尚问老和尚："为什么世间那么多人？"老和尚说："只有两个人，一个为名，一个为利。"不久后，有强盗来攻击寺院，老和尚让小和尚侦察有多少强盗。小和尚回来报告说，有两个人。老和尚高兴地说："太好了，我一人正好可以打两个。"结果跑出来一看，有几百个。小和尚解释说："不是您说的嘛，世间人只有两个，一个为名，一个为利。"

老子说："不出户，知天下；不窥牖，见天道。"大体不错，因为天道在老子这里是循环往复的（反者道之动），所有离开的终究会回来，只是有的归来仍是从前模样，而有的则换了副模样。所以，要知道天道如何，很简单，只要知道它周而复始就可以了。至于知道人间道理，更是简单。人间自然由人组成，汹涌人潮，看似数不胜数，其实只是两种人，为名和为利。

懂得这个道理，自然就知道如何应对大千世界了。老子的办法是（圣人）不行、不见、不为。如果你知道有些事物终究会失去，自然不必强求；如果你知道所有事物都会以某种方式返回，自然没必要为失去的事物悲痛；如果你知道所有人都在为名利而斗争，都在为身外之物而求索，那你当然没必要对人性报以满满期望而导致后来的失望，一切都看淡，这就是老子所谓的"不行、不见、不为"。也正因此，所以才能"不行而知，不见而名，不为而成"。

至于"其出弥远，其知弥少"并非悖论，人类获取知识和思想的途径有四：第一，感知；第二，记忆；第三，理智；第四，反省。感知是我们的眼、耳、鼻、舌、身、意感知的知识，比如我用嘴巴品尝了辣椒，发现它是辣的，于是辣椒是辣的就是我们通过感知而得到的知识。所谓记忆就是我们不会如狗熊掰玉米，学了这个忘记那个，我们将一些事情记下来，这就是知识。所谓理智是我们通过头脑进行推理、归纳、概括等抽象思维方式而得到的知识。所谓反省，是通过对做过的事情进行复盘，找到自己的不足。

感知、记忆、理智能获取知识，只有反省能获取思想。因为思想就是天理，心外无理，必须在心中反省才能得到天理，另外，反省让你进化，你如果总是把问题推到心外的事物上，那就是一遇问题就找替罪羊，如此你认为问题解决了，可下次还是会受伤，因为你根本没有找到问题所在，真正的问题在你身上。如果你总是把问题推给心外的事物上，那你等于拒绝了思考，堵塞了进化的管道。

第四十八章
无为,是不与他人争

原文

为学日益,为道日损,损之又损,以至于无为①,无为而无不为②。取天下常以无事③,及其有事,不足以取天下。

注释

①**为学日益,为道日损,损之又损,以至于无为**：王安石说,为学是穷理(探究事物的道理),为道是尽性(洞明人类善之本性)。穷理一定多多益善,而尽性必须少欲少贪,所以,为学要日增,为道要日减。我们可以这样理解,为学是充实脑子,为道是净化心灵。王安石还说："穷理尽性,必至于复命。故损之又损之,以至于无为者,复命也。"

②**无为而无不为**：王弼说："有为则有所失,故无为乃无所不为也。"什么都不做,等于什么都做了。这种境界并非唾手可得,需要在人性上的持续修炼(损之又损),最终发现人性与天道的相同处：不做等于做。

③**取天下常以无事**：治理天下不要生事。李隆基说,君王生事则烦劳,烦劳则百姓凋敝,所以不能安定天下。

译文

从事于学问研究,要每天都增加知识,从事于得道(通过冥想或体验的方式领悟事物未分化状态的道),要每天都减损知识,不停地减少知识,最后达到无为境界。什么都不做就等于什么都做了。治理天下的秘诀是不要庸人自扰,倘若总是庸人自扰,一定不能治理天下。

度阴山曰

如果你不知该做什么时,至少还有一件事可以做,那就是,什么都别做。

李世民时期,接班人问题是这位大皇帝最大的心病。本来他早早就立嫡长子李承乾为太子,可李承乾不知什么原因神经错乱,多次做出有违太子礼制的事情。李世民渐渐对他失望,这给了李世民嫡次子李泰一个信号,他认为自己能争取下太子之位。李承乾和李泰对储位你争我夺,斗得不可开交。

就在二人胜负难分时,李承乾决定釜底抽薪,要对老爹造反。但他没有老爹的运气,阴谋提前败露,他被废掉。李泰认为太子之位非己莫属,就在李世民面前上蹿下跳,用各种儿子应该具备的美德感动李世民。李世民正要许他太子位,可他另一个儿子李恪跳了出来,和李泰争抢,如同当年李泰和李承乾争抢一样。

李世民喜欢李泰,但更喜欢李恪,因为李恪的性格极像他。在无法做出选择时,他的那些老战友都跳出来说,您若真立了他俩其中一人,那就是在告诉皇室成员:太子之位是通过争夺可以得到的。

李世民大惊,咨询道:"到底立谁?"

众人异口同声说:"立那个从来没有争过的。"

那个"从来没有争过太子位的"正是李世民第九子、长孙皇后第三子李治,后来的唐高宗。

李治能登上龙椅,根本不是因为他的能力(有为),而恰好因为他的无能（无为）。他什么都没做，但却好像做了成功者应该做的一切。

和李治有类似人生经历的是清朝的雍正皇帝，他老爹康熙在位太久，九个儿子为了争夺储君斗得你死我活。经过一番血雨腥风的争斗后，斗得最狠的几人陆续出局。康熙发现，如果再这样斗下去，那他将断子绝孙。在经过精密侦察后，康熙发现老四胤禛是个怪胎。

不知从什么时候开始，胤禛在兄弟们大乱斗的过程中突然消失不见。所有人几乎忘记了胤禛这个人，偶尔想到他时，眼前总会浮现一个与世无争的出家人模样，雍正用念佛、抄佛经等一系列淡泊尘世尤其是淡泊政治的手法，在康熙心中脱颖而出。

康熙临死前，将大清王朝交到了这位不显山露水的儿子手中。你可以说，雍正的自我雪藏是阴谋，但它似乎更趋向于老子的"无为而无不为"：什么都不做，等于什么都做了。

无为无不为的成功奥秘在于：有为，就必与他人争斗，与他人争斗，就必用力。用力与他人争斗只有两种结果，一是赢，二是输，你绝不能保证一定赢；无为，是不与他人争，是不用力。你也不能保证绝对赢，但从"不用力"角度言，"无为"已比"有为"技高一筹。

如果让人选择一件事，有为和无为都有百分之五十的成功率，那绝大多数人会选择无为，因为它不用力就能和用力的有为成功的概率一样。

暴力一定是恐怖的，但比暴力还要恐怖的是冷暴力，尤其是夫妻之间。倘若一方用冷暴力对付另一方，冷淡、疏远、漠不关心，那被对付的一方将生不如死。冷暴力的种种行为正是"无为而无不为"的凌厉表现，看似什么都不做，其实，所作所为已罄竹难书。

第四十九章
非常心，就是都行、可以、没关系

原文

圣人无常心，以百姓心为心①。善者，吾善之；不善者，吾亦善之，德善。信者，吾信之；不信者，吾亦信之，德信②。圣人在天下，歙歙焉③为天下浑其心，百姓皆注其耳目，圣人皆孩之④。

注释

①**圣人无常心，以百姓心为心**：常心，固定不变的心。赵佶说："圣人之心，万物之照也。虚而能受，静而能应……观万物而知情，因民而已。此之谓百姓为心。"陈景元说："圣人体道无为，虚心待物，物感斯应，感既不一，故应无常心。"王安石说："圣人无心，故无思无为，虽然，无思也未尝不思，无为也未尝不为，以吉凶与民同患故也。"

②**善者，吾善之；不善者，吾亦善之，德善。信者，吾信之；不信者，吾亦信之，德信**：德善，得到善。黄茂材说："善其善，不善其不善，则所善者寡矣。信其信，不信其不信，则所信者狭矣。天下之大，人物之众，孰善孰不善，孰信孰不信。圣人未尝有弃物之心，故善者吾善之，不善者吾亦善之；未尝有疑物之心，故信者吾信之，不信者吾亦信之。夫然则吾心之中，无适而非善信，是为德善德信。"

③**歙歙焉**：王弼本中无"焉"。王弼注文："是以圣人之于天下'歙歙焉'，心无所主也。"依注"歙歙"后应有"焉"字，依其他

本补。合和貌。

④孩：让百姓复归于婴儿。

译文

圣人的心绝非固定不变，完全以百姓心为心。对于善人，圣人善待他；对于不善之人，圣人也善待他，最终得到的就全是善。对于值得信任之人，圣人信任他；对不值得信任之人，圣人也信任他，最终得到的全是信任。有道圣人在其位，一副弥勒佛样，使天下人的心都一个样子，百姓耳目都集中在圣人的言教上，圣人注定让他们回到婴孩般纯朴的状态。

度阴山曰

李世民登基初期，和大臣讲话时常常提及关中人如何好、山东人如何一般。当时的"关中"指的是函谷关以西地区，是李唐王朝兴起之地；"山东"则是崤山或华山以东地区，从前是李唐王朝对手诸如窦建德、王世充的地盘。如你所知，这是典型的地域歧视、地域成见。说者有心，听者也一定有意。当时朝中的大臣，就有不少来自山东地区。有一天，李世民又开始地域成见，一个叫张行成的大臣实在听不下去了，跳出来对李世民说："皇上您应当以四海为家，不应该有地方的成见。您总是这样搞成见，恐怕会被人误解为狭隘！"

李世民如雷轰顶，马上醒悟。这位千古大帝明白了一个道理：作为领袖，绝对不能有成见，因为领袖的一句话乃至一个标点符号都代表了整个王朝的价值取向。你把自己的喜欢和厌恶全都公布天下，那会让奸诈小人有机可乘，让正人君子唉声叹气。

老子说，圣人无常心，这个常心就是自我固定的主见，其实，它就是一种成见。作为中国历史上最英明的帝王之一的李世民，都会产生常心，何况其他人？遑论李世民，即使是圣人孔子，也有这样的常心。

《晏子春秋·外篇》记载了孔子和晏子的故事。孔子带着弟子们到齐国，拜见齐景公后却不去造访二号人物晏子。子贡质疑道："拜见齐君，不去见他的执政大夫，好吗？"

孔子说："晏子侍奉过三位国君，切换得非常顺利，他为人是否正派，我很怀疑。"

晏子得知孔子的话后，又气又失望地说："我以为孔子是圣人，想不到也是平凡人物。我世代为齐民，一心一意，为国为民，辅佐过三位国君。可我如果三心二意侍奉一位国君，也未必顺利啊。孔子未见我的作为，却对我的顺利切换进行质疑，对我成见如此之深，真让我寒心。"

这番话传到了孔子耳中，孔子惭愧地说："我口不择言而微词他人。这使我几乎错识了一位贤人。"于是，孔子赶紧去拜见了晏子。

电影《哪吒·魔童降世》中，申公豹有句台词叫"人心中的成见就像一座大山，就算你努力千倍万倍，也休想搬动丝毫"。申公豹和太乙真人都是元始天尊的弟子，但元始天尊就是对申公豹有成见，无论太乙真人多不靠谱，他都喜欢太乙真人而讨厌申公豹，无法做到一视同仁，这才是申公豹仰天长叹的地方。至于主人公哪吒，更是如此。他被同龄人的成见逼成了坏孩子，成了所有人眼中的魔童，那些人始终都不知道，是自己的成见养成了魔童哪吒。

老子认为，圣人绝对不能有成见，对于百姓，你绝对不能说出你的偏好，譬如你喜欢什么，不喜欢什么，你喜欢哪类人，不喜欢哪类人。如果大家都是人，那就不会有悬殊的差距，让他们按照自己本性去生活，每个人都能自得其乐。顺着百姓的本性，这就是以百姓心为心。

没有成见的圣人，心中眼中没有固定的善恶是非，人心就是善恶是非。所以，老子认为，对于善人，圣人善待他；对于不善之人，圣人也善待他，最终得到的就全是善。对于值得信任之人，圣人信任他；对不值得信任之人，圣人也信任他，最终得到的就全是信任。

《沉思录》说："如果你因什么外在的事物而感到痛苦，打扰你的不是这一事物，而是你自己对它的判断。"

你对它的判断，就是你的成见。我们总认为，人有主见是好事。但这主见很多时候不是主见，而是成见，甚至于错误的偏见。活得舒服明白的人，对任何事物都没有成见，不会先入为主，他们看上去像弥勒佛一样，人畜无害，毫无主见。他们的口头语是"都行、可以、没关系"，他们自己喝的心灵鸡汤是"无所谓，没必要，不至于"。

老子说，这种人就像小孩子，永远都不纠结、不多想，只是因为他们没有痛苦的成年人拥有的成见。

第五十章
养生可以，但别过度养生

原文

出生入死①。生之徒十有三，死之徒十有三，人之生动之死地，亦十有三②。夫何故？以其生生之厚③。盖闻善摄生者，陆行不遇兕虎，入军不被甲兵。兕无所投其角，虎无所措其爪，兵无所容其刃。夫何故？以其无死地④。

注释

①出生入死：出世为生，入地为死，指人的一生。赵佶说，万物皆出于机，入于机。天机自张，与出俱生；天机自止，与入俱死。生者，造化之所始；死者，阴阳之所变。

②生之徒十有三，死之徒十有三，人之生动之死地，亦十有三：徒，类；十有三，十分之三；生生，过分地奉养生命。

③生生之厚：求生过度。

④以其无死地：没有进入死亡的范围，此范围不在心外，而在心内。王雱说，无死地者，由其无生。彼无生者，湛然常生，而不自生，故未尝死未尝生。据此可知，无死地，是没有求生过度之意。

译文

人的一生很简单。长寿的人占了十分之三，短命的人占了十分之三，本可以长寿却成短命的人的也占了十分之三。为什么会这样？因为求生过度了。据说，善于养护生命的人，在陆地行走，不会遇到凶恶的兕和猛虎，在战争中也受不到武器伤害。兕在其身上无处下角，老虎在其身上无处放爪，武器无法让其受伤。为什么会这样？因为他没有进入死亡之域。

度阴山曰

《皮囊》说，"肉体是拿来用的，不是用来伺候的"。

1221年，成吉思汗邀请当时著名的道士丘处机喝茶。据当时江湖传言，丘处机已经三百多岁，但精神矍铄，健步如飞。二人见面后，成吉思汗迫不及待地问："您带着长生之药吗？"

丘处机可不是一般道士，而是有思想的道士，他告诉成吉思汗："您为何要长生不老之药？世上根本就没有这种药，只有延年益寿之方。"

成吉思汗有些失望，他问丘处机："您真有三百岁吗？"

丘处机回答："我已经忘记了年龄，刻意记它，徒增烦恼。"

成吉思汗点头，再问丘处机："如何能一统天下？"

丘处机回答："不滥杀一人。"

问："如何治理天下？"

答："敬天爱民为本。"

问："如何长生？"

答："清心寡欲为要。"

成吉思汗很是疑惑："清心寡欲就能长生？怎么个清心寡欲法？"

丘处机就把《道德经》五十章（也就是本章）背诵给成吉思汗听。成吉思汗听了半天，一半明白一半糊涂。丘处机用一句话总结给成吉思汗听：要想长生，别过度养生。

丘处机的师傅王重阳收弟子马钰时，发现马钰总是沉迷于世俗的长生不老，对养生之道尤其关注。王重阳警告他，关注身体状况，不是不可以，但应该更多关注心理状态。

为了让马钰不沉迷于无用的事情，王重阳常常画各种各样的骷髅图来教化他说："人生来就是一副白骨，活了那么久，享受了那么多，又有何用？最后不还是变成一副骷髅！需要看破生死修为才能精进。"

马钰就问："怎么看破啊？"

王重阳回答："别看。"

无论是丘处机对成吉思汗的教诲还是王重阳对马钰的教训，都指向了同一问题：过度。

中国养生文化博大精深，五花八门，道家厥功至伟。后来的道教将道家思想深度挖掘，创造了庞大的养生宇宙。从饮食到动作再到呼吸，都赋予了养生技术和思想。但很多养生专家不知道的是，老子的养生思想只是清心寡欲，根本没让人过度养生。

什么是过度养生？首先是在心态上，把养生当成了延续生命唯一的方法。可老子早就说过，十个人中，有三成的人会死于非命（无常），另有三成的人会注定长寿（血脉压制），只有剩下三成多的人才有可能通过养生而长寿。即是说，养生不是所有人长寿的必备条件。其次是在方法上，一旦有了养生万能的心态，许多人就非常关注养生，身体力行，把本应该是属于副业的养生变成了职业。从养生小白鼠升级为养生专家，过度关注自己的身体，谨小慎微地对待自己的身体，从而适得其反。

老子说，善于养护生命的人，在陆地行走，不会遇到凶恶的兕和猛虎，在战争中也受不到武器伤害。兕在其身上无处下角，老虎在其身上无处放爪，武器无法让其受伤。为什么会这样？因为他没有进入死亡之域。死亡之域有两个区域，第一区域是作死，比如去和老虎打架，去做亡命之徒，根本不知爱惜自己，俗话说，君子不立危墙之下，这一区域的人恰好相反，哪里有危险，他去哪里。第二区域则是恐惧死亡，过度养生，每天担心吃了这个不行，做了那个动作也不行，恐惧被树叶砸死，恐惧喝水呛死。这一区域的人，看似没有进入有老虎和战争的地方，其实他们心里有无数只老虎，有无数个战场。

不进入死亡之域的人才是真正善于养生的人，他们清心寡欲，始终放松，他们没有把长寿的方法用在生理上，而是用在了心理上。他们对自己的身体没有毫不在乎，但看得很淡。一旦他们保持这种心态时，就好像是穿上了合脚的鞋子，根本感觉不到鞋子的存在，却能走路，还好像是合身的衣服，虽然感觉不到衣服的存在，却能遮风挡雨。

而过度养生的人，永远都感觉到了鞋子、衣服的存在，那就说明，你的鞋子和衣服不适合你了。

从前有个长寿老爷子，满脸飘逸的白胡子，一直活得特别开心。后来有个无赖问他，你睡觉时把胡子放被子外还是被里子呢？老爷子想不起来这样的事，当晚，他就失眠了。因为他想知道胡子到底放在被子外还是被子里，结果放来放去，都不舒服。

这就是过度关注事物，事物一定给你烦恼，而烦恼是短命的帮凶。

老子所说的死亡之域不在心外，而在每个人的心内。

第五十一章
穷寇到底追不追？

原文

道生之，德畜之，物形之，势成之。是以万物莫不尊道而贵德①。道之尊，德之贵，夫莫之命而常自然。故道生之，德畜之；长之、育之、亭之、毒之②、养之、覆之。生而不有，为而不恃，长而不宰，是谓玄德③。

注释

①道生之，德畜之，物形之，势成之。是以万物莫不尊道而贵德：《道德经》在此章名副其实，道和德并驾齐驱出现。王雱说："德者，道之分；物者，德之器；势者，物之理。"所以，万物要尊道而贵德。

②亭之、毒之：成之、熟之。

③玄德：至上之德。

译文

道生成万物，德养育万物，万物五花八门，环境使然。所以万物莫不尊崇道而珍贵德。道之所以被尊崇，德之所以被珍惜，就在于它不加干涉，而顺任自然。因而，道生长万物，德养育万物，使万物生长发展，成熟结果，使万物受到抚养、保护。生长万物而不据为己有，抚育万物而不自恃有功，导引万物而不主宰万物，这就是至高无上的德。

> 度阴山曰

宜将剩勇追穷寇和穷寇莫追，你选哪个？老子会选后者。

西周桓王时代，郑国迅速崛起，成为当时不可忽视的强国。郑庄公不把周王朝放在眼里，去周国抢麦子。周桓王很是生气，但因为力量不如郑庄公，所以只好忍气吞声。

有一年，郑庄公来周国汇报工作，周桓王问郑庄公："郑国今年收成怎样？"郑庄公回答："还好。"周桓王不阴不阳地回了句："老天保佑，今年可以不用抢我的粮食了。"

郑庄公很生气，一怒之下回到郑国，三年不朝周桓王。周桓王大怒，联合与郑国有仇的蔡、卫、陈三个侯国，组成四国联军，杀向郑国。

郑庄公得到消息，马上集结军队，和联军打了起来。就在乱军之中，郑国有个神射手看准了周桓王，一箭射去，恰好射中周桓王的肩膀，顿时血流如注。联军一看，周桓王居然挂彩，于是一哄而散。周桓王也掉头逃命。那名神射手也不含糊，拍马就要追击，却听到郑军收兵的锣鼓。神射手见到郑庄公后很丧气地说："我马上要捉到周王了，您怎么就收兵？"

郑庄公说："笨蛋，射伤他容易，活捉他也容易，可活捉后怎么办呢？没办法收场啊。"

当然，这还不是郑庄公高明的地方，更高明的是，他立即派人跑到周国向周桓王请罪。他说："我不朝您是我的错，我现在就去朝您；您亲自出征，可是您的错，射您那人后来还想要捉你，我训斥了他。您如果没有消气，我马上把他捆了去见您。"

这显然是郑庄公给周桓王的台阶，周桓王只能借坡下驴，原谅了郑庄公。

郑庄公的老谋深算就在于，生而不有，为而不恃：我明明可以活捉你，但我不活捉你。我让你品尝了我的厉害，但我们不会

第五十一章 穷寇到底追不追？ ·199

赶尽杀绝，给你一拳后马上给你点甜头，这叫收放自如。这种能力，是所有智者都必须具备的。

老子说，道德之所以被尊崇，因为道生长万物而不干涉万物，德蓄养万物而不主宰万物，道德始终在顺其自然。所谓顺其自然，是其行为完全符合客观环境，与价值观相符。当时的时代，周王虽然力量大不如前，可毕竟还是名义上的天下之主，郑庄公力量再强大，也是周国下面的封国，尊崇周王是当时的价值观，所以不能活捉，这也是当时的客观环境。

但当时的客观环境还有一个特点，就是谁强谁做东。所以，郑庄公既要揍周王，又不能揍死，这是儒家所谓的"中庸"，我们常说的"度"，老子所谓的"生而不有，为而不恃"——任何事不要到极端，否则会发生逆转。生了如果还想拥有，那就会失去；为了如果还想主宰，那就会被主宰。

什么是中庸？甲骨文的"中"是一根棍子上分上下飘着两面小旗，意是测定风向。金文则在两面旗子正中加了个符号，这个符号就是"中"。于是，中是正中，不上不下，不偏不倚；庸是常道，永恒之道；中庸就是不偏不倚、不上不下的常道。

从"中"这个字最早的意思"测定风向"来看，中有测定、测量的意思。我们可以推理如下：古人测定风向，为何非要用两面旗子，测定风向用一面就可以啊。这是因为，一面旗子得到的信息可能会有偏差，而两面旗子则会让偏差减小。这就像做实验，实验次数越多，得到的平均数值越精准。可为什么不用三面旗子，因为没必要。

两个信息，总和之下，取平均值，这就是中。中庸之道是人在平时修行和遇到事情时对修行和事情的衡量，经过仔细衡量后，发现解决事情的方法有两种截然不同的方法，一为上，一为下，或者一为偏一为倚，这两种方法都不是最好的，那中国人就想到，也许在两种方法的中间，可能就是最好的。

所以说，中庸，是经过测定、测量、衡量后的唯一选择，它具备了实践经验、逻辑推理，符合科学。

老子说，至高无上的德是生长万物而不据为己有，抚育万物而不自恃有功，导引万物而不主宰万物，为什么说这是至高无上的德呢？因为它不会让辩证法启动，不会发生逆转，永远自然。

1369年，明帝国大将徐达奉命北伐，徐总司令从南京向元帝国首都北京推进，这是典型的斩首行动。常理，这种行动应该刻不容缓，以急行军速度前进才对。但徐达一路慢慢悠悠，似乎特意留给北京城中的元顺帝出逃的机会。所以当徐达北伐兵团还没有到北京郊区时，元顺帝已经带着元王朝的全部家当逃出了北京，逃进了沙漠。

光复北京后，有人指控徐达故意放走元顺帝，朱元璋却说了这样一段话，为徐达开脱：元朝能够得到中原，是秉承气运，理应兴起，如今他们气运已经消失，理应衰败，一切都是上天安排好了的。如果放他们北逃，则他们的天命气运就会消散殆尽，不必穷兵追击，只是到时候要守好边疆，防止再来侵扰就行。

看来，徐达放走元顺帝，是朱元璋的意思。朱元璋为何和郑庄公一样，明明可以做到的事，却放手了呢？原因就在于老子辩证法的逆转：一旦把元顺帝活捉，则会激起蒙古人的激烈反抗。而不捉元顺帝，蒙古人没有被逼上绝路，反抗就不会那么激烈。

中国古老的智慧中有句话叫"穷寇莫追"，正是老子辩证法的总结：已经是对你毫无威胁的穷寇，没必要死命追，一旦追击出错，辩证法会开启，就会引起它的困兽之斗。

有资本追击毫无希望的敌人而不追击，这就是至高无上的道德。

第五十二章
关闭感官,回光返照即见大道

原文

天下有始,以为天下母①。既得其母,以知其子;既知其子,复守其母,没身不殆。塞其兑,闭其门②,终身不勤。开其兑,济其事,终身不救。见小曰明,守柔曰强③。用其光,复归其明,无遗身殃,是为袭常④。

注释

①**天下有始,以为天下母**:道既可以是万物的开始,也可以是万物的母亲。赵佶说:"无名天地之始,有名万物之母。"道是有无的统一。无中潜伏着有,且能生有。

②**塞其兑,闭其门**:兑,口,泛指感觉器官;门,欲望之门。

③**见小曰明,守柔曰强**:能察见细微,才叫"明"。陈景元说:"防于未萌,治于未乱。守柔弱则物不能加,可谓强矣。见微小则事不能昏,可谓明矣。"张君相说:"顺道无违曰柔,始终不损曰强。"

④**用其光,复归其明,无遗身殃,是谓袭常**:光向外照射,明向内透亮。发光体本身是"明",照到外物为"光"。袭常,承袭、遵循常道。王弼本作"习常"帛书甲本作"袭常"。马叙伦说:"袭习古通。"故据帛书甲本作"袭"。李霖说:"回光返照,内视存神不为漏失,则终身不至于有殃咎,是谓密合常久之道。"

译文

天下万物皆有开始，这个开始是天下万物的根源。能知根源（道），就能认识万物，认识了万事万物，又把握了万物根本，那么终身不会有危险。堵塞欲念的孔穴，关闭欲念的大门，终身不会有烦扰事。打开欲念的孔穴，就会增添纷杂的烦恼，终身不可救治。能够察见到细微的，叫作"明"，能够持守柔弱的，叫作"强"。运用其光芒，返照内在的明，就不会给自己带来灾难，这叫作承袭了永恒不变的"常道"。

度阴山曰

心学大师王阳明晚年，常有人不远万里来向他请教。有个叫杨茂的聋哑人向他请教如何对待"是非"，王阳明用笔和他交谈。

王阳明："你的耳朵能听到是非吗？"

回答："不能，因为我是个聋子。"

王阳明："你的嘴巴能够讲是非吗？"

回答："不能，因为我是个哑巴。"

王阳明："你的心知道是非吗？"

杨茂兴奋起来，指天画地地连说三个"能"。

王阳明最后写下这样的话："你的耳朵不能听是非，省了多少闲是非；口不能说是非，又省了多少闲是非；你的心知道是非就够了。"

杨茂尽兴而走。如何杜绝是非？只需要关闭你的感官、锁起你的欲望之门即可。你的欲望其实正是通过你的感官而行其诡计的，所以关键的一点就是关闭你的感官。"是非"被拒之门外，烦恼自然会远离你。

我们可以这样推理：感官让人横生欲望，无法实现欲望则让人痛苦，为了实现欲望，可能会混淆是非。而当欲望实现后，人又会无聊，于是再寻找欲望。人就是在痛苦和无聊之间来回摇摆。所以，关闭感官，就等于锁住了欲望之门。

那么，我只有一点点欲望，是否可以？商纣王继位后，命人打造了一双象牙筷子使用。大臣箕子慌张地说："大事不好。"其他臣子说："你疯了？大王只是打造双象牙筷子而已，怎么就大事不好？"

箕子说："象牙筷子一定要配犀角之碗、白玉之杯。白玉杯肯定要与山珍海味相配。吃了山珍海味就不会再穿粗葛短衣，住茅草陋屋，而要衣锦绣，乘华车，住高楼。倘若国内满足不了他的需求，就要到境外去搜求奇珍异宝。到时天下肯定大乱。"

大家都认为箕子神经病，但箕子却认为这些人是神经病，所以提前跑了。后来，商纣王穷奢极欲，引起天下诸侯的造反，许多大臣都死掉，只有箕子安然无恙。

老子说，能够察见到细微的，叫作"明"；箕子就是。他之所以能察见到细微，是因为知道人的欲望一旦开闸，就如洪水滔天，欲望不分大小。老子又说，能够持守柔弱的，叫作"强"。箕子见无法劝阻商纣王，也没有力量关闭商纣王的欲望之门，那就只能"无为"：逃走。这才是真正的强者。

第五十三章
率兽食人者，必被人食

原文

使我介然有知①，行于大道，唯施②是畏。大道甚夷③，而人好径④。朝甚除⑤，田甚芜，仓甚虚。服文采，带利剑，厌饮食，财货有余，是谓盗竽⑥。非道也哉！

注释

①**介然有知**：稍有所知。
②**施**：入于邪道。
③**夷**：平坦。
④**径**：小路。
⑤**朝甚除**：朝，宫室；除，修理。
⑥**盗竽**：强盗头子。王弼本作"盗夸"。《韩非子·解老篇》中引老子经文"盗夸"作"盗竽"，"夸"为"竽"之借字。李霖说："盗者，阴取于人而畏人知。"现代人称这种人为贼。

译文

假如我稍有认识，行走在大道上，我什么都不怕，只怕走入邪道。大道很平坦，但百姓却喜欢走旁门左道。官室修整得富丽堂皇，而农田却无人经营，以致杂草丛生，颗粒不收，仓库空虚。王公大人穿着锦绣衣服，佩带宝剑，饱食终日，搜刮财货，这就是强盗头子。可谓无道至极！

度阴山曰

西汉政论家贾谊说,爱出者爱返,福往者福来。我们说,食人者反食。这叫大道。

战国著名思想家荀子曾到秦国和楚国采风,荀子对两国都印象深刻。他评价秦国说,此国百姓好勇斗狠,对任何事必须决出胜负是非,每个人都如要进斗场的公鸡一样。荀子最后分析说,这是因为秦国经商鞅变法后,以功勋定高低就成了君王和百姓信奉的天条,于是,争名夺利、急功近利甚嚣尘上,但也塑造了秦人在战场上义无反顾的英雄气概。

而对于楚人,荀子的评价却是,好逸恶劳,楚人走路慢如僵尸,半死不活,即使在楚国最大的城市中,你也看不到任何朝气,年轻人和老年人一样,统统"躺平"。荀子分析说,这是因为楚国大多数君主都不喜欢争抢,由此造成了其国家风气懒散。

荀子最后评价二国说,上有尧舜之君,下就有尧舜之民;上有桀纣之君,下就有桀纣之民。此言之意是,老百姓是受上层统治者影响的,上层统治者什么样,老百姓就什么样。上层统治者穷凶极恶,老百姓就走邪门歪道;上层统治者酒池肉林,老百姓就投机取巧。

老子说,为什么老百姓不走那些就在眼前的大道,非要去走邪路呢?这当然怪不得老百姓,是因为上层统治者骄奢淫逸,四处搜刮百姓,搞得百姓做良民就会死,只有做强盗才有生的可能。统治者的角色应是爱民,却总成为强盗头子,那被他抢的人,当然也要去做强盗啦。

天下无不是的百姓,只有不仁的统治者。当初,商王朝大旱,商汤就真诚地对老天发誓说,我有罪,只罚我一人;百姓有罪,罪在我,所以仍只罚我一人。南齐萧宝卷(齐废帝)在敌人兵临城下时,有大臣请他把平时从人民那里搜刮来的财富拿出来收买士兵之心,萧宝卷大喊大叫说:"为什么只让我出钱,难道敌人来了只杀我?"

很久以前,孟子去魏国见梁惠王。梁惠王问孟子,你怎么看我?孟子气咻咻地说:"你厨房内有肥肉,马厩里有壮马,而你的老百姓却面有饥色,野地里到处是白骨,这等于率兽食人。国家要富强必须爱护人民。"

梁惠王是率兽食人,在中国历史上,太多这样的国王率领着野兽吞噬自己的百姓。老子看到了,孟子看到了,几乎所有的大师们都看到了,可没有人能轻易改变这种老百姓面临的悲惨状态,因为率领野兽的人就不是人,而是最大的野兽。

野兽吃人后,下场只能有两个:一是被百姓捉住;二是继续吃,然后被百姓捉住。几乎没有例外。

第五十四章
善建者，以不建为建

原文

善建者不拔，善抱者不脱，子孙以祭祀不辍①。修之于身，其德乃真；修之于家，其德乃余；修之于乡，其德乃长；修之于国，其德乃丰；修之于天下，其德乃普②。故以身观③身，以家观家，以乡观乡，以国观国，以天下观天下。吾何以知天下然哉？以此。

注释

①**善建者不拔，善抱者不脱，子孙以祭祀不辍**：王安石说："善建者，德建也，能德建则不拔矣。善抱者，抱一也，抱一而不离则不脱矣。能建德抱一，则德之盛，故盛德百世祭祀，祭祀者见于愈远而不忘，故曰，子孙祭祀不辍。"

②**普**：普及。

③**观**：以自身察照别人，依此推延。陆象古说："见治身之道，则知治己之身。见治家之道，则知治己之家，见治乡之道，则知治己之乡。见治国之道，则知治己之国。见治天下之道，则知治己之天下。"

译文

善于建设的人所建的东西不会被拔除，精通抱持的人抱持的东西不会脱落，按此原则行事，其子孙能世世继业，祭祀不断，永立不拔之地。用善建、善抱的原则修身，他的德就纯真；用善建、善抱的原则齐家，他的德就有余；用善建、善抱的原则治乡，他的德就增长；用善建、善抱的原则治国，他的德就丰厚；用善建、善抱的原则治天下，他的德就普及。所以，用善建、善抱的原则修身来观察身，用此原则齐家来观察家，用此原则治乡来观察乡，用此原则治国来观察国，用此原则来治天下、观察天下。我怎样知道天下的情况呢？就是用的这种方法。

度阴山曰

春秋时期楚国宰相孙叔敖为楚国立下汗马功劳，但他一生都勤俭生活，对额外的赏赐从来就坚决拒绝。临死前，他告诫他的儿子说：我生前，楚王多次封赏我，我都拒绝。我死后，楚王肯定会封赏你，而且你无法拒绝。楚王赏赐你任何东西，都不要，只要一块叫"寝之丘"的地。

"寝之丘"偏僻贫瘠，楚国人都把它当成地狱，几乎没有人去，这让他儿子大感不解。孙叔敖死后，他儿子遵从老爹遗训，对楚王惊人的赏赐一概拒绝，只要"寝之丘"。楚王只好同意。

后来，天下越发混乱，诸侯你争我抢，那些在肥沃土地的人们纷纷遇难，只有孙叔敖子孙居住的寝之丘，无人过问。从春秋到秦末，孙叔敖的后人就在寝之丘平安地过活，祭祀着孙叔敖。

研究老子的学者们都认为，孙叔敖只请赏"寝之丘"的行为，就是老子的"善建者不拔，善抱者不脱，子孙以祭祀不辍"。

元代吴澄《道德真经注》注解本章说，立一木于平地，必有被拔出而扑倒在地之时；持一物在两手之中，必有掉落或脱离而去之日。善建者以不建为建，则永不能被拔除；善抱者以不抱为抱，则永不会脱离。

吴澄的意思是，最厉害的建设是不建设。将楚王给孙叔敖的赏赐看作"建设","建设"一定是好的,比如建一座房子,拥有一辆汽车。但只要你有了建设,就一定会被拔除、掉落。房子可能会倒塌,汽车会报废。

和孙叔敖具备同样智慧的人是汉初的张良,张良对刘邦建国功勋盖世,但后期封赏时,张良却以"善建者"的智慧对刘邦说,我不要什么万户侯,只要咱们初次见面的那个留县做封地。刘邦说:"兄弟啊,你不要和我玩功成身退的套路,我不会宰你的。"

张良又不是傻子,当然不相信刘邦,死活只要小小的留县。最终,刘邦乐呵呵同意,张良得以善终,和他是善建者有着密切关系。

汉代张骞出使西域,后来被匈奴劫持。匈奴人千方百计要把他变成自己人,为了迷惑匈奴人,张骞同意匈奴人给他娶老婆的建议,匈奴人把本族无数美女陈列张骞面前,张骞却挑了个最丑的。

这个行为正是善建者的大智慧:如同不挑选,匈奴人就不会对他放松看管,所以他只能挑选;挑选最丑的,是为了日后逃脱而没有牵挂。

无论是孙叔敖还是张良,或者是张骞,这些善建者都有个共同特征,表面看,他们是以不建为建,其实不建并非真的不建,而是把"建"变成别人不感兴趣的"建"。在老子看来,避免别人和你争斗最容易的方式是,你没有别人感兴趣的东西。"无"能避免一切纷争,当不需要面对任何纷争时,你的人生是轻松自如的,这是无为的力量。

第五十五章
自然，就是做真实的自己

原文

含德之厚，比于赤子①。毒虫不螫，猛兽不据，攫鸟不搏②。骨弱筋柔而握固，未知牝牡之合而朘作，精之至也③。终日号而不嗄，和之至也④。知和曰常，知常曰明，益生曰祥，心使气曰强⑤。物壮则老，谓之不道，不道早已。

注释

①**含德之厚，比于赤子**：厚，醇厚；赤子，新生婴儿没有眉毛头发，其颜色为赤，所以称为赤子。刘骥说："圣人抱道怀德深厚，无思无为，寂然不动，故比于赤子。"苏辙说："老子之言道德，每以婴儿况之者，皆言其体而已，未及其用也。今夫婴儿泊然无欲，其体之者至矣，然而物来而不知应，故未可以言用也。"

②**毒虫不螫，猛兽不据，攫鸟不搏**：据，猛兽用爪抓物；鸟类用爪取物为攫；搏，捕捉。王安石说："赤子之心，非有害物也，无害物，则物亦莫能害。"刘骥说："忧患不能入，邪气不能袭，其天守全，其神无隙，物无自入焉。如庄子所谓：'醉者之坠车，虽骨节与人同，而犯害与人异，以其死生惊惧不入于胸中，彼全于酒者。'犹若是，而况全于天者乎。

③**骨弱筋柔而握固，未知牝牡之合而朘作，精之至也**：握固，婴儿无心握拳却握得很牢固；牝牡之合，男女性交；朘作，生殖器勃起。苏辙说："无执而自握，无欲而自作，是以知其精有余而非心

也。"司马光说:"皆在其自然。"

④**终日号而不嗄,和之至也**:嗄,嘶哑;和,和谐,阴阳调和。陈景元说:"故真人之息以踵,其嗌不哇,和气全也。"苏辙说:"心动则气伤,气伤则号而嗄。终日号而不嗄,是以知其心不动而气和也。"由此可知,所谓"和",似乎是心不在焉。

⑤**益生曰祥,心使气曰强**:益生,纵欲贪生,违背自然;祥,这里的祥指恶事、灾殃。心指使气则是强大,气指使心则是逞强。

译文

含"德"淳厚的人,好比婴儿(无知无欲,没有伤害心),(所以)毒虫遇见不蜇他,猛兽碰到不伤害他,恶鸟看见不搏击他。他的筋骨软弱柔嫩,无心握拳却握得异常牢固,他虽不懂男女之事,但他依然精气充沛。他即使终日啼哭声音却不嘶哑,因为他拥有和气。与天地和气相通叫"常",知道常的叫"明",纵欲贪生就会遭殃,心指使气叫强大。事物过于壮盛注定走向衰老,这是不合"道"的法则,不遵守常道就会加速消亡。

度阴山曰

你只能做自己,因为别人已经有人做了。

春秋时期有个叫西施的南方姑娘,有沉鱼落雁、闭月羞花之色,美得无处藏。然而老天是公平的,给了她极致之美,却让她身体状况很差。她有心口痛的毛病,每次心口疼时,她都被疼得捂住胸口,皱紧眉头,那种悲苦的样子,实在让人怜。

西施正常时就很美,而犯病后其皱眉捂胸口的模样更是美丽至极。与她同村的一个叫东施的姑娘一直嫉妒西施的美貌,但当时整容技术落后,相貌丑陋的她无法拥有一张西施脸。可自从看到西施犯病的模样后,心花怒放。因为捂胸口、皱眉这样的动作,是人人都能学来的。

于是,她常常效仿西施犯病的模样,捂着胸口、皱着眉头在村里走来走去,希望能得到群众的赞赏。可她得来的却是嘲笑,还被人讥讽为"东施效颦"。

按故事中有道理的思路,东施效颦敬告我们不盲目模仿跟随别人的行为,因为它违背自然之道。

谈到效仿他人,还有个寓言更让人忍俊不禁,这就是邯郸学步的故事。说的是有个人到赵国邯郸去,学习赵国人走路,结果学来学去,非但没有学会赵国人走路,自己的走路方式也忘记了,只能连滚带爬地回了家。

其实,东施和学赵人走路的人,在这个世界上不胜枚举,人最悲哀的就是,从来不想自然而然地做自己,只想着去效仿别人,做别人。我们必须对这种人发出敬告:做你自己吧,因为别人,已经有人做了。

我们都注意到,无论是东施还是学赵人走路的人,结果都不怎样。倘若他们只是做自己,那结果不一定大好,但绝对要比效仿别人好些。

为什么效仿别人会得不偿失,而做自己虽未必取得高额利润,却不会失去什么呢?答案就在老子这里。老子说,含"德"淳厚的人像婴儿,筋骨软弱柔嫩,无心握拳却握得异常牢固,虽不懂男女交合之事,但生殖器却常常勃然举起,因为他精气充沛。即使终日啼哭,他的声音却不嘶哑,因为他拥有和气。

老子这段话是想告诉我们,小孩的握拳、身体表现、啼哭而声音不嘶哑,全因为他的这些行为都出于自然,而不是刻意为之。

老子所谓的"自然",是指事物顺应自身内在本质时的状态。这种状态的形成对于当事人而言,是非自主意识的。比如小孩握拳,并非他自主在握,小孩啼哭,也并非他自主在哭。事物处于自然状态时，几乎完全丧失了自主意识，在《道德经》中，这种状态被称为恍惚。

而当我们效仿他人时，就是在学小孩非自主意识地握拳、啼哭。由于这些行为是有个人意识的，所以它不是自然的，它不是在顺应自身本质，而是在后天人为地刻意模仿。

东施效颦是非自然状态，邯郸学步的人也属于非自然状态，他们并没有顺应自身本质反而在抗拒自身本质，最终呈现出来的效果奇差无比。

你一定有过这样的感觉，同样一段家常话，和朋友讲时就很放松，而对着摄像机就很紧张。前者是自然，后者是不自然。你被人盯着吃饭和你一个人吃饭，根本不是同一个你。这就是自然和不自然的区别。

人生的意义是做自己，人生最大的意义则是做真实的自己。人生的无聊是戴面具不做自己，人生最大的无聊是把面具焊在脸上永远不做自己。

老子还说，与天地和气相通叫"常"，知道常的叫"明"。与天地和气相通，天地在我们每个人心中，与天地和气相通，只是与自己的内心和解，遵循内心，顺应内心，按照内心去呈现自己，这就是最本质的自己。

老子最后说，事物过于壮盛注定走向衰老，这是他辩证法的老生常谈。不过在本章，它应该还有一种含义。即：事物壮盛，是因为你的行为超过了你的心，当你的行为没有顺乎你心时，你就处于非自然状态，非自然状态，一定衰老。

大多数人小时永远都顺乎自身本质，所以小孩子是特别自然的。长大后，忽然被辩证法中的美丑、高低诅咒，就有了效仿他人的不自然行为，痛苦也由此产生，衰老也接踵而至。如果能永远使自己处于自然状态，那你就能青春永驻，笑口常开。

第五十六章
持平之道即自然之道

原文

知者不言,言者不知①。塞其兑,闭其门;挫其锐,解其纷;和其光,同其尘,是谓玄同②。故不可得而亲,不可得而疏;不可得而利,不可得而害;不可得而贵,不可得而贱。故为天下贵③。

注释

①知者不言,言者不知:赵佶说:"道无问,问无应。知道者,默而识之,无所事言。"苏辙说:"道非言说,亦不离言说,然能知者未必言,能言者未必知。"

②塞其兑,闭其门;挫其锐,解其纷;和其光,同其尘,是谓玄同:玄同,泯灭差别。这段话在第四章已见,有专家说是衍文(因缮写、刻版、排版错误而多出来的字句),但在此处并不违和,文义能贯通,所以我们认为,这不是衍文。

③故不可得而亲,不可得而疏;不可得而利,不可得而害;不可得而贵,不可得而贱。故为天下贵:赵佶说:"世之人爱恶相攻,而有戚疏之态;情伪相感,而有利害之见;用舍相权,而有贵贱之分。反覆更代,未始有极,奚足为天下贵。"吕吉甫说,若然者万物一府(万物一体),死生同状,无所甚亲,无所甚疏,故不可得而亲,不可得而疏。不就利,不违害,故不可得而利,不可得而害。不荣通,不丑穷,故不可得而贵,不可得而贱。夫可得而亲疏、利害、贵贱

者，则贵在于物，而物皆贱之。不可得而亲疏、利害、贵贱者，贵在于我，而物不能贱也。其为天下贵不亦宜乎？

译文

智者不多说话，话痨没有智慧。塞堵其感官愉悦，关闭其欲望之门；尽量不露锋芒，淡化竞争意识；混合各种光彩，使其与色彩单调的尘土相同，这就是泯灭差别的道之境界。达到这种境界的人，对任何人没有亲疏之分；对任何事没有利害的定义；不认为某些人高贵或低贱。正因无差别对待，才能统一天下民心，为天下人所尊贵。

度阴山曰

刘邦击败项羽建立汉朝后，他那些战友们心急火燎地等着一件事，自然就是封赏。但刘邦对封赏，似乎兴趣不大，一年过去，才封赏了二十多个功臣。没有得到封赏的人，日夜争功不绝，甚至大打出手。刘邦为此很苦恼，特别担心封赏后，有人不服，所以更是迟迟不封。由此形成恶性循环：封赏进行得越慢，功臣们越闹；功臣们越闹，封赏活动就越停滞不前。

有一天，刘邦突然发现功臣们都聚在一起，鬼鬼祟祟地谈论着什么不可告人的秘密。他慌忙叫来谋士张良问："这些家伙暗地商量什么呢？"

张良说："他们正在谋划造反。"

刘邦吓得屁滚尿流，询问原因。张良说："还不是因为你迟迟不封赏，他们等不及了。"

刘邦说："我不封赏的原因你还不知道？他们每个人都认为自己功劳最大。我怎么封赏，都会有反对声音。"

张良说，这些人之所以私下争功，不是怕得不到最好的赏赐，而是担心得到最坏的赏赐。如果懂得这个问题，就能找到解决方法了。

刘邦向张良请教，张良给他出主意说，可以封赏一个人所共知的你最讨厌的人。当大家看到，这样的人都能得到不错的封赏，他们自然就能放下心了。

刘邦再请教说："这招数的底层逻辑是什么？"

张良回答："无差别对待。正常情理下，人肯定赏赐喜欢的人，惩罚厌恶的人。一旦如此，就形成了差别对待，持平之道倾斜。赏罚就是差别对待，虽然赏罚能激起人的斗志和让人敬畏，更能激起人的贪欲和记恨。无差别对待的底层逻辑是，大多数人的能力和功绩都差不多，所以，无差别对待，即使不是百分百正确，也绝不会出大差错。赏赐你讨厌的人和赏赐你喜欢的人一样多的财宝，既可以让那些你讨厌的人放下戒备，也可以让那些喜欢你的人发现你有点好歹不知而放弃钻营。"

刘邦伸出拇指为张良"点赞"。然后他把一个多次背叛他、险些要了他老命的叫雍齿的人封为侯爵，同时命宰相加快封赏的进度。

雍齿被封后，争功的臣子们都安静了下来。正如张良所说，这种无差别对待，让功臣们彻底放心下来。

老子说，优秀的领导者对任何人没有亲疏之分，对任何事没有利害的定义，不认为某些人高贵或低贱，这就是无差别对待。只有这样，才能统一思想。人类所有的欲望，其实都有激发点，而激发点本身就是有差别对待，让人产生竞争意识，人心自此不宁。泯灭差别，就是消灭人的私欲。淡化竞争意识，消灭人的私欲，让所有人都能和光同尘，万物一体。

第五十七章
无为和有为,到底哪个好?

原文

以正治国,以奇用兵,以无事取天下①。吾何以知其然哉?以此。天下多忌讳②,而民弥贫;民多利器③,国家滋昏。人多伎技,奇物滋起;法令滋彰,盗贼多有。故圣人云:我无为而民自化,我好静而民自正,我无事而民自富,我无欲而民自朴④。

注释

①**以正治国,以奇用兵,以无事取天下**:正,有人解释为清净之道;奇,有人解释为诡诈。以正治国是正确的,以奇用兵也是正确的,但二者皆"有为",都不如无事治天下。赵佶说:"正者道之常,奇者道之变,无事者道之真。国以正定,兵以奇胜,道之真无容私焉。顺物自然而天下治矣。"《杂说》曰:"正可以治一国而已,奇可以用五兵(整个军队)而已。唯其无事(无为)者,然后可以取天下……然而汤放武伐,亦可以无事乎?曰:然则汤武者,顺乎天,应乎人,其放伐也,犹放伐一夫尔,未闻有事也。"

②**忌讳**:禁忌,不让干这不让干那,这里指统治者对人民正常生活常常干预。

③**利器**:提高效率的工具。

④**我无为而民自化,我好静而民自正,我无事而民自富,我无欲而民自朴**:自化,自我化育;自正,自我管理。李隆基说:"无为则清净,故人自化;无事则不扰,故人自富;好静则得性,故人自正;

无欲则全和，故人则自朴。此无事取天下矣。"

译文

以正规手段治理国家，以非正规手法用兵，都不如以无为来治理天下。我如何知道无为可以治理天下呢？下面讲的就是根据。天下忌讳的事过多，老百姓就更加贫穷；百姓手中的现代化工具越多，国家就越混乱。人的技术越先进，奇怪的东西就越兴起；法令越严明，盗贼就越多。所以圣人说：我无为而百姓自会化育，我喜欢清净百姓就会自我管理，我不去扰民，民众自然会富裕，我没有私欲，民风自然会返璞归真。

度阴山曰

西周初，周公把姜太公封到齐地为侯，把儿子伯禽封到鲁地为侯。姜太公五个月后回来报告政情。

周公问："怎么如此快？"

姜太公答："我简化了政府的组织，礼节都随着当地的风俗。"

三年后，伯禽风尘仆仆来报告政情。

周公问："怎么如此慢？"

伯禽回答："我改变他们的风俗，革新他们的礼节，这是个大工程，所以来晚了。"

周公预言说："如此看来，后代各国必将臣服于齐啊！处理政事不简易，人民就不能亲近他；平易近人的执政者，人民一定归顺他。"

后来的历史证明，周公预言完全正确，齐国始终是无人敢惹的超级大国，无论是政治、经济、文化在当时的各国中都数一数二。而鲁国则成了三流国家，常常被人看作陈旧不堪，既弱又冥顽不灵。

姜太公的治国理念是无为。他简化政府组织，让百姓自我管理：民之所好好之，民之所恶恶之。他顺着百姓的心而用心，不仅关怀他们的身体，更关怀他们的心理。不违背他们的意志，使他们有一定的独立精神。

而伯禽则用"有为"来治国。他以绝对权力按自己意志教化、启蒙、改造民众，没事找事，把自己累个半死，在百姓那里也很少得到好口碑。

有为的君主，并非没有善心，而是用错了地方，把自己的私欲当作是天下人的私欲，为了证明自己，常常滋事扰民，劳民伤财，还自以为是在为天下人做好事。

元人张养浩说，中国永远都是这样：兴，百姓苦；亡，百姓苦。为何会这样，因为无能的统治者智力不好，都有病；有能力的统治者智力太好，都有为。

古代统治者很多都认为百姓不能自我管理，总想做老百姓的家长，管这管那，还经常絮叨着，我是为你好，你怎么不领情呢？

如果从风险角度来看，无为治理下的组织风险高，还是有为治理下的风险高呢？

西汉前期，帝国有两位治军风格迥然不同的将军，一个叫程不识，一个叫李广。程不识治军，完全按照守则执行，对军队编制、行军队列、驻营分布等要求近乎苛刻。哪怕是在非战时，程不识也按战时条例管理军队。守卫边疆时，匈奴根本没有任何机会从他那里取得偷袭的好处，当然，由于程不识很谨慎古板，所以也不会给匈奴造成危机。

程不识这种稳重的治军用兵风格，让人无处下手，所以他不会失败，但也正因为他稳重过了头，所以也没有机会取得大胜。于是，程不识终生军功有限。

而另一位将军李广恰好相反，这位被匈奴称作为"飞将军"

的神将带兵时没有任何规则，除了安排几个守夜哨兵之外，部队可以在驻扎区自由活动。李广行军无严格队列阵势，哪里舒服就在哪里驻扎，他还把文书簿册简化得几乎没有。但他对士兵是关爱万分，所有当战斗一来，他只需跳上战马冲锋，所有士兵就会紧随其后，以一敌十。这种散漫、靠着个人情感维系起来的战斗团队，常能出其不意，以少胜多，建立让人意想不到的军功。

显然，程不识是有为，李广是无为。哪个更好？东汉战神马援评价二人的治军风格说，如果你效仿程不识失败了，还能成为严令之人；如果效仿李广失败了，那将万劫不复［效伯高（程不识）不得，犹为谨敕之士，所谓刻鹄不成尚类鹜者也；效李良（李广）不得，陷为天下轻薄子，所谓画虎不成反类犬者也］。

我们现在回到老子本章的结论中，他认为"我无为而民自化，我好静而民自正，我无事而民自富，我无欲而民自朴"。无为、好静、无事、无欲，这都是"无为"，它的核心是不折腾，不强加给他人以绳索，极少甚至没有私欲。无为一定有它的好处，比如姜太公治理下的齐国子民，可能就很喜欢这种政府对他们的放养模式，再比如，作为任何一个士兵，可能都喜欢李广式的极为舒服的治军模式。

但这并不能绝对证明，"有为"一无是处。正如马援所说，学习程不识的有为方式，即使学不成，因为有各种规定，各种圈圈，还能把人限制在一定程度内，不至于一败涂地。但如果学李广的无为方式而不成，那就是洪水滔天，一发不可收拾。

无为和有为，并非冰火不容，真所谓以正治国，以奇用兵，正奇各有千秋，选择哪种，视具体情况而定，这才是老子所谓的无为而无不为。

第五十八章
怎样做，才能身在福中没有祸

原文

其政闷闷，其民淳淳①；其政察察，其民缺缺②。祸兮福之所倚，福兮祸之所伏③。孰知其极？其无正。正复为奇，善复为妖④。人之迷，其日固久。是以圣人方而不割，廉而不刿，直而不肆，光而不耀⑤。

注释

①**其政闷闷，其民淳淳**：闷闷，暧昧不明，混混沌沌，不苛察是非。李隆基说："政教闷闷无为宽大，人则应之淳淳然而质朴矣。"

②**其政察察，其民缺缺**：察察，明察秋毫，这里指的是非要分出是非，吹毛求疵；缺缺，狡诈的意思。王安石说："闷闷者，无所分别。唯其无所分别，则常使民无知无欲，故其民淳淳。察察者，有所分别也。有所分别，则其民不能无知无欲，而常缺缺矣。"

③**祸兮福之所倚，福兮祸之所伏**：河上公说："夫福因祸而生，人遭祸而悔过责己，修善行道，则祸去福来。祸伏匿于福中，人得福而为骄恣，则福去祸来。"

④**正复为奇，善复为妖**：奇，邪；妖，恶。陆佃说："盖有正者有正，正者所谓正，正者无正是也。夫唯无正，故能超乎吉凶之表，而无祸无福，以知其极也。若夫未能致于无正之地，而流于吉凶之域，则一祸一福，其运如轮，其循如环，终于迷而已矣。"王安石说："种种分别，遂生妄想。"

⑤**方而不割，廉而不刿，直而不肆，光而不耀**：方，是四隅有棱，其棱皆如刀刃可以伤人，所以称为割；廉，棱也；刿，伤的意思。这几句话是告诉我们，圣人纵然光芒万丈，也必须守道，道就是低调。低调是身在福中要知福、惜福，不要放肆；身在祸中时要责己，于是，福停滞，祸远离。

译文

国家大政无为宽大，它的民风肯定淳朴；国家大政明察秋毫，它的百姓则斤斤计较吵闹不已。灾祸，福气倚靠在它旁边，福气，灾祸潜伏在它下面。谁能知道这个终极道理呢？没有永远的正，正可以转化为邪，善可以转化为恶，反之亦然。世人不明白这个道理太久了。因此，圣人方正而不割人，锐利而不伤人，直率而不放肆，光亮而不刺目。

度阴山曰

宿命论者说，人一生的饭是有数的，多吃一顿就少吃一顿，少吃一顿就多吃一顿。如果能以不吃为吃，那就能成仙（饿死也是成仙的一种）。

道家色彩浓厚的《淮南子》记载了这样的故事：边境一家人的马突然跑到胡人住地，人们都来安慰他，他却说，丢了匹马的确是祸事，可祸事中潜伏着好事啊。

众人以为他因失马气糊涂了。几天后，他的马居然回来了，而且还领了一匹胡人的良马。众人来向他祝贺，他却丧气地说，看上去是福气，有可能是大祸啊。

这人的乌鸦嘴果然灵验，几天后，他儿子骑胡人的马摔断了腿。众人都跑来问他，我们是该安慰你还是该祝福你呢？

此人说，提前祝福吧。

一年后，胡人大举入侵，所有健康男子都被征调前线，边境附近的健康男子后来在战场上死掉了十之八九。但此人的儿子因为腿瘸而免于征调，保存了性命。

这个故事的主题是"祸福相依"，主人公看上去像个神经质，总胡思乱想，结果是每次都让他蒙对了。故事提供给我们的信息是，好事可以变坏事，而坏事又能变成好事。但好事和坏事并非泾渭分明，而是如太极图一样，你中有我，我中有你，类似《无间道》中的两方内鬼一样，互相潜伏。当好事出现时，坏事就开始冒头。而坏事发生时，好事也摩拳擦掌，准备上场。

倘若你真相信"祸福相依"，那你就可以像孔子那样预测未来。《列子》中讲了这样一个故事，有一家人做好事做了三代，仍然坚持不懈。某天，他家的黑牛违反生物规律生下了小白牛。家长向孔子请教。孔子回答说："这是好事。"一年后，这家的家长无故瞎了眼，而家中的黑牛再次生下小白牛。

这次，家长派儿子去请教孔子。孔子说："这是好事。"

儿子担心孔子聋了，没有听清，就把黑牛生白牛、老爹眼睛瞎的事又说一遍。孔子肯定地说："放心，这是好事。"

儿子只好回家告诉父亲说，孔夫子认为你眼瞎是好事。

该家长说：听孔子的。

一年后，家长的儿子也瞎了。

两个人在导盲犬的引导下见到孔子，追问道："这还是好事吗？"

孔子看了看两人，想了想说："放心，好事。"

两年后，敌国来袭，所有男子都被政府投入战场，在一场大会战中，男子皆死。由于父子是盲人，所以没有上战场。战争结束后，父子二人的眼睛突然恢复，既保存了性命又痊愈了眼睛，可谓双喜临门。

他们觉得孔子是世界上最伟大的预言家。事实上，孔子根本没有预言能力，他只是抱着"祸福相依"的规律，而且，长久的灾祸之后福气一定能来。正如长久的福气之后，灾祸肯定来一样。因为"祸福相依"的通俗说法就是，谁家过年还不吃顿饺子呢！

老子的"祸福相依"还告诉了我们这样的人生道理：祸福是一枚硬币的两面，看正面是祸，看反面是福。比如半杯水，你可以说它只剩半杯水，也可以说它还有半杯水，其实都是半杯水，关键看怎么理解。再比如，你多活了一天，就肯定少活一天。"多活了一天"是福，"少活了一天"则是祸，二者一回事。一枚硬币，有正反面，怎么看则是你的事。

那些在遇到灾祸时不动如山的人，一定是对老子的祸福潜伏论心知肚明，他知道灾祸到来，好运也就不远了。而那些在遇到好事往往心事重重的人，也一定了解老子的祸福相倚法则，他知道好事到来，灾祸也动身了。这就是为什么人类历史上的大人物，无论遇到什么好坏事，都能泰然自若的原因。

事实上，无论祸福兴亡悲欢，都是人生，都是经历，只需站在五十年的角度看，一切都是过眼云烟。祸来不必哀伤，福来不必高兴，因为祸福都在向自己对立面迅速逆转着。那么，有没有办法可以控制它不逆转呢？有两个办法：一是无为，让自己永远在祸中，反省自己，不动声色地看它向福走，这是无为；二是有为，在福中不要不知福，不要骄恣。

如你所知，第一个办法并不是很好，没有人愿意长久身陷祸中；第二个办法又不被老子认可。所以，人生只能是祸福循环，悲欢交替。可能，这才是真正的人生。

第五十九章
藏而不用，才是大用

原文

治人事天莫若啬①。夫为啬，是以早服②。早服谓之重积德，重积德则无不克③，无不克则莫知其极，莫知其极，可以有国；有国之母④，可以长久。是谓深根固柢，长生久视⑤之道。

注释

①**治人事天莫若啬**：啬，是"穑"的古字，谷物成熟可以收仓。赵佶说："保其精神而不以外耗内者，啬也。"陆佃说："啬者，爱养之辞。"王雱说："治人在乎正己，事天在乎尽性，惟此两者一于啬而已。"据此可知，啬是收藏、爱惜，藏而不用的意思。卢育三说，老子五千言基调就是个"收"字，它分为精神上的收和行为上的收两部分。精神上的收是无知无欲，行为上的收是去甚、去奢、去泰等。

②**早服**：服，复也。早复，返璞归真。

③**早服谓之重积德，重积德则无不克**：趁早返回道，就叫作重视积德，重视积德则没有不可胜过的。

④**母**：道。

⑤**长生久视**：长久维持，长久存在。吕吉甫说："啬之为谓道，是谓深根固蒂，长生久视之道也。精神者生之根，啬而藏之，则根深而生。长生者视之蒂，卫而保之，则蒂固其视久矣。"

译文

治理民众、养生最好的办法莫过于啬。啬这种办法可以返璞归真。返璞归真可以积德而厚。积德而厚则能攻无不克,达到攻无不克的水平,别人就不知他的本领究竟有多大了;他便可以治理国家或创造国家,掌握治理国家的根本大道,便可以长治久安。这就是所谓的根深蒂固,才能长生久视。

度阴山曰

若想成功,只需懂得三点即可:收着点、悠着点、慢着点。

元朝末年,中国南方群雄并起,其中最著名的有三人,陈友谅、张士诚和朱元璋。陈、张二人占据了中国南方最富庶的区域,实力强大,朱元璋虽占据贫瘠之地,但靠着汗水和智慧,后来居上。随着元帝国势力渐渐退出中国南方,三个政权争霸。

张士诚和陈友谅先后称王,朱元璋对"王"也有点上头。但老谋略家朱升送给他九个字:缓称王,广积粮,高筑墙。朱元璋觉得这九个字就是老天送给他的咒语,他依计行事。在"缓称王"上,所有革命家都称帝称王,朱元璋却闷头发展,拒绝称王;在"广积粮"上,所有革命家都忙着扩张地盘,朱元璋却恢复农业生产,巩固大后方,手中有粮,心中不慌;在"高筑墙"上,所有革命家都四处抢地盘,到处插旌旗,朱元璋则一心一意经略根据地南京,让其成为固若金汤之城。

正因为认真践行了这九字箴言,朱元璋最终击败所有对手,建立了大明王朝。

缓称王、广积粮、高筑墙是一种韬光养晦的策略,诀窍就在老子所谓的"啬"上。"啬"是藏而不用,是"收着点、悠着点、慢着点"。"收着点"是收敛,"悠着点"是平衡,"慢着点"是积蓄。无论是国家还是个人,能做到前期的慢着点、悠着点才能在后期一击命中，然后收着点，尽量避免浪费不必要的力量，永远立于不败之地。

影片《一代宗师》中，有这样的对白："刀为什么要有鞘？""因为刀的真意不在杀，在藏。"这个"藏"并非让人知道有把刀在鞘中，而是让人知道鞘中有把刀。你千万不能惹怒它的主人，让它出鞘。

不出鞘的刀，其神秘与威慑远高于出鞘的刀。事实上，当你的力量积蓄到一定程度时，你根本不必使用，不必亮剑，只需要把它放在那里，就足以让对方恐惧。而且，这种力量在不用时的威力远大于使用时的威力。正如当今世界的核武器，不用时，没有人敢惹你；一旦使用，效果就大打折扣了。核武器可以不用，但绝不可以没有。"没有"和"有而不用"是两回事。没有是穷，有而不用才是啬。

你收藏的力量越大，对敌人的威慑力就越大。威慑力越大，就完全可以不必使用。所以说，小藏是为了用，大藏是为了不必用。从这点而言，核武器就是啬，其他兵器则是用。

老子哲学中，最低境界是藏而用之，最高境界则是深藏不用。深藏不用必须建立在藏而用之的基础上，藏而用之是有为，深藏不用是无为，若要达到无为之境，还是要多些有为。

有这样一则逸事，说是老舍曾去拜访齐白石，请齐大画家以"蛙声十里出山泉"为题作幅画。几天后，齐白石交了作业：远山隐隐，峰峦叠嶂，一道急流从山涧乱石中泻出，六只可爱的蝌蚪顺流而下。

乍一看，齐白石跑题了，因为画上没有一只青蛙。但只需对画展开简单联想，就会发现蛙声和水声隐隐跃纸面，连成了蛙声一片。

这就是中国艺术史上的"藏"：画中藏画、藏诗，画外有画、有声。柳暗花明又一村是"藏",犹抱琵琶半遮面是"藏",在中国古代文人画中,经常画一条小路在绿水青山间若隐若现,而深山中只露寺庙一角,甚至是一串擦得发亮的风铃。虽然你看不到寺庙,可你知道,那里有一座寺庙。这就是老子所谓的啬——藏而不必用,已经是大用!

智者也是如此:露一角而已。对手只需知道我只露出了一角,就足够了。

第六十章
跟在能人后面，就是无为

原文

治大国若烹小鲜①。以道莅天下，其鬼不神；非其鬼不神，其神不伤人；非其神不伤人，圣人亦不伤人②。夫两不相伤，故德交归焉③。

注释

①治大国若烹小鲜：小鲜，小鱼，烹小鱼，不去肠不去鳞，烹饪时不敢大炒，否则就成了鱼泥。本句意思是，治大国如烹小鱼，别像炒黄豆一样用铲子拼命翻滚，否则鱼就碎了。李霖说："鱼小则易于溃烂，民弱则易于烦扰。烹小鲜者，待其自熟。治大国者，任其自治。"黄茂材说："道无大小，治大国烹小鲜同于一道。"

②以道莅天下，其鬼不神；非其鬼不神，其神不伤人；非其神不伤人，圣人亦不伤人：莅，临，莅天下即治天下。李霖说："治大国若烹小鲜，所谓圣人不伤民也。唯圣人不伤民，故天地之和应，人鬼各遂，两不相伤也。"苏辙说："圣人无为，使人各安其自然，外无所求，内无所畏，则物莫能侵。虽鬼无所用神矣。非其鬼之不神，亦有神而不伤人。非神之不伤人，圣人可未尝伤人。故鬼无能为耳，人鬼之所以不相伤者，由上有圣人耳。"

③德交归：德，即得，因为圣人和鬼神都无为，所以百姓得到实惠。

译文

治理大国应该像烹饪小鱼一样。用道治理天下，鬼就无法作怪；并非鬼无法作怪，而是鬼的灵无法伤人；并非鬼的灵无法伤人，而是因为圣人不伤人。鬼灵和圣人都不伤人，所以天下百姓都能得到实惠。

度阴山曰

如果站不上能人的肩膀，那就跟着能人。

西汉帝国丞相萧何去世后，继任者曹参是个传奇人物。他上任的第一天，直到中午才到办公室，和属下说了几句闲话，就跑回后院喝酒去了。

正当大家都认为他要搞上任三把火的行动时，曹参却在家中摆上永不撤掉的酒桌，每天呼朋唤友地喝酒。有官员最后实在看不下去他的懒政，就上门来劝他。谁知曹参一见他们，便热情地把对方按到酒桌上，除了喝酒，什么都不谈。上来打招呼："咱们好久没见了，快进来喝一杯吧。"说着，就拉着同事入席，并给他们斟酒。

很快，曹参的酒鬼形象就传到皇帝刘盈（汉惠帝）耳中，刘盈对曹参的儿子曹窋说："你爹现在身居高位，但天天喝酒作乐，不干正事。你回去帮我问问他，他什么时候做点正事啊！"

曹窋回家后就趁着老爹清醒时小心翼翼地问道："您天天喝酒，一点正事都不干，是怎么回事啊？"

曹参大怒，拎起家中的扫把，就朝曹窋身上打去，怒道："你一个黄毛小子，国家大事也是你能管的！"

曹窋被揍得浑身伤痕，跑去向刘盈告状。刘盈很恼火，让人找来曹参说："是我让你儿子问你的，你难道不反思下你的行为吗？"

曹参反问:"皇上,我问您一个问题,您觉得您老爹高祖皇帝(刘邦)跟您相比,谁更英明?"

刘盈回答:"当然是我老爹英明了。"

曹参又问:"臣和萧何相比,谁的才能更高?"

刘盈回答:"萧何略胜一筹。"

曹参于是对他行礼道:"皇上,您的看法完全正确。那么高祖打下江山后,任命萧何总领朝政,这自然有他的道理。而萧何在任时,明确法令,修生养民,如今天下太平,百姓安居乐业。萧何制定的法令,似乎没有更改的地方,我们还需要做什么吗?"

曹参说得没错,如果已经有经验证明从前是正确的,那就不必要更改。有时候,循规蹈矩才是最大的创新,而所谓的创新有时却是画蛇添足。

用老子的话说,治大国如同烹饪小鱼,不能频繁翻动它,否则会成为一锅鱼粥。

刘盈和曹参谈话最后,刘盈还是说了句:"你作为宰相,总应该做点什么吧?"

曹参回答:"我做了啊。"

刘盈质问:"你做什么了?"

曹参回答:"什么都没做。"

按照老子"无为"思想,什么都没做,其实什么都做了。中国政治思想史上把曹参只是遵循萧何留下的制度而没有任何改变称为"萧规曹随",有时候,很多人认为"萧规曹随"有些墨守成规的味道,但这种见识很肤浅。

我们判断一种思想、一个计划是否符合道,应从以下特点来确定:一、自动自发,萧规曹随是不是曹参主动做的,而且内心肯定;二、与客观环境完全适应,有如神助,萧何的政策是否受百姓认可;三、与社会价值观相和谐,保持萧何的政策是否和当时的价值观和谐。

如果这三条答案都是肯定的，那曹参就符合了老子所谓的道。

事实上，"萧规曹随"不仅是曹参的政治思想和管理手法，更是指导中国古代的政治思想和管理手法。中国是个静态的农业社会，一切发展都缓慢有序，任何变动，其实都是对农业社会的冒险。这就是在古代中国，变法很难成功的原因。而"萧规曹随"恰好符合了中国静态社会的特质：祖先经过实践后的正确道路，绝不轻易改变。

老子的思想欲求和儒家思想欲求殊途同归，都希望创造一个静态社会，一潭死水才好。所以，在这种环境下，萧规曹随是正确的。而如今科技发达，日新月异，萧规曹随是否还有用，这另当别论。

但必须知道的是，无为比有为省力。很多时候，有为是画蛇添足。蛇长了脚，看上去是创新，其实多此一举。你在人生中遇到的百分之九十的事情，都属于画蛇添足。

萧规曹随，绝不仅是一种政治思想和管理手法，更应该是一种人生境界。在精神上保持简单，遵循之前的人的状态规律，这就是修行如烹小鲜。

第六十一章
谦下真能得到和平？

原文

大邦者下流，天下之交，天下之牝也①。牝常以静胜牡，以静为下。故大邦以下小邦，则取小邦；小邦以下大邦，则取大邦②。故或下以取，或下而取。大邦不过欲兼畜人，小邦不过欲入事人。夫两者各得其欲，大者宜为下③。

注释

①**大邦者下流，天下之交，天下之牝也**：大邦，大国。"邦"，王弼本作"国"，系避"刘邦"之讳，此据帛书甲本改，下文"邦"字均依帛书甲本改。下流，指能海纳百川的江海，用江海喻大国应处的地位；交，汇，百川汇合。大国居下流，则天下汇合而归之；牝，鸟兽之雌性，雌者性静。王弼说，静而不求，物自归之也。

②**大邦以下小邦，则取小邦；小邦以下大邦，则取大邦**：以下小邦，向小国表示谦下；取，聚的意思，则取小邦，是则聚小国的意思。小国对大国谦下，即可取得大国的支持。

③**夫两者各得其欲，大者宜为下**：大国小国都应该谦下，而大国更应该谦下。李霖说："交邻国之道，以谦下为本，故国无大小，皆当用谦。然大者恐恃以自高，尤当谦下。"

译文

大国应像江海的下流一样，处在天下（百川）所归之地，那里正是雌柔的位置。雌柔性静，雄强性动，静能制动，正是由于静能甘心居于下位的缘故。所以大国对小国表示谦下，就可以取得小国的归附；小国对大国谦下，就可以取得大国的支持。所以有的谦下会取得归附，有的谦下会取得支持。大国不过是要网罗别人，小国不过是要依附别人，那两者都满足了自己的希望，不过，大国尤其应该谦下。

度阴山曰

嬴政（秦始皇）统一中国时，其实并没有严格统一，还有个国家留了下来，它就是卫国。卫国的开创者是周武王的弟弟康叔，整个西周时期，卫国国君和西周保持高度一致，谦虚谨慎，从无二话。

进入东周后，形势发生改变，中央政权摇摇欲坠，诸侯国争霸，卫国处于中原，力量弱小，周边都是诸如晋国、秦国、郑国等强国。它先是和晋国打得一团火热，后来晋国和楚国争霸失败，它又和秦国交朋友。

韩赵魏三家分晋后，先是赵国强大，卫国急忙向赵国抛媚眼，赵国把它当成最好的卫星国。后来，魏国靠吴起变法而强大，卫国又急忙向魏国抛橄榄枝，魏国看到它谦逊的模样，也把它当成最好的兄弟。紧接着，秦国强大，卫国国君赶紧带着昂贵的礼物去拜访秦王，一直到前221年，秦始皇消灭六国，卫国仍在。

春秋战国时期，小国多如牛毛，可留到大一统时代的只有卫国。在几个大国五百余年的蚕食鲸吞的进程中，卫国只做了一件事，一件正确无比的事：对强大的国家谦下，同时把可怜的国力展现给所有人看，告诉其他国家，它对任何人没有任何威胁。

老子认为，一个无害的小国对大国谦下，大国一定会对它友好。这里有关键的两个要素：一是谦下，二是无害。如果一个小国有潜在危害，即使它谦下，大国也不会放过它。

所以，在老子看来，人和国一样，如果不想被强者攻击，必须谦下和无害。问题就在这里，大多数国家都能做到谦下，但无害，就很难办到。因此只有卫国，靠谦下无害成功存活。

国与国的关系相当复杂，老子却认为只要双方都"处下"地表现谦下品质，就能各得所愿，皆大欢喜。老子生于春秋战国之际，当时诸侯混战，大国攻打小国，小国屈辱侍奉大国，自己已谦下到尘埃，仍不见大国放过它。不可争辩的残酷现实是，小国的谦下是不得已，大国的谦下只是个姿态。大国要小国归顺，只需要擂起战鼓即可。而小国要想得到大国的支持，必须卑躬屈膝。

谦下只是一种人的品质，它之所以在人与人之间偶尔有效，无非是人和人之间除了利益外还有一点人情在，所以为了一点人情，强者难免会对谦下的弱者给予一丝同情。但国与国之间只有利益没有人情，所以，谦下的品质如暴风下的沙堆，转瞬即逝。

老子的处下思想，无论后人如何涂脂抹粉和以意逆志，都不能改变这样的事实：它是低贱的，它让人活得特别窝囊，三分像人七分像狗。没有实力的谦下，效用也是孱弱的，必须有无数的前提条件才能发挥作用。比如，强者的谦下才是谦下，弱者的谦下则是无能。所以，谦下有意义的前提是，你要先刚强。

中国古代很多思想家都试图用一种极省力，而又人人都能做到的品德来解决人类的诸多复杂问题。比如孔子的仁，老子的处下、谦下。但如你所知，没有一个朝代是靠仁义、处下取得天下的，甚至都没有一个朝代是纯粹靠仁义、处下守天下的。

即使你真的坚信仁义、处下可以收获奇效，但现实不允许你这样做。世界上有太多的强盗，你和强盗的沟通只能是谁的拳头硬，而不是什么仁义、处下。

第六十二章
道能让你心想事成

原文

道者万物之奥，善人之宝，不善人之所保①。美言可以市，尊行可以加人②。人之不善，何弃之有！故立天子，置三公，虽有拱璧以先驷马③，不如坐进此道。古之所以贵此道者何？不曰求以得④，有罪以免邪？故为天下贵。

注释

①**道者万物之奥，善人之宝，不善人之所保**：奥，藏也，道者万物之奥，意思是，道是万物的庇荫。苏辙说："凡物之见于外者，皆其门堂也。道之在物，譬如其奥，物皆有之，而人莫之见耳。"王安石说，善人求道足以至于道，不善之人而求道则足以免于罪。曹道冲说："小人虽不善，略知道亦能自保其身。"

②**美言可以市，尊行可以加人**：市，互相交易；加人，互相感化。

③**拱璧以先驷马**：古人献礼，轻物在先，重物在后，所以先是拱璧，后是驷马。

④**求以得**：有求必应。赵佶说："求则得之，求在我者也。"意思是，只要真心求道，道一定可以让你心想事成。

译文

道是万物的庇荫，有道的人珍惜它，无道的人也会处处保持它。美丽的言辞可以使人们互相尊重，良善的行为可以使人们互相感化。无道的人，怎能轻易舍弃道呢？所以天子即位，设置三公（太师、太傅、太保），拱璧在先，驷马（四马驾一车）在后，虽为重礼，但不如用道作为献礼。古时重视道的原因是什么？无非是道有求必应，有罪可免啊，所以被天下人所珍贵。

度阴山曰

心诚则灵和心想事成一样，都是古老人类的一种巫术，它之所以有效，是因为大家都认为它符合"道"。

战国时期齐国权臣田常控制朝政，怂恿齐王攻打鲁国。消息传到孔子那里，身为鲁国人的孔子对能说会道的子贡说："你去搞定这件事吧。"

子贡二话不说到了齐国，打通关系后见到了田常，他对田常说："你真是胆大包天，居然去攻打鲁国，鲁国城墙像羊圈，土地贫瘠，国君愚蠢，臣子无用，人民讨厌战争，是块硬骨头。你应该去攻打吴国，吴国城墙又高又厚，土地肥沃，兵强马壮，这样的对手才是最好的对手！"

田常大吃一惊，说道："你口中的难，在世人眼中恰恰是易。你脑子进水了，还是别有用心！"

子贡心平气和地说："请让我为你分析，如果你们齐国攻打鲁国，很容易就能打下来，到那时齐国疆域广大，国君声望大涨，大臣们地位稳固，好像就没你什么事了。而攻打吴国，一旦不胜，损兵折将，国力大减，国君和大臣们岌岌可危，这样你才有机会做想做的事啊！"

这番正话反说，完美击中田常的权臣心理。田常心动，马上让部队去进攻吴国。子贡仅凭一番话就保全了鲁国。

子贡成功的秘诀在哪里？正是他遵循了老子的道（正确途

径），这个道就是逆转，是辩证法。在正常思路下，人人都喜欢捏软柿子，而子贡非要让田常捏硬柿子。当所有人都认为捏软柿子是正确时，很可能发生逆转：因为捏掉了软柿子而使田常的影响力下降。倘若捏硬柿子，这是大家都躲避的，但很容易发生逆转：因为捏了硬柿子受到损失时，田常的重要性才会提升。

此乃老子辩证思维的道，遵循这种道，有求必应，心想事成。

老子的道，除了辩证的逆转外，还有一条是"处下"。鲁迅在《无声的中国》中说："中国人的性情是总喜欢调和、折中的，譬如你说，这屋子太暗，须在这里开一个窗，大家一定不允许的。但如果你主张拆掉屋顶，他们就会来调和，愿意开窗了。"当然，它不是中国人特有的，而是整个人类都存在的。

用老子的"处下"之道来解释就是，先提出很大的要求，对方一定不同意，那再提出较小的要求，对方则会同意。当然，其实你真正的要求并不是最大的，而是那个较小的。

在日常生活中，你也可以运用老子"处下"的智慧：请求别人帮助时，如果先提出较高的要求，会遭到拒绝；如果先提出较小要求，别人同意了，再逐渐增加要求，则更容易达到目标。

老子不厌其烦地提醒我们，这个世界上最可怕的不是孤立的事物本身，而是事物与其他事物进行了对比。一旦对比，必有伤害。所以，如果你懂得老子辩证法，你就懂得了如何遵循道。

如果孤立的你很难开心，那你就去和不如你的人对比；如果孤立的你，不知痛苦为何物，那就去和比你强的人对比。总之，不对比，海阔天空；一对比，天昏地暗。

这就是老子的道，顺应它，心想事成。

第六十三章
无为的两种形式：有为和不为

原文

为无为，事无事，味无味①。大小多少②，报怨以德③。图难于其易，为大于其细。天下难事必作于易；天下大事必作于细。是以圣人终不为大，故能成其大④。夫轻诺必寡信，多易必多难。是以圣人犹难之，故终无难矣。

注释

①**为无为，事无事，味无味**：为无为，从事于无为；事无事，从事于无事；味无味，品味于无味。这九字箴言的意思是，反对主观有为，主张无为。

②**大小多少**：这四个字，让所有注释《道德经》的专家学者眼前一黑，各种解释铺天盖地，各执己见。我们挑选韩非的解释：大生于小，多起于少。这一解释只是为了照顾"图难于其易，为大于其细"，是有条件的解释。没有人知道老子这四个字到底想说什么，还有一种可能是，老子不小心把写着玩的四个字写到了竹简上。

③**报怨以德**：用德来报答别人对我的怨恨。王雱说："以直报怨者事也，以德报怨者德也。"曹道冲曰："报怨以德，仇雠便绝；报怨以怨，相报无尽。"

④**圣人终不为大，故能成其大**：圣人只做小事，最终却成就大事。赵佶说："为之于小，故能成其大。"关注于小，小积累、质变为大。

译文

行动不造作，做事不生事，玩味无味。大从小处生来，多从少处起源，用道德来回馈怨恨。处理困难要从容易处着手，干大事要从细小处开始。天下的难事必定从简易开始做起；天下的大事注定从细小处开始。因此圣人始终不做大事而做小事，所以才能做成大事。轻易许诺的人一定失信，总把事情看得太容易注定遭遇更多困难。因此圣人总把事情看得艰难，所以终究没有困难。

度阴山曰

无为到底是不是不为？老子在本章给出答案。

先来看卖油翁的故事。有个叫陈尧咨的神箭手在家门口炫耀箭术，当观众越聚越多后，老陈以迅雷之势射出十箭，箭箭中靶心。观众狂呼乱叫，只有一个卖油的老翁无动于衷，只是微微地点了点头。

老陈很难受，认为自己受到侮辱。他轻蔑地问卖油翁："你为何不叫好？"

卖油翁笑道："你的箭术没啥稀奇的，只是手法熟练罢了。"

老陈很生气，他又问卖油翁："你凭什么轻视我的箭术？"

卖油翁回答："凭我倒油的经验！"

说完，他拿出一个葫芦，在葫芦口放上一枚铜钱（古代铜钱外圆而中间有四方孔）。在众人疑惑的眼神中，他用勺子舀了一勺油自然地将油从铜钱的四方孔中倒入葫芦。油倒完，钱币方孔未沾一丝油迹。

陈尧咨看得目瞪口呆，卖油翁却很不屑地说："我这手艺没什么可炫耀的，熟能生巧罢了。"

无论是陈尧咨出神入化的箭术还是卖油翁娴熟高超的倒油

神技，都建立在熟能生巧上。熟能生巧的关键就是"熟"，若想熟，必须经过长期的反复练习，简单的事重复做，最终，你就会把自己训练成无意识而行动的高手。人在无意识状态下的行为，就是老子所谓的"无为"。

若要理解这句话，必须看庖丁解牛的故事。庖丁给梁惠王宰牛，手接触的地方，肩膀倚靠的地方，脚踩的地方，膝盖顶的地方，哗哗作响，进刀时的声音居然符合音律。这一顿神操作把梁惠王看呆了，他问庖丁："你解牛的技术怎会如此高超？"

庖丁放下刀，开始长篇大论："说来话长，我开始宰牛时，眼中是一头完整的牛。不停地宰杀三年后，再未见过完整的牛了。现在，我凭精神和牛接触，依照牛的生理结构，在它各种骨头相接处游刃有余。好厨师每年更换一把刀，他的刀是割断筋肉割坏的；技术普通的厨师每月就得更换一把刀，他的刀是砍骨头而将刀砍坏的。而我的刀已用十九年，所宰的牛有几千头，但和新刀没有区别。在我眼中，牛看着是一整只，其实早已分割完毕。我要做的只是用刀进入，哗啦一声，它的骨和肉瞬间解开，好比泥土散落在地上一样。当我解牛时，我感觉是毫无意识的工作。解过牛后，悠然自得，心满意足。"

解牛对于庖丁而言，是精神上的享受。因为他不由自主地完全沉浸在解牛的工作中，很多人也会有这样的体会，当你特别喜欢一件事时便很容易沉浸其中，不知时光飞逝，更不知事情进度。好像是在云里雾里，无比悠然地完成了事情，完成后也没有多么疲惫，而是心满意足。庖丁的这种精神状态，就是老子所说的"无为"。

但若想达到这种无为状态，必须经历另一种形式的无为，那就是"为"。老子的"无为"分两种形式，一种是"为"，一种是"不为"。陈尧咨和卖油翁以及庖丁出神入化的技术，全靠长年累月的训练而获得，训练本身就是老子"无为"中的第一种形式"为"，它是我们经过无数次努力才有可能达到的轻松自如的状态。而第二种形式的"无为"要么是干脆不为，努力做到无为（为无为）、少生事（事无事）、味无味（追求平淡、简约），要么通过第一种形式的无为（为）来达到。

老子说"圣人终不为大"，其实说的是圣人不会盯着大，不会一门心思在"大"上，而是盯着"小"，只做"小"。比如卖油翁，他在平时向铜板孔倒油时从来不想自己能成为倒油高手，庖丁解牛时也从来不想自己成为解牛大师。二人只是尽量做好眼前的事、手中的工作罢了。这就是"天下难事必作于易；天下大事必作于细"。

正因为二人没有好高骛远，追求"大"，只认真地做"小"，最终却成就了他们的"大"。这当然不是无心插柳柳成荫，而是任何人从枯燥的"有为"到悠然自得的"无为"的必经之路。

把习惯变成本能是"有为"，用本能去做事，就是"无为"。当我们用本能做事时，几乎不会意识到自己在做事，自动自发，没有外力，一切都顺其自然、顺理成章。那种精神状态就是老子敦敦教诲我们的"无为"。

本章中有句极具争议的话，即"以德报怨"。据说孔子听到这句话后，气得死去活来。他质问："如果用德来回报怨，那用什么来回报德呢？应该是以直报怨、以德报德啊。"孔子的话正确，所谓"以德报怨"要么是境界已高出全部生物接近神佛，已达"无德无怨"境界；要么就是狡狯的诈术：做出"以德报怨"的姿态，寻找机会完成对目标的绝杀，实现大逆转。

第六十四章
在问题未发生时就解决才最省力

原文

其安易持，其未兆易谋，其脆易泮，其微易散①。为之于未有，治之于未乱。合抱之木，生于毫末；九层之台，起于累土；千里之行，始于足下。为者败之，执者失之②。是以圣人无为，故无败；无执，故无失。民之从事，常于几成而败之。慎终如始③，则无败事。是以圣人欲不欲，不贵难得之货；学不学，复众人之所过，以辅万物之自然，而不敢为④。

注释

①**其安易持，其未兆易谋，其脆易泮，其微易散**：安，安定；持，保持；兆，苗头；泮，判，分的意思；微，细微；散，打散。王雱说："救于已然之始，所谓治之于未乱。"

②**为者败之，执者失之**：无论是合抱之木还是九层之台更或是千里之行，都需从小开始，圣人为小不为大，执小不执大。一旦为大，必逆转为小，一旦执大，必逆转为小。

③**慎终如始**：认真对待终点如同对待开始一样，很有些不忘初心的意思。

④**是以圣人欲不欲，不贵难得之货；学不学，复众人之所过，以辅万物之自然，而不敢为**：欲大家都不欲的，学大家都不学的。陈景元说，难得之货是世俗想要的，但圣人不想要，圣人想要的是清净节俭。世俗以不学为过，圣人则以不学为真学，这学，即无为之学。

译文

局面安稳时保持起来容易，事变未露头时图谋起来也容易，事物还在脆弱时容易破开，事物还在细微时容易被打散。要在事情未发生前有所准备，要在祸乱未出现时将其扼杀。粗大的树木从萌芽生长而成；九层的高台从一筐土开始建起；千里的远行，是从脚下开始走出的。妄为就会败事，执意就会失去。所以圣人不妄为就不会败事，不执意就不会丧失。大多数人做事，经常在事情即将成功时而失败。只要能认真面对事情的终结如同面对开始时那样，坚持到底就不会失败。所以圣人求别人不想求的，对珍贵的物质不屑一顾；学人所不愿意学的，一反众人的过失，辅助万物的自然变化而不加以干预。

度阴山曰

台上三分钟，台下十年功。台上是无为，台下是有为。

对中医稍有了解的人，一定知道扁鹊和魏文侯的那场谈话。魏文侯问扁鹊："你们三兄弟都学医，医术排名如何？"扁鹊回答："大哥医术最好，二哥次之，我最差。"魏文侯大为疑惑："但世人都知道你，却不知道你大哥、二哥啊？"

扁鹊笑道："我大哥治病，是治于病情未发之前，由于人不知他事先已铲除病因，所以他的名气无法传出去。我二哥治病，是治于病情初起之时，一般人以为他只能治轻微的小病，所以他的名气只及于乡里。而我是治于病情严重之时，在经脉上穿针管来放血，在皮肤上敷药，场面极具震撼效果，所以大家都以为我的医术最高明，因此名气比我两个哥哥大得多。"

这就是扁鹊三兄弟的故事，后人从此故事中衍生出了中医最伟大之处：治未病（治疗还没有发生的疾病）。

老子说，圣人之所以籍籍无名，很多人都不知道他的存在，就因为圣人都属于扁鹊大哥那类人，这类人用"为之于未有，治之于未乱"的无为手段治理天下。由此可知，无为不是没有动作，而是其动作不在我们视线范围内。无为者的动作非常超前，常常在问题未发生或即将发生时将其"偷偷摸摸"解决。在这种时候，是解决问题最省力的时候。

扁鹊的大哥就是这种人，扁鹊说他的大哥二哥虽然医术比他高明，但名气却不如他，这恰好符合老子的圣人特质：低调，不被世人所知，但高深莫测。之所以高深莫测，是因为他永远都走在问题的前面，在人不易察觉，根本不会关注的情况下，将问题毫不费力地解决。

明王朝后期，北方有两位边将，一个是李成梁，另一个则是在浙江剿灭倭寇的大名鼎鼎的戚继光。二人的任务都是在北方防御草原部落，但功绩截然不同。李成梁每年都会和草原部落发生多起军事冲突，胜多败少，引人注目，而戚继光很少有战绩。朝廷认为，李成梁是一代名将，国家栋梁，至于戚继光嘛，应该是个福将，因为草原部落很少进攻他的卫戍区。

事实真如此吗？当然不是，草原部落不找戚继光的麻烦，是因为找不到，戚继光早把防御做得无懈可击。正因为有所准备，所以很少发生战事。反观李成梁，似乎故意不修边防，常常引草原部落攻击。尤其喜欢把小问题姑息成大问题，然后做出惊天动地的壮举，使人看到他的战绩。

戚继光的动作不在正常人视线范围内，李成梁恰好相反。戚继光的行为是无为，在问题未发生时解决问题，最省力。而李成梁的行为是有为，只有当问题大到一定程度时才出手解决，此时用力最多，效果最差，但在平庸的人看来，李成梁比戚继光要厉害百倍。

后来的努尔哈赤崛起，李成梁的有为行径起到了关键作用。

老子"为之于未有，治之于未乱"的圣人，正是扁鹊大哥、二哥和戚继光这样的人，他们是先知者，也是先行者，更是隐形人。

第六十五章
人性善恶，由人说了算

原文

古之善为道者，非以明民，将以愚之①。民之难治，以其智多。故以智治国，国之贼；不以智治国，国之福②。知此两者，亦稽式③。常知稽式，是谓"玄德"。玄德深矣，远矣，与物反④矣，然后乃至大顺。

注释

①**古之善为道者，非以明民，将以愚之**：明民，教人聪明；愚之，反朴还淳。司马光说："去华务实，还淳反朴。"

②**民之难治，以其智多。故以智治国，国之贼；不以智治国，国之福**：智，此处指巧诈。赵佶说："天下每每大乱，罪在于好智。"

③**稽式**：法式、模式、标准。

④**与物反**：与用智相反，不用智。黄茂材说："物皆强，吾独弱；物皆动，吾独静；物皆华，吾独朴；物皆死，吾独生，非为与物反乎。能反于物者，可以至大顺。"

译文

古代那些得道的圣人，不教人民精巧，而是让他们反朴还淳。作乱者过多，因其巧诈过多。所以用巧术治理国家，是国家的灾祸；不以巧术治理国家，则是国家的福气。能认识用巧术和不用巧术的差别，就是治国的法则。遵循这个法则，就是玄德。玄德好深远，与用巧术恰好相反，不用巧术才可达到最大的和顺。

度阴山曰

为什么我们必须相信人性本善？因为这样最省力。

杨坚（隋文帝）创立隋王朝后，对官员们很不放心，他命人暗中向一些目标官员行贿。这些人一旦受贿，立即被处死。隋王朝初年，被杨坚钓鱼钓上的官员不胜枚举，这些人临死前都大喊冤枉，杨坚却认为，他们一点都不冤。

杨坚的思路是，人性都是恶的（官员都有贪污的意向），经过钓鱼测试后，果然都是恶的。

李世民执政时，有人对他说，应该铲除朝中奸人。

李世民问他："我觉得身边都是好臣子，您说的奸人是谁？"

这人说："您只需在臣子们面前装愤怒，有人不畏惧您的愤怒，就是好臣子；而如果有人看您脸色说话，阿谀奉承，那么他便是奸臣。"

李世民想了想说："你这是'以诈找诈'，虽能找出奸臣，但是你先使的诈，这是把所有人都看成恶的。我觉得，奸臣太多，并非在奸臣那里，而是在皇帝我这里。忠臣太多，也不在忠臣那里，而在皇帝我这里。皇帝如果清明，臣子就会忠贞；皇帝如果昏庸，臣子肯定糊涂。皇帝是忠臣的源头，也是奸臣的源头。"

李世民的思路和杨坚的思路截然相反，他认为人性是善的，至少是可善可恶的，而非绝对的恶。

有人问心学巨子李贽："孟子真相信人性是善的吗？"

李贽回答："这样最省力，最省力就是无为。"

人再问："怎么说？"

李贽说："相信人性是善的，那就是相信了任何一个人都有向善的心，都能通过自我管理而达到善的境地。如此，苍天和圣人，就不用过度管理世人，大家推心置腹，你好我好。而如果相信人性是恶的，那就是相信每个人都有作恶的念头，我们必须费尽心机来监控所有人，如此，不但累得半死，还会把自己搞成神经质，看谁都像恶人。所以，相信人性善，最省力也最省心。"

　　李贽和老子的意思大致相同。按老子意思，治国有两种模式，一是用智，二是不用智。所谓用智，是认为人性恶，每个百姓都是狡猾分子，所以必须用智术防范、治理他们；所谓不用智，是认为人性善，每个百姓都淳朴敦厚，绝不会干出格的事。

　　老子当然主张不用智，而且他认为虽然人性是善的，但如果你用智术治国，那就会激发百姓人性的恶，使他们成为用智术来抵抗你的刁民。即是说，你以为你用智术是魔高一尺，可事实却是，智术的唯一作用只是"提醒"百姓用智术反击你，道高一丈罢了。

　　那么，不用智治国真的能达到最大的和顺？老子硬着头皮回答：当然能。他的理由是，用智是有为，不用智是无为，无为而无不为，我无为而民自化。

　　其实老子这段话还让我们浮想到另外问题：你是什么人，就会吸引什么人，而且你看到的人都是这类人。比如，你总是处心积虑，那你身边就都是这种人，其实不是你身边真的客观存在这类人，而是你看任何人都像是处心积虑的人。反之，如果你没心没肺，就会发现身边的人也是这类人，并非他们真的是这样的人，而是你看他们是这样的人。吸引力法则，大概说的就是这样的道理。这个道理也应该和老子的"治国不用智"成为我们人生中的"稽式"。

第六十六章
要想不争而胜,就要学会分配

原文

江海所以能为百谷王者,以其善下之,故能为百谷王①。是以圣人欲上民,必以言下之;欲先民,必以身后之②。是以圣人处上而民不重,处前而民不害。是以天下乐推而不厌③。以其不争,故天下莫能与之争④。

注释

①**江海所以能为百谷王者,以其善下之,故能为百谷王**:百谷王,百川所归往,王者,往也,吸引他人往来;善下,善居卑下,所以百川都来,最终成大。

②**是以圣人欲上民,必以言下之;欲先民,必以身后之**:上民,统治人民;言下之,用言辞表示谦下;先民,领导人民;身后之,把自己放在后面。这和"后其身而身先,外其身而身存"一个道理。苏辙说:"圣人非欲上人先人也,盖下之后之,其道不得不上且先耳。"

③**处上而民不重,处前而民不害,是以天下乐推而不厌**:重,负累;害,妨害;推,推举;厌,厌弃。河上公说:"圣人在民上为王,不以尊贵虐下,故民戴仰而不以为重;圣人在民前,不以光明蔽后,民亲之若父母,无有欲害之心也。"吕吉甫说,不重不害,天下人当然拥戴他。

④**以其不争,故天下莫能与之争**:吕吉甫说:"夫以其言下之。以其身后之,则不争者也。(大家)乐推而不厌,则天下莫能与之争也。"

译文

江海所以能让百川归往,只因其善居卑下之地,所以能得偿所愿。圣人要统治人民,必须先用言辞表示谦下;要成为人民的榜样和表率,必须把利益放在他们后面。做到这两点,圣人即使居于上位而人民不会感到负累,居于领导位置人民不感到受害。天下人民都乐于推戴而不厌弃圣人。因为他与人不争,所以天下没有人能和他争。

度阴山曰

会分配,则万事可成。

自1206年统一蒙古草原建立大蒙古国到1227年去世,成吉思汗在短短二十余年中把大蒙古国的疆土扩张了几十倍,其中的秘诀固然无数,但有一个秘诀是重中之重,那就是成吉思汗舍得把东西分给手下的将军、士兵。成吉思汗每次向对手开战前,都会把战胜后奖励原则讲得细致入微,大将军该得多少,中将军该得多少,冲在最前面的士兵得多少,全都写进条例中。

每次胜利后,他做的第一件事就是把攻陷的城中所有富户财产调查清楚,然后将原居民赶到城外,将城中财物堆积到广场,然后按等级进行分配,即使是孤儿寡母也可分得一份。

而他本人则最后挑选,一般情况下,成吉思汗只拿战利品的五分之一,甚至是十分之一;有时候如果被攻陷的城池一贫如洗,没什么油水,他只象征性地抓几把城中泥土当战利品。

在中国历史上,建立大功勋的人,似乎都有成吉思汗这种奖励下属的技能。影片《投名状》中,那些临时凑起来的清军武装,在进攻太平天国的城池前齐声高喊的一句话竟然是,城破后"抢钱、抢粮、抢女人"。

成吉思汗可能意识到了一个成大事者必知的天理:所有人都

喜欢追名逐利，很少能谦让。做领导的，如果和手下争夺名利，那肯定做不长。最好的办法就是摆正心态，告诉自己，拥有功名就是那些属下、臣子的事情；而天子绝对不是获取功名，天子是把功名赏赐给属下、臣子的。天子唯一做的事就是把城池赏赐给属下，让属下自动自发地保卫他们自己的城池；把还在敌人手中的财物赏赐给将士们，让将士们心甘情愿地去攻城夺地。

老子说，圣人不争，所以天下没有人和他争。成吉思汗就是这样的圣人，他从来不和属下争名夺利，所以大家非但不和他争，而且还真心实意地把部分财物送给他，奉他为永远的主人。

春秋时期鲁国宰相公仪休的执政思路就是不与百姓争夺利益，统治者和官员绝不能占小便宜。他很勤俭，经常在家后院种植蔬菜。有百姓就说，堂堂宰相，俸禄优厚，居然自己种菜，如果天下人都效仿他，那我们这些菜农可怎么办！

公仪休马上命人把菜园踏平，到菜市场买菜吃。

他老婆也非常勤俭，常常在家织布。公仪休多次劝她去集市买布，可他妻子不听，依然自力更生。公仪休就把妻子逐出家门，还烧毁了织布机。他对所有家人说："我作为宰相，自给自足，百官们就会效仿我，所有做官的人家都经营产业，那百姓生产的东西卖给谁呢？卖不出货物，他们岂不是没有了活路？"

第六十七章
慈爱是所有力量之源

> 原文

天下皆谓我道大，似不肖。夫唯大，故似不肖。若肖，久矣其细也夫①！我有三宝，持而保之。一曰慈，二曰俭，三曰不敢为天下先②。慈，故能勇；俭，故能广；不敢为天下先，故能成器长。今舍慈且勇，舍俭且广，舍后且先，死矣！夫慈，以战则胜，以守则固。天将救之，以慈卫之③。

> 注释

①**天下皆谓我道大，似不肖。夫唯大，故似不肖。若肖，久矣其细也夫**：我，得道圣人；肖，像的意思；细，渺小。程大昌说："特不与俗肖，而与道肖也。为其不与世俗肖，足以见其大。"

②**一曰慈，二曰俭，三曰不敢为天下先**：慈，李隆基说，爱育群生。俭，顾欢说："宝精爱气，不为奢费。"不敢为天下先，顾欢说："履谦居后，不为物先。"老子三宝，环环相扣。有慈则有爱，这是慈；有爱则有力量，则能爱惜、酝酿力量，正确使用力量，这是俭；而正确使用力量的方式是后其身、守柔，也就是"不敢为天下先"。

③**夫慈，以战则胜，以守则固。天将救之，以慈卫之**：卫，保卫。李隆基说："用慈以战，利在全众；用慈以守，利在安人。各保安全，故能胜固尔。"老子常说"不仁"，可见这里的慈（爱）并非孔子的有分别之爱，而是无差别的爱，一视同仁的爱。也只有这种爱，才能爆发出巨大力量，维护整个人类社会。如果是偏爱的仁，那将祸乱交兴。

译文

天下人都说我大，不像大。正因为不像大，所以才大。如果像大，早就渺小不堪了！我有三件法宝，一是慈爱，一是俭约，一是不争先。慈爱，所以能勇敢；俭约，所以能扩大；不争先，所以能成为天下人的领导。现在舍弃慈爱而求取勇敢，舍弃简约而求取广大，舍弃不争先而求取领先，死路一条！慈爱，用于作战则取胜，用于防守就坚固。天将援救谁，就用慈爱去保卫谁。

度阴山曰

一个人在初恋之前是没有恋爱经验的，但仍然谈得很好，因为爱能知一切。

亚圣孟子小时住在墓地附近，所以经常能见到办理丧事的人，孟子母亲说："这地方可不好。"于是开始搬家。那时，没有搬家公司，孟母也没有亲人朋友帮忙，搬家全靠自己。孟母弱小的身躯，活生生把家搬到了集市边。而孟子又看到商人们卖东西，居然效仿。孟母又说："这对我儿子可不好。"于是又开始搬家，仍然是孤零零一人，像蚂蚁搬家似的把家搬到了一座学堂边。孟子开始跟着学堂里的孩子学习经典，孟母微笑说："这地方不错。"

这就是"孟母迁居"的故事，孟母为了孩子，以瘦小身躯多次搬家，其力量源泉正源于母亲的慈爱。

老子说自己有三件法宝，它们分别是慈爱、俭约、谦下。慈是爱心、同情心。一个有爱心和同情心的人在他人危难时会生发无可匹敌的勇气，所以，慈这件法宝所发出的法力就是勇气，是为慈勇。母亲对儿女的慈爱，会让母亲成为金刚般的人，这就是慈的威力。

俭是节约、俭约，不但积蓄力量，更重要的是，它积蓄精神。一遇危急，就会产生惊天动地的力量。所以，俭这件法宝所发出的法力就是强化力量和精神，是为俭广。

不敢为天下先是谦下、守柔、后其身等无为手法。

这三件法宝和其法力可以这样解释：只有慈才能产生勇，只有俭才能产生广、只有后才能产生先。慈和勇、俭和广、后和先是截然对立的，但正如老子的辩证法所言，相反才相成。真正的勇气必然来自大慈大悲的人，无限的扩张之力必然来自平时吝啬鬼一样的积累，而那些真正无敌于天下的人，永远是那些甘居人后的人。

三宝中，最大的宝贝是慈。至此你就不该再认为老子的思想倾向于柔弱，他的慈的法力可是勇气，世界上从来没有人认为勇气是柔弱的表现。而最刚烈的力量——勇气在老子看来，居然是来自看上去最柔弱的慈爱，这就是老子辩证法绝对正确的证明。我们顺势可以证明，你的胆小怕事，你因为恐惧而形成的自私冷漠，都不是因为你缺少阳刚的勇气，恰好相反，是因为你没有阴柔的爱心。

第六十八章
最小的力量，能达到最大的效果

原文

善为士者不武，善战者不怒，善胜敌者不与，善用人者为之下①。是谓不争之德，是谓用人之力，是谓配天②古之极。

注释

①善为士者不武，善战者不怒，善胜敌者不与，善用人者为之下：士，武士；武，逞勇，耀武扬威，卢裕说，武，是以武凌人的意思；不与。河上公说："不与敌争，而敌自服。"大有不战而屈人之兵之意。为之下，对人谦下。李霖说："战，危事也，善战者，吊民伐罪而哉？岂有私怨以用危事而害民者。"即是说，善战的人，必须先占领道德制高点，即使私人恩怨，也要打着替天行道的幌子。

②配天：与天道相配合。

译文

善统兵的人，不以武凌人；善作战的人，不逞一时之气；善于战胜敌人的，不待交锋；善于用人的，对人谦下。这叫作不争的品德，这叫善于用人，这叫合于天道，是自古以来的最高准则。

度阴山曰

阿基米德说，给我一个支点，我能撬动地球。你知道支点在哪里吗？在不争。

前354年，魏国大将庞涓率领魏兵团主力围攻赵国都城邯郸，赵国向齐国求救。第二年，齐国出兵。总司令田忌和军师孙膑商议说："直接救赵国没意思，我们去围攻魏国首都大梁，庞涓一定回救，就在他回救的路上，设下埋伏，一击必中。"

于是，齐兵团进入没有重兵防卫的魏国本土，迅速包围大梁。庞涓在前线邯郸得到消息，立即回兵解救。当他走到桂陵（河南长垣）时，掉进齐国设计好的埋伏圈，魏国兵团大败，庞涓被活捉。很快，齐、赵、魏三国坐在一起谈判，魏国赔款，庞涓被释放。

前342年，魏国又对韩国用兵。韩国国君韩武（韩昭侯）向齐国求救。齐国再次出兵，田忌、孙膑故技重施，围魏救韩。同时，孙膑在庞涓回救的必经之路马陵道（河北大名）设下埋伏。庞涓进入韩国本土后，顺风顺水，正要夺取最后胜利，突然听说孙膑又去围困大梁，气得鼻子都歪了。他想不明白，孙膑这厮为什么总是这一招。他急忙回救大梁，意料之中的，在马陵道，他陷入孙膑的十面埋伏，全军覆灭。他本人也被齐军乱箭射死。

齐国因这两次和魏国的战役，称霸天下。孙膑是典型的"一招吃天下"的军事家，这一招就是"围魏救赵"。一个简单的招数，如果用到极致，那就是绝招。这个绝招的基本特征就是，绝不和对手发生正面冲突，用最省力的办法釜底抽薪。庞涓的力量源泉是大梁城中的魏国国王，孙膑围大梁，就是在围困庞涓的力量源泉，庞涓不可能不救。

你以为围魏救赵这种计策是孙膑的发明？其实它是庞涓的发明。围魏救赵一战的出现是因为赵国先进攻了卫国。前354年，卫国是魏国的卫星国，魏国当然不能置之不理，于是以宗主国身份出兵。魏国兵团司令庞涓不救卫国，而是率领兵团主力直奔赵国的经济中心邯郸（河北邯郸）。庞涓绕过乡村，从原野上向邯郸推进，很快就把邯郸包围。

赵国这才慌忙向齐国求救，田齐和田忌、孙膑商议解救邯郸的对策，孙膑说："不用麻烦，咱们学习庞涓即可。"

孙膑正是老子对拥有不争品德的善战者的定义：不逞勇武，不逞一时之气，不和对手直接交锋。孙膑的膝盖曾被庞涓挖除，他和庞涓有深仇大恨，但他没有被仇恨冲昏头脑，而是小心翼翼地设定计谋和布置埋伏圈。换作他人，早就怒气冲天地直奔庞涓围困的邯郸而去。拥有不争品德的将军，尽量不和对手当面交锋，不会硬碰硬，而是寻找他的支点（关键点），对支点用力。

阿基米德说，给我一个支点，我能撬动地球。地球是沉重的，想把地球挪动而奔着地球去，那是费力而不讨好。如果找到关键的支点，那就是省力出奇迹。

孙膑围魏救赵，就是找到了解决庞涓的支点，用最小的力量达到了最佳的效果。

中国古代武术界最厉害的拳术之一"太极拳"中有个技法叫"四两拨千斤"，太极拳经典《打手歌》中说："任他巨力来打我，牵动四两拨千斤。"意思是顺势借力，以小力胜大力。在太极拳著名的"推手"过程中，凡加引化劲于对手动作上，使其落空，或者先化而后粘，迫使对方落入不利地位，或以横拨直，以直拨横，改变对方劲力方向等均属"四两拨千斤"的范围。

直白而言，从道家思想中衍生出来的太极拳的指导思想就是，用最小力量达到最佳效果，方法则是四两拨千斤的无为。在老子思想中，能不当面解决问题就尽量避免。当面解决问题耗费力量，绕过问题找到问题的支点（关键点），在支点上略施小力，则能省力地解决问题。耗费力量是老子说的有为，省力才是无为。

第六十九章
反主为客：人生的正确打开方式

原文

用兵有言："吾不敢为主而为客；不敢进寸而退尺①。"是谓行无行，攘无臂，扔无敌，执无兵②。祸莫大于轻敌，轻敌几丧吾宝③。故抗兵相加，哀者胜矣④。

注释

①**吾不敢为主而为客；不敢进寸而退尺**：客，后应兵叫客，古代起兵伐人者叫作客，防御敌人者叫作主。赵佶说："不嗜杀人，故难进而易退。"

②**行无行，攘无臂，扔无敌，执无兵**：行无行，虽有阵势却像没有阵势；攘臂，愤怒而奋臂。扔，因就，扔敌是就敌的意思；执无兵，虽有兵器，却像没有兵器可以持。这段话的意思大概是，虽然我有强大的军事力量，但还是不要高估自己的力量，低估对手的力量，把自己力量想得低一些，就可以天下无敌了。

③**祸莫大于轻敌，轻敌几丧吾宝**：宝，老子的道，这里指的是"慈"。赵佶说："轻敌则好战，好战是乐杀人也。乐杀人者，丧其慈而失仁民爱物之心，不可得志于天下矣。"据此可知，轻敌是轻易、贸然地和敌人开战，贸然开战会死人，当然违反慈。

④**故抗兵相加，哀者胜矣**：抗，兵力相当；哀，悲愤，哀者，悲愤的一方，因哀悲生出道义的力量，所以哀兵就是正义的一方。

译文

精通军事理论的人曾说过："我用兵打仗，不敢进攻而只敢防守；交战时，我宁肯退后一尺，也不敢轻易前进一寸。"也就是说，虽然有阵势却像没有阵势一样；虽然要奋臂，却像没有臂膀一样；虽然面临敌人，却像没有敌人可打一样；虽然有兵器，却像没有兵器可把持一样。祸患再没有比轻敌更大的了，轻敌几乎丧失了我的宝贝（不敢为天下先）。所以，当两军实力相当时，因悲愤而生出道义力量的一方会获得胜利。

度阴山曰

主人请客，忙里忙外；客人做客，只需要吃。所以，做客人比做主人舒服。

曾国藩用兵特别重视扎营，他的湘军是半天行军，半天扎营。湘军抵达某地扎下营盘后，不管多累，必须环绕营地挖出两道深沟，沿着沟再筑起两道高墙，以此把自己完全保护起来。曾国藩总结这个用兵方式叫"结硬寨"。

毋庸置疑，"结硬寨"在防御时效果极佳，但如果进攻时，这一招还有效吗？

曾国藩告诉你，有效，因为他能反主为客。反主为客是把自己从进攻方变成防御方，具体办法是"挖沟法"。"挖沟法"是"结硬寨"的变形，当进攻敌人城池时，围着城挖两道沟。外面那道沟宽达两米，深近三米。里面那道沟，尺寸减半。

里面的沟是为断绝围城的粮草接济，阻止城里人突围；外面的沟则抵抗敌方援军。如此一来，原本应该是进攻方的湘军立即变成了防御方，这就是反主为客。被围困的敌人要么是疯狂突围，损失惨重，要么是请救兵，结果仍是损失惨重。曾国藩正是用这招生生耗死了太平天国。

这招反主为客，恰好是最省力的。如你所知，凡是最省力的行为，就是无为；凡是费力的行为，一定是有为。

春秋时期，晋国公子姬重耳因内乱而逃亡楚国，楚国国君待他如上宾。有一次，楚王问他："我管你吃喝多年，将来你能做晋国国王，该如何报答我？"

姬重耳回答："如果两国逼不得已在战场相见，我当退避三舍（一舍等于三十里）。"

几年后，姬重耳历尽磨难回到晋国做了国君。晋国在他治理下迅速强大，和当时的霸主楚国必然发生矛盾。前632年，楚、晋二国的军队在战场相遇。姬重耳履行当初诺言，下令军队后退一舍。楚兵团追击，姬重耳再下令后退一舍，楚兵团玩命追击，寻找突袭机会。姬重耳下令又后退一舍，楚兵团觉得晋兵团好欺负，忘记了严整队形而追上来，姬重耳就在城濮设下埋伏，一举将傲慢、丧失警惕心的楚兵团击溃。

后人总结城濮之战时用了一个智谋型的成语"退避三舍"来暗示姬重耳的计谋，用老子的话说就是，不敢进寸而退尺。站在楚兵团角度，我们则会得出老子的经典总结：祸莫大于轻敌。轻敌是把自己当成主人，因为是主人，所以具有天生的傲慢。不轻敌则是把自己当成客人，谨小慎微，以退为进。

战场上如此，人生场中也如此。大部分人都在进攻，认为进攻是最好的防守。结果是私欲过盛，得寸进尺，最终在争斗中忘记了人生的真正打开方式。真正的人生应是不为主而为客，不主动去急功近利地争取什么，做好眼下的事，有些事甚至都不用争，该来的自然会来。

当主人，要忙里忙外，很费力气；当客人，只需遵守主人的规矩，老老实实待着就万事大吉，这最省力。无为和有为，无非就是费力和省力的区别，这也正是老子常常让人无为的原因。

第七十章
被褐怀玉是扮猪吃虎

原文

吾言甚易知，甚易行。天下莫能知，莫能行①。言有宗，事有君②。夫唯无知③，是以不我知。知我者希，则我者贵。是以圣人被褐怀玉④。

注释

①**吾言甚易知，甚易行。天下莫能知，莫能行**：老子的主要言论是"为无为""少则得，多则惑""不出户知天下""行不言之教"。这些言论太容易被人知，也太容易实践，但天下人却没有实践的，因为喜欢有为、认为"有为"能成大事的人太多。道林禅师说过，很多道理，三岁孩童能知，但八十老翁不能行。

②**言有宗，事有君**：言有宗，言论有宗旨；事有君，行事有根据。老子的宗旨当然是无为自然，老子的行事根据是处于低姿态的水。

③**无知**：他人对自己的不了解。

④**被褐怀玉**：穿着粗糙，怀中却有贵重的玉。宋人刘骥评点道："披褐则和光同尘，外与人同；怀玉则抱道蕴奇，中与人异。"

译文

我的言论很容易被了解，也很容易实行。可大家却不能明白，不能实行。言论有主旨，行事有根据。正由于不了解这个道理，所以才不了解我。知道我理论的人极少，取法我的人就显得难能可贵。很多时候，有道的圣人好像内藏美玉外穿粗衣一样不引人注意。

度阴山曰

据说，庄子曾和鲁哀公见面。鲁哀公炫耀说："我们鲁国有很多儒家知识分子，很少有人学习你的学说。"

庄子说："鲁国的儒家知识分子其实很少。"

鲁哀公皱眉："全鲁国的人都穿儒家服装，怎么能说少呢？"

庄子笑着说："我听说，儒士戴的圆形帽子表示他懂天文，穿的方形鞋子表示他知晓地理，佩戴玉玦表示遇事能够决断。但我认为，真正掌握天文地理能够决断的君子，不一定非穿这样的服饰；而穿戴这样服饰的人，未必真懂得儒家学问。"

鲁哀公不信。庄子建议说："您可以在国内发布命令说：'凡是不懂得儒家学问却穿着儒家服装的人，一律处以死罪！'"

于是鲁哀公发布这样的命令。五天后，整个鲁国只有一个人还穿着儒家服装。鲁哀公召见他询问治国方略，无论多么复杂的问题，此人都能对答如流。

庄子大笑说："如此大的鲁国，真儒士只有一个人，还多吗？"

这个故事当然是道家为贬损儒家而编出来的。不过去除此意识形态后，我们会从此故事中看到老子"被褐怀玉"的身影。

什么是"被褐怀玉"？鲁国的那些儒生是个反面形象：当人试图靠光鲜的外在证明内在时，就不是被褐怀玉；只有当人用简陋的外在来掩饰光明内在时，才是被褐怀玉。

鲁哀公时的鲁国，大力提倡儒家文化，所以很多人都把自己打扮成儒生模样。结果一纸命令，原形毕露。为什么大多数人喜欢用光鲜的外在来证明内在，而不喜欢被褐怀玉呢？第一，他们没有玉；第二，外在更容易吸引别人；第三，外在是有为，是主动的，人们都认为主动的行为一定产生巨大回报。

不被褐怀玉的人往往是那种摆谱、千方百计用外在来晃别人眼睛的人。比如项羽，在灭掉秦王朝后居然把咸阳烧毁。有人试图阻止他说："这是现成的帝王办公区，怎么能烧毁？"

项羽说："谁说我要在咸阳办公，我要回老家江东。"

幕僚大吃一惊，告诉他，关中物产丰富，进可攻退可守，可以掌控天下。

项羽说出了那句经典名句：富贵不还乡，如衣锦夜行，谁知之者？

清初才子毛宗岗评点《三国志》的孙策时说：江东（安徽芜湖以下的长江下游南岸地区）人杰地灵，本应多出天子。但自古江东人就爱炫耀，所以很难做大。

实际上爱炫耀是人类共有的弱点之一，不仅限于江东人。中国任何地方的人，只要在外面有了些成就，第一件事就是开豪车回老家，光宗耀祖。

而被褐怀玉的人，并非不炫耀，而是只在关键时刻炫耀。晚清时，左宗棠军功卓著，其下属也是功勋盖世。但平时，这些下属都表现得特别低调，大家总认为他们只是左宗棠的勤务兵而已。

有一次，左宗棠的"勤务兵"孙大年去拜会江宁藩司升善，孙大年按朝廷礼仪和升善礼尚往来，但升善觉得孙大年失礼。

第二天，升善找左宗棠议事，就和左宗棠说起孙大年无礼的事情。左宗棠马上吩咐手下把孙大年叫来，劈头盖脸一顿臭骂，孙大年向左宗棠磕头不止。

过了一会儿，升善要走，到门口时发现一直随侍左宗棠的十几名差官此时整整齐齐地站在那里，包括孙大年在内，每个人都是红顶花翎，黄色马褂，居然都是武官一品的服饰。

升善马上看明白了，按朝廷体制论，他还要给这些人请安。

升善当然不傻，低着头灰溜溜地走了。

左宗棠的这些"勤务兵"就是被褐怀玉，被褐怀玉是扮猪吃虎；而它的反面（金玉其外，败絮其中）则是扮虎吃猪。

凡是被褐怀玉的人根本不需华丽外表彰显自己，美玉的分量已经足够。而这块美玉既是出色的能力，又是老子所谓的圣人才具备的低调品德。人之所以能力超群，是因为经事多，并能有意识地反省，通过反省则能看透世间一切功名富贵、鲜花掌声皆不过如此，所以内心平静如水，当然不会夸张炫耀自己的功名富贵。

只有那些没有怀玉的人，才会过度炒作，显摆自己的光鲜外表。用老子辩证法说，越是炫耀什么就越缺少什么，越是通过光鲜外表炫耀内在之玉，就证明他根本没有玉。通俗而言，一个人还需要外在的东西来证明自己，只能说明他对自己的内在缺乏信心。

被褐怀玉是简单的，用老子的话说是，甚易知也甚易行。"怀玉"是让人无法攻击你，"被褐"是不会引起别人的攻击。"被褐怀玉"是无为而无不为，它的最大特点就是省力，未必让它的主人战无不胜，却可以让它的主人永远立于不败之地。

第七十一章
正视缺点,缺点就成了优点

原文

知不知,尚矣;不知知,病也①。圣人不病,以其病病。夫唯病病,是以不病②。

注释

①**知不知,尚矣;不知知,病也**:尚,同"上"。前半句话大体有两种解释,第一种是,知道自己不知道,最好;第二种是,知道而不自以为知道,最好。我们认为是第二种。后半句的"不知知,病也"则是不知道却自以为知道,这是缺点。陈景元说:"圣人之禀气纯粹而天性高明,内怀真知,而万事自悟,虽能通知而不以知自矜,是德之上也。故曰知不知,上。夫中下之士,受气昏浊而属性刚强,内多机智而凡事夸大,实不知道而强辩饰说以为知之,是德之病也,故曰不知知,病。"其实这句话与"知者不言,言者不知"相似。司马光则从利害角度分析说,知之如不知,则远怨;不知而强知,则招患。

②**圣人不病,以其病病。夫唯病病,是以不病**:圣人不一定做到"知不知",但一定知道"不知知"是毛病、缺点,能正视这点,就是圣人。司马光说:"病人能自知其病,斯不甚病矣。"

译文

知道而不自以为知道,最好;不知道而自以为知道,就是缺点。圣人没有缺点，是因为能正视缺点。正因为他能正视缺点，所以没有缺点。

度阴山曰

如何让人讨厌你？自吹。如何让人喜欢你？自黑。

春秋时期，楚国国君熊审在位三十年，内政外交军事被他搞得一塌糊涂。内政上，被他逼出个最大叛徒巫臣，巫臣后来投靠晋国帮晋国训练楚国背后的吴国，导致楚国不停受吴国攻击，国力渐衰。外交上，熊审和中原各国关系非常僵硬，多次发生不必要的战争，熊审还在战场上被射瞎了一只眼。

总之，熊审的三十年执政，把他老爹熊旅（楚庄王）奠基的霸业全部凿空。但这不能完全怪熊审，因为他不是个昏君和暴君，他一直在不停努力治国，只是运气太差而已。

临死前，熊审把群臣叫到床前说："不穀（自称，见第三十九章）德才浅薄，没来得及听先王和老师们的教诲，十岁就即位直到现在，实在不配。而且常年丧师辱国，让大家为楚国担心，所以，不穀身后的谥号，就用'灵'或'厉'吧，希望大家成全。"

大臣们都哼哈地答应着，等他一死，马上反悔。有大臣哭着说："灵和厉都是最恶毒的谥号，怎么能给我们大王。大王虽然做了一些错事，可他能反思、解剖自己，这样的人，知道自己的缺点，敢于承认自己的缺点，不但等于没有缺点，而且是最大的优点。所以，在谥号上，我们要慎重。"

所有大臣都认为，应该用一个美好的字"恭"作为熊审的谥号，于是，熊审就成了楚恭王（恭、共同义，所以熊审又是楚共王）。

老子说，把缺点当成缺点，就是没有缺点。其实不是没有缺点，而是肯承认缺点，正视缺点的人就有了反思自己、解剖自己，敢于承担的美德。这种"谦下"美德符合道，道如大海，海纳百川，最终，一切缺点在谦下的优点面前，就不值一提。

人的认知大致有四种。第一种：不知道自己不知道；第二种：知道自己知道；第三种：知道自己不知道；第四种：不知道自己知道。

当一个人在"不知道自己不知道"的认知阶段时，他在原本的圈子活得很滋润，但圈子之外的任何事都不懂。这就好像中国在大清王朝时对外面的世界一无所知，越是这样，越是不可一世，最后被人揍得鼻青脸肿才幡然醒悟。具有"不知道自己不知道"认知的人很多，在你身边可能就不胜枚举，他们主要表现就是自以为是，如同井底之蛙一样。

人的认知一旦到了"知道自己知道"的阶段时，人就会集中精力于自己的事，许多成功的奠基，都是在这一认知阶段完成。人越是知道自己知道什么，就越会感觉到自己对整个世界的无能为力，最终会选择只在自己最知道的方面下功夫。虽然还没有打开心境，但这样的人，养家糊口肯定已没有问题。

而人有了自己专注的事情后，会发现自己越来越无知，由此进入"知道自己不知道"的认知阶段。这一阶段的人，已经相当成熟，拥有了自己的世界观和人生观，明白什么是对自己最重要的，更明白从前的那些欲望应该是要忘记的，更懂得人生的真谛就是"知道自己还有很多不知道的事情，还有很多不应该知道的事情"，所以，放松就是这一认知最大的成果。

最后，当我们进入"不知道自己知道"的认知境界时，你会发现，自己唯一知道的事就是对自己一无所知。这就是人生。

第七十二章
老子的"逆转法则"

原文

民不畏威，则大威至①。无狎其所居，无厌其所生。夫唯不厌，是以不厌②。是以圣人自知，不自见；自爱，不自贵③。故去彼取此。

注释

①**民不畏威，则大威至**：威，第一个"威"是高威、高压；第二个"威"是可畏的事。王弼说："威不能复制民，民不能堪其威，则上下大溃矣。"还有不同说法，河上公说："人不畏小害，则大害至。"意思是恶小而不改，最终成大祸。但这显然是讲统治者对待百姓的，而不是个人修身的，所以我们认为王弼的说法正确。

②**无狎其所居，无厌其所生。夫唯不厌，是以不厌**：狎，通"狭"，狭迫；第一个"厌"，通"压"，压迫的意思，第二个"厌"，是厌恶的意思。

③**圣人自知，不自见；自爱，不自贵**：自知，自知之明；自见，自我表现；自贵，是自显高贵。这段话，是一种低调，一种轻松自如的无为技法。自我表现的人必须用力，自显高贵的人也是。而自知和自爱，只需要知，什么都不必做，就可以了。

译文

倘若人民不畏惧高压，那么，（统治者）恐惧的事就要来了。

不要挤压、狭迫人民的住所，不要压迫人民的一线生机。只要不压迫人民，人民才不会厌弃他。因此，圣人有自知之明，但不自以为高明；有自爱之心，但不抬高自己。所以舍弃自以为高明和抬高自己，保留自知之明和自爱之心。

度阴山曰

夏王朝最后一个王夏桀在位时，对百姓残暴不仁，用高压手段镇压所有人。开始，这种手段还有效，但随着他的高压手段越来越严厉，老百姓突然忘记死亡，和他对着干起来。夏桀说："我就是夏季正午的太阳。"百姓咬牙切齿地说："我们要和你这个太阳同归于尽。"后来，夏桀被老百姓赞助的商汤所灭。

西周王朝周厉王时，为了让老百姓完全老实听话，他采用各种极端手段，甚至包括用巫师在街道上监视群众，谁敢讲话，就把谁抓进监狱，严刑拷打，搞得当时西周人"道路以目"。有大臣奉劝他说，防民之口甚于防川，你要小心，当百姓不再畏惧你的高压时，灾难就来了。

周厉王拒绝这种意见，仍然用高压手段对付百姓，结果西周百姓暴动，把周厉王驱赶。

像夏桀和周厉王这种用高压手段统治人民的人，人类历史上不计其数。虽有少数这样的统治者侥幸逃脱灭亡命运，但大多数统治者都没有逃脱。

凡是对人民采用高压手段的人，都希望用高压手段使百姓屈服。可他们不知道，按老子辩证法，让人屈服的对立面就是反抗。高压手段短期内会使人民屈服，但很快就会逆转成反抗。如果夏桀和周厉王不把高压手段用尽，那就不会有人民从屈服到反抗的逆转，知此则知道老子统治术的内容：尽量不对百姓采取强硬手段，如果非要采取，那也不可用尽力量。不用尽力量就不到极端，不到极端就不会逆转。

在现实生活中，老子的这套话术也同样适应，比如做人留一线，日后好相见；穷寇莫追；不要把老实人逼到墙角；等等。其实这些人生哲理，都是老子"逆转法则"的警惕：你可以用温水煮青蛙，但水温千万别超过那个让青蛙跳出来的度数。一旦超过，就会发生逆转。这正是我们常说的"温顺的兔子被逼急了还会咬人，宠物狗被逼急了还会跳墙"的实证。

最后，老子又老生常谈，千叮咛万嘱咐"圣人有自知之明，但不自以为高明；有自爱之心，但不抬高自己"，这仍是恐惧"逆转法则"运行。老子为什么对"逆转法则"如此恐惧？我们都知道，从高到低、从下到上的所有一方转向另一方的过程，需要时间和充要条件。好像一个坏人转变成好人，不是一觉醒来就能完成逆转的。

根本原因就在于，老子的逆转法则，没有规定时间和充要条件，而是一步到位，好像是时空穿梭，突然无中生有，这显然是不被我们现代人理解和认可的。

第七十三章
勇于敢不是勇敢，勇于不敢才是

原文

勇于敢则杀，勇于不敢则活①。此两者，或利或害。天之所恶，孰知其故？天之道，不争而善胜，不言而善应，不召而自来，繟然而善谋②。天网恢恢，疏而不失③。

注释

①**勇于敢则杀，勇于不敢则活**：顾欢说："不惧曰勇，必果曰敢。谓见威不惧，必果无回，强梁使气杀身之术。"不敢则使独立不惧，不敢有为，守柔尽顺，活身之道。赵佶说："刚强者，死之徒；柔弱者，生之徒。《列子》曰：'天下有常胜之道曰柔。'"

②**天之道，不争而善胜，不言而善应，不召而自来，繟然而善谋**：繟（缠）然，坦然，安然，宽缓。不争而善胜，苏辙说："不与物争于一时，要于终胜之而已。"王雱则说："天为群物之父，岂与赤子为敌乎。"孔子说："天何言哉，四时行焉，百物生焉，天何言哉？"陈景元说："天道高远，又无言教，何尝呼召万物。而万物背阴而向阳，春生而秋实，暑往而寒来。"王安石说："以其常易，故坦然，以其知险，故善谋。

③**天网恢恢，疏而不失**：《道德经》中十大名言之一。曹道冲说："物不能逃者，天网也。恢大疏略，物无漏者。"黄茂材说："四者（不争、不言、不召、繟然）天之道也，人能顺天则存，不能顺天则亡，无谓其道阔远，可得而欺也。"这八个字大意是，如果你不遵

老天的四条训诫，那你不符合天道，注定失败，从未有人躲过老天的裁判。

译文

勇于坚强则不得好死，勇于柔弱就是生路。同样是使用勇气，后者得利，前者遭害。天到底厌恶什么，恐怕没有人知道吧？（只是知道）天不争所以得胜，看上去不说话却最善回应，听到召唤马上到来，宽缓而善于谋划。自然的罗网极为广大，网孔稀疏却没有漏失。

度阴山曰

子路曾问孔子："谁适合带兵打仗？"孔子指了指自己。子路又问："那我呢？"孔子摇头。子路很不服气地说："我不是很勇敢吗？"孔子说："可我不仅勇敢，而且更勇于不敢呀。"

"勇于敢"是有为，"勇于不敢"则是无为。按老子意见，有为是逞强斗勇，不可取；只有无为才是"有所不为后的有所为"。

孔子关于勇的故事在《孔子集语·杂事》中也有记载。这个故事说的也是子路。某次，孔子游山，子路随行。孔子口渴，让子路去打水。子路在水边遇到一只老虎，兴奋得发狂，扔了水瓢就和老虎搏斗起来，几个回合，子路把老虎揍死，并把虎尾巴扯下揣在怀里，回来问孔子："上士打虎如何？"

孔子发现子路的水瓢不见了，怀里露出一毛茸茸的东西，马上就明白了，于是回答："持虎头。"

子路又问："中士打虎如何？"

孔子回答："持虎耳。"

子路急了，再问："下士打虎如何？"

孔子回答："持虎尾。"

子路愤懑不已，自己徒手和老虎搏斗险些搭上性命，才落了个"下士"。他跑到一边，把老虎尾巴扔掉，拿了块石头回来藏在身后，恶狠狠地问孔子："上士杀人用什么？"

孔子脸色不变："用笔。"

"中士杀人用什么？"

"用语言。"

"下士杀人用什么？"

"用石头。"

"神啊！"子路魂飞魄散，他认为孔子善巫术，猜到了他的凶器。其实，孔子是偷看到了。子路扔了石头，不言语。

孔子这时微笑道：你已接近勇士标准了，因为"知耻近乎勇"。知耻接近勇，说的是知错能改，心有愧疚后的不再继续行动，这就是老子所说的无为。

孔子把勇敢分两种，一种是勇于敢做，一种是勇于不敢做。前一种是不分青红皂白地用勇气来逞强，后一种是审时度势地用勇气来制止自己不逞强。按照老子的分法则是，第一种勇敢是有所为，第二种勇敢则是有所不为。有所不为比有为更勇敢，有所不为后才能有所为。

据此可知，天道厌恶什么了。那就是，厌恶勇敢喜欢勇于不敢。天道中的"不争、不言、自来、宽缓"其实都是勇于不敢。为什么勇于不敢就是生路，或者说，为什么不争善胜，不言善应呢？

因为大自然运行规律时表面上看不出，所以，大自然就是不争、不言的。但开始起作用后，却不可违反，这就是善胜、善应。比如，我们看不到大自然如何把冬天变成春天，但能感受春风拂面，看到小草生长，看到花儿绽放。我们看不到大自然把冬天变成春天就是大自然的不争、不言，而春风、小草、花儿的出现则是大自然的"善胜"和"善应"。

在这里,"不为"的意思似乎又成了"只要正确努力后,不要在心上惦记"。好像大自然让冬天变成春天,它只是这样做了,从来不去惦记着花开草长。但正因为不惦记,所以草长莺飞春光三月。很多人做事,要么只知道有所为,勇于敢为,从来不知有所不为,勇于为,所以总是碰壁,碰得鼻青脸肿后,终于明白了勇于不为才是真正勇敢的天道。

老子千言万语,只是让你不露痕迹地"不为",即使是施展美好的品质勇敢时,也是如此。

第七十四章
要想让人怕死，就让他好好活着

原文

民不畏死，奈何以死惧之①？若使民常畏死，而为奇②者吾得而杀之，孰敢？常有司杀者③杀，夫代司杀者杀，是谓代大匠④斫。夫代大匠斫者，希有不伤其手矣。

注释

①**民不畏死，奈何以死惧之**：陈景元说："不畏死有二义，达者得其常理而不畏死，愚者失其常理而不畏死。"常理是什么？生存、生活、真理而已。

②**为奇**：奇，奇诡，为奇指为邪作恶的行为。

③**司杀者**：这里指天道，专管杀人的。刘骥说："司杀者，造化也。万物之自生自杀，有造物者主之，不假人手。"

④**大匠**：木匠，这里喻指道。

译文

人民不怕死，还能用死亡恐吓他们？如果人民怕死，那捉拿几个为邪作恶的人杀掉就好，看谁还敢为非作歹？经常有违背道的人被道所杀，如果你"替天行道"，就如同代替木匠去砍木头。代替木匠砍伐木头的人，很少有不砍伤自己手的。

度阴山曰

想让光脚的怕穿鞋的,那就想办法让光脚的穿上鞋。

前209年农历七月,一支奉命去驻守渔阳(北京)的九百名民工,被持续的大雨困在了大泽乡(安徽宿州埇桥区西寺坡镇),此时离规定抵达渔阳的日子越来越近,雨丝毫没有停止的迹象,大家都知道一定迟到。而大秦帝国的法律严苛,倘若迟到就要斩首。

民工头陈胜和二把手吴广在雨夜商议说:"即使现在雨停,我们也不能按时抵达,终究是个死。与其等着辛苦赶过去被处死,不如造反,或许还能拼出一条活路来。"

吴广点头同意说:"去了是死,造反也是死,不如选择造反,死得也不窝囊。"

于是二人偷偷准备,在大雨最猛烈的那天,以监督官的名义集结队伍,说要去渔阳。民工们怨声载道,陈胜趁机斩杀监督官,发表造反宣言说:"我们已经耽误行程,即使抵达渔阳也不能免死。与其这样,还不如造反,或许可以光宗耀祖。大家想想,总有人认为那些王侯将相,从出生就享尽荣华富贵,难道是注定的吗?而我们来到世界上就是朝夕不保,同样都是人,难道他们就天生比我们高贵?"

这番话激起了众人的求生欲和压抑多年的情感,于是他们揭竿为旗,斩木为兵,一场轰轰烈烈的农民起义开始。后来虽然失败,但动摇了秦帝国的根基,撬开了秦帝国灭亡的坟墓。

陈胜吴广起义是中国历史上首次农民起义,它是第一次,但不是最后一次。在之后的两千多年帝制时代,农民起义不绝如缕,成为糟糕王朝统治者最头痛的问题。许多统治者都搞不明白一件事,那些在平时看起来人畜无害、懦弱无能的平民百姓,为什么会突然不怕死地造反。

俗话说，蝼蚁尚且偷生，何况人乎？任何动物都有怕死的基因，这是动物们与生俱来的，人更是如此。那么，在什么情况下，人居然改变了与生俱来的本能而变得不怕死了呢？

大体而言，人在三种情况下是不怕死的：第一，对生活没有任何指望时；第二，拥有价值观并能升华价值观时；第三，不想窝囊地死。

第一种不怕死的人在对生活没有任何指望时，会选择不由自主地活着或者不由自主地死去。《活出生命的意义》的作者维克多·费兰克尔是心理医生，第二次世界大战时被送到集中营里，那里常常有人自杀。后来他发现，若想挽救这些自杀者，必须让他们认识到生活有指望，也就是说，让他们牵挂一件事，拥有明确的目标，激起他们的希望。

第二种不怕死的人是拥有正确的价值观，当他们认为可以杀身成仁、舍生取义时，他们绝不会恐惧死亡。

而第三种人则是如陈胜吴广这样的人，不想窝囊地死掉，希望能换个活法，杀出一条生路。即使杀不出来，也没有关系。

老子所说的"民不畏死"的民，其实包含了以上三种人。按照老子思想，人来到世界上，就应该寿终正寝，而不是横死。但对生活没有任何指望的人选择自杀，虽然没有死在当政者的手中，却很大程度上是当政者逼迫的。至于如陈胜、吴广那样的"亡命之徒"，还有舍生取义的仁人志士，都是横死，而非自然死亡。

老子说，任何人的生命都应顺应自然、顺理成章地生，自然地死去。即是说，每个人的生死都属于天道管辖范围。而主动结束生命和被动结束生命都不符合天道，被动地被他人结束更是如此。比如那些斩杀百姓的集权者，他们竟然"替天行道"，提前结束人的生命，这叫截和。代替木匠去砍木头，注定会伤到自己的手。

当一个人不畏惧死亡时,你还用死亡来威胁他,这是饮鸩止渴。想让一个"亡命之徒"乖乖听话,不是用死亡来威胁他,而是要用死亡的对立面生存来解决他。当你让一个人吃饱喝足,略有财产时,你就会发现,他非常恐惧死亡。对于恐惧死亡的人,治理起来当然轻而易举了。

这就是老子的辩证法:若要让人恐惧死亡,别在死亡上下功夫,而是在死亡的对立面——生存——上下功夫。一个人生存得越好,就越恐惧死亡。此时用死亡威胁他时,他必恐惧。

第七十五章
不要把奢侈的生活当成目标

原文

民之饥，以其上食税之多，是以饥①。民之难治，以其上之有为，是以难治②。民之轻死，以其上求生之厚，是以轻死③。夫唯无以生为者，是贤于贵生④。

注释

①**民之饥，以其上食税之多，是以饥**：赵佶说，农业税过重，大家都不敢种田，田地荒芜，所以百姓吃不到东西。

②**民之难治，以其上之有为，是以难治**：隋人刘进喜说："有为则政令烦，无为则事简，简则易徙，烦则难治。"赵佶补充道，政令烦琐则奸诈、虚伪滋生，民失其淳朴。

③**民之轻死，以其上求生之厚，是以轻死**：陈景元说，百姓因为赋税过重、政令繁多而活不下去，所以赴汤蹈火而不惧怕，是以轻死。

④**夫唯无以生为者，是贤于贵生**：无以生为，不把厚生奢侈作为目标；贵生，厚重生命。高亨说："君贵生则厚养，厚养则苛敛。"王弼总结这章说："民之所以僻（邪），治之所以乱，皆由上，不由其下也。民从上也。"

译文

百姓饥饿，是因为在上者吞食租税太多，所以才饥饿。百姓难以治理，是因为在上者政令繁苛、喜欢有所作为，所以百姓才难以治理。百姓看清死亡，是因为在上者吃得太多，所以才看轻死亡。不把个人奢侈生活当作目的去追求的人，比过分看重生活的人要高明百倍。

度阴山曰

战国时期，楚王国大将子发率军与秦军作战，双方僵持不下，粮草即将断绝，于是派部下回国向楚王告急。部下顺便去探望子发的老娘。老太太问他："兵士都好吗？"部下回答："不好，豆子只能一粒一粒分着吃。"

子发老娘再问："我的儿子呢？"部下回答："您放心，将军每餐都能吃到肉。"老太太沉默不语。不久，子发得胜而归，老娘居然不允许他进门。子发莫名其妙，老娘告诉他："你这次侥幸赢了，其实你应该输。你让士兵饿着肚皮打仗，自己却有酒有肉。这样做领导，打了胜仗不是你的功劳，打了败仗，一定是你的问题。"

子发很惭愧，老娘又接着说："当初越王勾践伐吴，有人献上一坛酒，勾践把酒倒在河水上游，叫战士们一起饮下游的水。虽然士兵们没尝到酒味，士气却受到鼓舞，提高了战斗力。现在你只顾自己不顾你的士兵，真是罪恶。"

在古代中国，有很多格言都指向管理者，比如"子不教，父之过"，再比如"上梁不正下梁歪"，还比如老子的"民之难治，以其上之有为"。这种"向上追责"的思想既是一种态度，又是一种智慧。

老子认为，无为的管理者应该"不把个人奢侈生活当作目的去追求"，否则，管理者一定是问题的源泉。哪怕他不是问题的源泉，你也要把他当成是问题的源泉，这就是做管理者必须承担的风险。

第七十六章
放松是这个世界上最大的力量

原文

人之生也柔弱，其死也坚强①。草木之生也柔脆，其死也枯槁。故坚强者死之徒②，柔弱者生之徒。是以兵强则灭③，木强则折。强大处下，柔弱处上④。

注释

①**人之生也柔弱，其死也坚强**：河上公的注解很有趣，他说，人活着时，含和气，抱精神，所以身体柔弱。而人死掉，和气消失，精神灭亡，所以身体僵硬。下句的"草木"与人的生死一样。

②**徒**：类别。

③**兵强则灭**：这里的兵强是用兵逞强，过于刚硬之意，比如嬴政大帝的逞强，项羽的逞强，都属此类。

④**强大处下，柔弱处上**：自以为强大，最终却会处于下位，自以为柔弱，最终却会处于上位。还有一说则是，强大是乾，柔弱是坤，下乾上坤是泰卦，是否极泰来的吉兆。当然，我们直观地也可以感受到"强大处下，柔弱处上"的道理，比如树木，强硬的树干永远在下，而柔弱的树枝永远在上。

译文

活人的身体很柔软，死人的尸体则僵硬。草木活的时候是柔脆的，死掉的时候则干枯。所以僵硬的东西属于死亡一类，柔弱的东西属于生存一类。因此，用兵逞强就会遭受灭亡，树木过于茁壮招摇则会受到砍伐。自以为强大的，必然处于下位，自以为柔弱的，必然处于上位。

度阴山曰

如果你信奉老子，那有人说你是软柿子时，你一定要开心，因为软柿子代表了柔。

《说苑·敬慎篇》有这样一个故事：老子去探望生病的老师时，发现老师身体正在僵硬。按"人生柔弱，死才坚强"的理论，老子知道老师命不久矣。他流下眼泪问老师有什么遗言。他老师张开嘴给他看："我的舌头在吗？"老子看了，点头。

老师又问："看到我牙齿没有？"老子看了，摇头。

老师接着问："怎么回事？"

老子回答："舌头在，因为柔弱；牙齿不在，因为它刚强。"

老师点头说："天下事皆如此，我言已尽。"说完，头一歪，死掉了。天下事真像老子老师所说的这样吗？至少老子同意。所以他才说，具备生命的事物是柔软的，没有生命的东西是刚硬的。反之，柔弱的事物要比刚硬的事物存在得更久，正如舌头比牙齿存在得久。

我们仅以人体为例，中国古代的中医和修行人士早就发现，通过一些慢悠悠、软绵绵的伸展运动（五禽戏、八段锦、太极拳）以及全身放松后的静坐，可以让身体变得更加柔弱。身体变柔弱后，遍布全身的血管和筋脉会随之柔软，生命自然会延长。在今天，最被我们今人所熟知的一种软运动叫瑜伽，瑜伽的理念是使身体完全放松，从而达到柔软，这和老子的"柔弱者生之徒"的思想高度契合。

若要让身体放松，必须心理放松。很多人都过度紧张、焦虑，容易激动，把自己活成了一张紧绷的弓，稍不注意就折断。这种人有个特点，做不到对情绪的有效管理，性情偏激，喜欢用怒火解决问题，在为人处世上从来不懂柔和，大家都对他敬而远之。

所以说，若要身体柔软，必须心理柔软。与人相处要谦和，虽然不能完全避免麻烦，但一定能减少很多麻烦；我们在情绪管理上，尽量心平气和，不要刚强如铁，虽不能完全避免心理疾病，但一定能减少很多心理疾病。

那些长命的修行者会用亲身经历告诉你，你身体越柔弱就越灵活，越灵活就越不容易动怒，越能保持心态平和，也就越能长寿。而让自己柔软的最简易变法就是放松，放松是最好的长寿秘诀。

有学小提琴的人都有过这样的经历，开始时总感觉拉出的声音空洞而不立体，很多人以为是自己力气太小的缘故，而老师却说没有力量是因为没有放松。正确的做法是拉琴时要把全身力量汇聚肩膀，由肩膀传给大臂，大臂再传给小臂，小臂传到手腕，最后由手腕传到握弓的指头，指头自然而然落到弦上，这种力量可是全身的力量啊。

而要使全身力量顺利传达到指头，只有一个办法，就是放松。任何部位有一点紧张，力量都会被分散。如果让老子来总结这个过程，那就是，放松是最大的力量！

拉小提琴如此，游泳也是。有人开始游泳时，始终无法浮在水面，原因是每次下沉时几乎本能地往上扒水。突然有一天，当你下沉时不再扑棱地扒水，而是完全放松地躺在那里，你会发现自己非但没有沉底，反而轻松地浮了上来。这就是游泳爱好者的那句话：你放松的那一刻就是你学会游泳的那一刻。

其实，这个世界上真正强大的人一定是柔软的人，柔软的人一定是放松的人。一个人无欲无求，问心无愧，不贪生怕死，知道生命的生死规律，自然能看破别人纠结的事情。能看破这些，就不会多想，也不会纠结，非常释然。无论是处于上位还是下位，这种人都是最强大的。因为他很明白的一点是，放松是这个世界上最强大的力量。

第七十七章
天道是损有余而补不足

原文

天之道，其犹张弓与①？高者抑之，下者举之；有余者损之，不足者补之。天之道，损有余而补不足②。人之道，则不然，损不足以奉有余③。孰能有余以奉天下，唯有道者。是以圣人为而不恃，功成而不处，其不欲见贤④。

注释

①**天之道，其犹张弓与**：天之道，自然运动的规律；张弓，天道很像是拉开弓射箭瞄准，高了就把它压低一些，低了就把它升高一些，拉得太满就把它减少一些，不够满就补足一些。这就是抑高举低，损有余补不足。射箭的姿势是儒家所谓的中庸，不高不低，恰到好处。

②**天之道，损有余而补不足**：赵佶说："满招损，谦得益，时乃天道。"

③**人之道，则不然，损不足以奉有余**：河上公说："人道与天道反也。"世俗之人，损贫益富，夺弱与强。

④**见贤**：表现自己的贤能。

译文

自然运动的规律不就是像开弓射箭瞄准一样？（对于目标）高了就压低一些，低了就抬高一些，（对于射入目标）拉得太满就减少一些，还不够满就补足一些。自然运动的规律就是减少有余而补充不足。人世的行为法则就不是这样，它是剥夺不足，而供奉有余。谁能把有余的拿来供给天下不足，只能是有道的人才可以做到。因此有道的人生化万物而不自以为是，有功而又不居功，也不愿显示自己的贤能。

度阴山曰

自有人类以来，对于"拥有"始终有两种截然不同的论调，一种是流行于西方的"马太效应"，一种是在中国历史上多次出现的"均贫富"思想。

先来看马太效应。《新约·马太福音》说："凡是少的，就连他所有的，也要夺过来。凡是多的，还要给他，叫他多多益善。"

这就是"马太效应"，它反映了西方社会中的共识：赢家通吃。用老子的话来讲就是，损不足以奉有余。

和马太效应泾渭分明的是"均贫富"思想，老子的"损有余以奉不足"和孔子"不患寡而患不均"是这种思想的源泉。特别是中国几千年的农民起义，所提出的口号基本都在围着"均贫富"转圈。

比如唐末的起义军首领王仙芝自封"天补均平大将军"，"天补"和"均平"就是这种思路。北宋王小波起义时的口号是"吾疾贫富不均，今为汝均之"；北宋后期的方腊起义时的宣传是"是法平等，无有高下"；南宋的钟相、杨么起义时的口号就是简明扼要的"均贫富"；明末的李自成的口号是"均田免赋"；清朝的太平天国的宣传是"有田同耕，有饭同食，有衣同穿，有钱同使，无处不均匀，无人不饱暖"。

老子说，天道是损有余而补不足，人道是损不足以奉有余。中国古代那些农民起义的人始终在行天道；而遵循马太效应的西方人始终在行人道。在资本主义社会，市场决定一切，所以先富永远不能带动后富。因为先富群体要不断追加他的收益，弱势群体将不断承担成本，贫富差距就越大，这就是马太效应：越富有就越富有，越贫穷就越贫穷。

在老子看来，损不足以奉有余会导致贫富差距加大，最终导致双方矛盾激化，两败俱伤。最好的方式则是损有余以奉不足，它非但没有风险，而且最省力。就好像高处的水自动流向低处，把低处水位提高一样，水从高处流向低处，根本不必用力，就轻而易举地完成了损有余（高处的水）而补不足（流下低处）的过程。

也就是说，"损有余而补不足"是不必用力的无为，而"损不足以奉有余"则是用尽力量的有为，就好比是让低处的水流向高处一样。

又譬如太阳。太阳从东方升起，一直向上，这向上的过程是补不足，低的时候升高一点。中午时抵达顶点后开始西落，最后消失。这是高的时候压低一些，损有余。一年四季的温度同样如此，春天温度慢慢上升，这是补不足；夏天后温度开始下降，这是损有余。

但是，我们都知道，人类社会绝大多数时候都是富者流油，穷者无立锥之地。老子所说的天之道，永不可能实现。既然始终未实现过，为什么人类还没有灭亡？

原因是，老子所说的"损有余以补不足"并不绝对正确。试想一下，如果高处的水流向全部低处，并将低处的水位提高和高处一样的水位，那么，水就不再流动。不再流动的水是死水，是死亡。真正的平衡不是所有的水位一样高，而是有高有低，高处的水永远在流向低处，永远流不完。物理学上认为的能量守恒定律，也是动态的能量守恒，而非静态。

一旦有余和不足相等，有余和不足都不再运动，成为死寂状态，世界将不复存在。好比人人都进了乐园，也就没有奋斗的动力。人倘若没了奋斗的动力，那结果一定是灭亡。

所以，按老子辩证法讲，世界上存在高处的水和低处的水，存在贫富差距，存在弱肉强食，都是正确的。承认这一点，更加正确。我们唯一能做的，只是尽可能地使其最大限度平衡。

第七十八章
强者的道歉不是道歉,而是获利

原文

天下莫柔弱于水,而攻坚强者莫之能胜,其无以易之①。弱之胜强,柔之胜刚②,天下莫不知,莫能行。是以圣人云:"受国之诟,是谓社稷③主;受国不祥,是为天下王。"正言若反④。

注释

①**无以易之**:两种解释,第一种,没有什么能代替它(水);第二种,没有什么能让它(水)改变。联系上句"天下莫柔弱于水,而攻坚强者莫之能胜"来分析,水是因为能随万物的曲直方圆而改变自己的形态,于是被称为柔弱;而它又能冲击巨物,穿山越岭,浮载天地,这是刚强至极。但它柔中带刚的却是,应对万千变化,只改变自己的外形,从不改变自己的本质(内心坚守的东西)。这才是水真正的刚强,所以,我们倾向于第二种解释。森舸澜说,水以其坚韧的、自然的方式流入大海,战胜遇到的所有阻碍,这种精神才是重要的样板,依据这一样板才能理解道家圣人那种"顺其自然"的、原初的、自生的、轻松自如的运作方式。

②**弱之胜强,柔之胜刚**:弱胜强的例子是舌头比牙齿活得久;柔胜刚的例子是水可以灭火。

③**社稷**:古代帝王祭祀的土神(社)和谷神(稷),后成为国家的代称。

④**正言若反**：正话好像反话一样。社稷主是一国之主，所有荣誉都会归到他头上，怎么能说是承受全国的耻辱呢？天下王是天下的至尊者，全部利益都归于他，怎么能说是承受了一国的灾殃呢？但老子认为，要想成为真正的社稷主、天下王，就应该如此。这就是正言若反。

译文

天下没有比水更柔弱的，但攻克坚强的东西却没谁可以胜过它，更没谁可以改变它。所以说，弱小可以战胜强大，柔软可以战胜刚强，这个道理无人不知无人不晓，却无人能行。正如圣人所说："能够承受国家的屈辱，才配称国家的君主；能够承担全国的灾难，才配做天下的君王。"

度阴山曰

汉人刘向的《说苑·君道》中记载了这样一件事，说是大禹有次视察监狱，自从尧舜以来，监狱就成了摆设，因为当时根本没有犯罪分子。可大禹却在监狱中发现了一个被关押的犯人，他立即号啕大哭说，当年尧舜做君王时百姓与其同心，根本没有人犯罪。如今有人犯罪，说明百姓没有和我大禹同心，而是各怀私心。

旁边官员劝他，赶紧把罪犯斩了。大禹拒绝说："百姓有罪，在予（我）一人。"

这句话为中国社稷王、天下主们打开了治国安邦谋略的一扇新窗，它的名字叫"罪己诏"。《尚书·商书·汤诰》中也有类似的记载：商汤灭夏后，召集全国的诸侯开会，他痛心地告诉大家，自己灭夏桀是替天行道。如果老天惩罚他和他的百姓，那希望老天报应在他一人身上，与其他人无关（其尔万方有罪，在予一人；予一人有罪，无以尔万方）。

比如刘彻（汉武帝）在前89年发布的"轮台罪己诏"。在这封发布全国的诏书中，刘彻做了深刻反省，他认为自己最大问题是好大喜功，匈奴已弹尽粮绝，苟延残喘，可他晚年仍然不停止向匈奴发动进攻，结果是国库空虚，经济衰退，天下大乱。当然还有别的问题，比如听信谗言，诛杀了自己的太子；为追求长生不老，信奉谶纬之学，迷信方士之言，花费无数，百姓竞相效仿，而使民风不淳。

诏书最后，他宣布停止征伐，实行休养生息的宽民政策。天下人看到这位雄才大略、从不屈服的皇帝居然理性地承认错误时，流下激动的泪水。人心渐渐归附，为之后的汉昭帝、汉宣帝中兴打下了民众基础。

大禹、商汤、刘彻的"罪己诏"，正是老子"受国之诟，是谓社稷主；受国不祥，是为天下王"的证明。把"万方之罪"引到自己身上，把本是形象光辉的自己说成窝囊废，承认完全可以不必承认的错误，认定国家的灾难全由自己制造和百姓无关，只有这样才能为社稷主、天下王。

为什么统治者"罪己"能得到百姓的支持呢？诀窍就是，让自己成为水。第一，水包容万物，所以"百姓有罪，罪在朕躬"；第二，水虽然变化形态，却从不变化本质，统治者的本质就是不推卸责任，"自己有罪，不关百姓"；第三，让自己符合水德：处于卑地，承认不必要承认的错误，在百姓那里形成鲜明对比——高高在上、永远正确的天下主居然也和我们普通人一样会犯错，而且居然会承认错误！

那么，以水德为主的罪己诏，是不是用了就其效如神呢？当然不是。明代崇祯皇帝在位十六年，共下过六次"罪己诏"。只有第一次（1635）的"罪己诏"有效果，军民同心扑灭了陕西境内的农民起义，后来的"罪己诏"是一次不如一次，如同儿戏了。

为什么崇祯的"罪己诏"收效甚微？主要有以下原因。第一，老子谋略，万不可频繁使用，因为它是逆转、辩证谋略，必须出其不意。使用的次数多了，自然没有了"出其不意"效果，别人当然不会"意想不到"了。别人没有"意想不到"，就不会有鲜明对比，没有鲜明对比，谋略等于失败。

第二，老子全部谋略，只是看着像"柔弱胜刚强"。但你看水，它根本不弱，在万古不灭的流动下，它能摧毁一切。所以，"罪己诏"并非弱者承认错误，而是强者展现柔弱的形象来承认错误。崇祯虽然是皇帝，但并不强大，所以它的"罪己诏"是货真价实的"弱"，绝不是强者展现出来的"弱"。

第三，人经常展现自己的柔弱，就会中了"人善被人欺"的魔咒。所以，人绝对不能软弱，也绝对少展现软弱。"罪己诏"起效的前提，它必须由强者使用，它必须尽可能地减少使用次数。弱者的道歉和屈服是稀松平常，不会引起任何反应；而强者的道歉和屈服才会让人大吃一惊，随之顶礼膜拜。

第七十九章
为什么好人没好报？

原文

和大怨，必有余怨，安可以为善①？是以圣人执左契②而不责于人。有德司契，无德司彻③。天道无亲，常与善人④。

注释

①**和大怨，必有余怨，安可以为善**：和，调和；余怨，留下怨仇。老子认为，用调和的办法不可能彻底解除怨仇，最根本的办法是不结怨，不结怨就没有怨，就是善。

②**左契**：古时借贷，债权人和债务人在木板或竹片上写下自己姓名、借贷数额和还款日期，然后把木板或竹片从中劈为两半，债权人拿左边一半，称为左契；债务人拿右边一半，称为右契。债约期满，债权人就可以拿左契向债务人讨债。

③**有德司契，无德司彻**：司契，只予不取，解怨于人；司彻，彻是取，即剥取别人财物，司彻是只取不予，结怨于人。

④**天道无亲，常与善人**：天道没有人类情感，没有偏好，经常帮助善人。《道德经》第五章中说"天地不仁，以万物为刍狗"，意为天道没有人类情感，没有偏好，对万物包括人都一样，而此处却说"天道常与善人"，这是否矛盾？第一，如果我们认为《道德经》是万古不易的群经之首，神圣不可侵犯，那就必须编排各种说法来证明两句话不矛盾，比如我们可以说，天道的确是没有偏好，但善人之所以得到天助，是他自己努力的结果。也就是说，命由己作，福自

己求。另外，善人不是善良的人，而是善于和天道合一的人。第二，如果我们认为《道德经》只是一本普通的书，它的作者还是个垂垂老者，那我们就有足够理由认定这两句话是矛盾的。因为写到后面忘了前面这种事，老人家常有。

译文

无论怎样调和大怨仇，肯定会有余怨，那怎么做才最妥善呢？应效仿圣人拿着可以向债务人讨还债务的左契，却不讨还。有德的人保管左契却不讨还债务，无德的人恰好相反，该讨要的讨要，不该讨要的也讨要。自然规律对天地万物没有偏爱，只是常常青睐善人。

度阴山曰

孔子当初周游列国，境况悲惨。要么被诸侯冷淡，要么被诸侯驱赶，常常挨饿受冻，甚至有次路过陈蔡二国，差点被乱兵误杀。即使经历如此困境，孔子仍慷慨激昂地向天下讲授学问，闲暇就鼓动弟子们弹琴唱歌。

众弟子越来越泄气，特别是子路。孔子发现端倪，问他："你原本就是长脸，如今又向下拉，和驴很像了，什么原因？"

子路噘嘴说："我听老师说过，做善事的人上天会降福，做坏事的人上天会降祸。但如今您心怀仁义，始终坚持德行，怎么处境如此困顿？难道是您仁德不够，无法得到人们信任，还是您智慧不够，无法受人信服？"

孔子举例说："如果有仁德就一定被人相信，那伯夷、叔齐就不会饿死首阳山了；如果有智慧就一定被人任用，那纣王的宰相比干就不会被剖心；忠诚的人如果都有好下场，那夏桀的大臣关龙逄就不会被杀；忠言如果都能被听信，那吴王国的伍子胥就不会被迫自杀了。"

子路对这答案显然不满,"如果真是君子,那应该百无禁忌才对啊!"

孔子说出真理:"人有才能是你自己的事,和你能否遇到伯乐而施展才华是两回事,人做好事是你自己的事,指望做好事就有善报这是痴人说梦。你成为什么样的人在自身,是生是死是好是坏在天命。自身改变不了天命,天命也不会因为你做了什么而改变注定。"

用老子的话来讲就是,天道无亲。

第八十章
小国寡民是一种高度的管理智慧

原文

小国寡民①。使有什伯之器②而不用;使民重死而不远徙③。虽有舟舆,无所乘之;虽有甲兵,无所陈之。使民复结绳④而用之。甘其食,美其服,安其居,乐其俗⑤。邻国相望,鸡犬之声相闻,民至老死不相往来。

注释

①**小国寡民**:土地不多是小国,士卒不众为寡民。小国寡民,利害关系少,所以民风淳厚;大国众民,利害繁多,民风狡诈。所以,要"小国"(使国家小)"寡民"(使人民少),注意,这是老子刻意让国家小和人民少,而不是他真希望人们回到原始社会。冯友兰先生认为,老子的"小国寡民"是有能力文明却坚守朴素的一种境界,甚至认为人的精神境界也应"小国寡民":需求少,追求少。

②**什伯之器**:大体有四种解释,其一,俞樾认为是兵器;其二,王安石认为是十倍、百倍于人工之器的高科技器具;其三,奚侗认为是各种劳作器具;其四,王雱认为是需要十人、百人同时驾驭的大型器具。我们偏信王安石的看法。《洞灵经》中说,古圣大力提倡男人耕地、女人织布,只因为耕地和织布没有先进工具,让人把时间浪费在上面而不能做其他事情。可以推理,倘若发明了先进耕地工具,也会被信仰老子的统治者毁掉。

③**使民重死而不远徙**:使人民重视死亡而不搬家,只有一个办

法，让他们觉得所在之地是天堂。让他们觉得离开这里就失去了根，就容易横死他乡。要宣传孝之道，让他们重视祖坟，无法轻易离开。

④**结绳**：小国寡民之下，人事简单，民风淳朴，所以不会发生违约失信抢劫偷窃等事，于是就不需要契约，不需要约，自然不需要文字，只需结绳记事即可。毋庸置疑，契约最早一定产生在强盗国家。

⑤**甘其食，美其服，安其居，乐其俗**：李隆基注此句说，李隆基批注此句说："不贪滋味，故所食常甘；不饰文绣，故所服皆美；不饰栋宇，故所居则安；不浇淳朴，故其俗可乐。"

译文

使国变小，使人口变少。即使有领先世界十倍、百倍的科技也不使用；让人们对自己的人生满意而不迁徙。虽有船只车辆，却无用武之地；有铠甲武器，却没机会使用。让人民回到结绳记事的时代。人们吃着甜美的饮食，穿着美观大方的衣服，居住地安全感十足，民俗淳朴，其乐融融。虽然邻国近在眼前，鸡犬之声就在耳边，但大家只按自己意愿生活，终生都不会往来。

度阴山曰

383年，前秦帝国国君苻坚动员一百余万兵力向南方的东晋帝国宣战。百万级别的大兵团排山倒海般压向只有十几万兵力的东晋帝国，所有人都认为这是一场毫无悬念的战役，苻坚将统一中国，声名显赫。

但结果让人大跌眼镜。苻坚的先锋部队在淝水和东晋帝国主力相遇，苻坚兵团大败，在溃逃途中，发生惨烈的踩踏事件，苻坚的百万兵团顿时化为乌有，而前秦帝国也因这场战役迅速衰败，最终灭亡。

苻坚之所以失败，是因为他在管理百万兵团上出现了致命问题。他把一百万人派往了同一个地方，导致全军首尾不能相顾，攻击没有重点，所以看似是百万兵团，但因战线拉得过长，只有十几万人和东晋兵团接战。用老子"小国寡民"智慧来评析，苻坚兵团是典型管理混乱的乌泱泱的"大国众民"。

俗话说，大有大的难处；俗话还说，船小好掉头。"小国寡民"在管理上，就是按"大船变小"思路使用的一种智谋，影响了世界企业思想的阿米巴管理法即是"小国寡民"的证明。

"阿米巴管理法"由日本企业家稻盛和夫创造，后被许多大企业使用。其模式是把庞大的企业分成一个个小集体，每个集体就是一个阿米巴，阿米巴有着自己的大脑，自己拿决策，做核算，麻雀虽小五脏俱全，是大企业的缩小版。"阿米巴"的好处在于，管理成本大幅降低，每个人都被崭新的世界（阿米巴）重新定义，在此世界中，他们不会受到外界干扰而聚精会神，施展才华，最后功成名就。

事实上，阿米巴是在创造一个静态社会，人在狭小的阿米巴中因外皆诱惑极少，所以内心平静，专心于事情本身。阿米巴缩小了管理范围，用最小的管理成本获取更高的利润。这更高的利润自然是静态社会。

实现静态社会的方法，朱元璋（明太祖）最有发言权，因为他在当时中国的乡村，尽可能地实现着。

第一，使有什伯之器而不用：拒绝耕织上的一切发明，让百姓以原始工具劳作。由于工作效率极低，所以百姓没时间去琢磨邪门歪道。

第二，使民重死而不远徙。在乡村提倡和践行孝道，宣传祖先（祖坟）崇拜。实行严格的户籍管理制，户籍管理制是让朱元璋沾沾自喜的发明，直到今天，我们仍在吃他老人家的"红利"。

第三，虽有舟舆，无所乘之；虽有甲兵，无所陈之。宣布封闭东南沿海，一片木板不得出海。又在中国北方修建万里长城。明王朝之前的元王朝本是世界性帝国，而朱元璋改弦更张，将明王朝变成封闭的农民帝国。

第四，使民复结绳而用之。农民生活简单，不需要复杂的计算方式和书面材料，用绳子记事足够。只有商人才要签订各种契约。朱元璋讨厌商人，对商人进行严格的控制，重农抑商在明代进入高潮。

第五，满足基本的生活所需，把农民艰苦朴素的作风作为国家意识形态，使人民意识到，不贪滋味，所食常甜；不饰纹绣，所衣皆美；不精装修，所居则安；不拒淳朴，其俗可乐。

第六，邻国相望，鸡犬之声相闻，民至老死不相往来。除了家族成员之外，和任何人不许交流。因为交流是互通有无，容易引起人的好奇心。人一旦产生好奇心，就不会安分守己。人一旦发现别人有自己没有的事物后更会生攀比心。攀比，是静态社会的最大敌人。

朱元璋和老子的心情不谋而合，二人都试图创造一个静态如井水的社会。这个社会已被注定，在社会中的人也被注定，所有人一眼能看到人生的终点。没有意外，没有波折，没有惊喜，甚至都没有厄运。

有人视这种人生为蜜糖，有人视这种人生为砒霜。把"小国寡民"人生视为蜜糖的，是知足常乐的人；把"小国寡民"人生视为砒霜的，是勇于进攻、乐此不疲的人。

哪种人生才是真正的人生，这要看你喜欢哪种了。

第八十一章
不像智慧的智慧，才是大智慧

原文

信言不美①，美言不信②。善者不辩③，辩者不善④。知者不博⑤，博者不知。圣人不积⑥，既以为人己愈有，既以与人己愈多。天之道，利而不害⑦；圣人之道，为而不争⑧。

注释

①**信言不美**：信言，实话、真理；不美，不悦耳动听。信言不美，信言是老子所谓的"常道"。"常道"淡乎其无味，质朴无华，所以不可能精致，不可能悦耳，自然不可能美。"信言不美"类似于我们今天的一句大俗话叫"话糙理不糙"。

②**美言不信**：美言，悦耳动听的语言，花言巧语；不信，不真实。美言不信，道是不美的，所以描述道的语言如果美，那它描述的一定不是道，所以它就不能是真理。"信言不美，美言不信"是《道德经》最后一章的第一句，我们可以回想《道德经》第一章的第一句，它是"道可道，非常道"。两句话类似，这就叫"首尾呼应"。

③**善者不辩**：善者，道德完善的人，善于行道的人；不辩，道很简单，不必辩说、辨别，闷头闷脑去行就是。

④**辩者不善**：辩者，辨别是非、巧舌如簧的人；不善，不是善于行道的人。老子似乎不主张巧舌如簧地辩论事物的是非对错，因为道是简单的，无是无非无对无错。如果纠缠在道的辩论上就没有时间和精力去行道了，所以总在道本身上纠缠是非对错的人，不是道中人。

⑤**知者不博**:知者,知晓道的人;博,闻见广博。真正知晓道的人,不必闻见广博,因为对于求道所需要的知识而言,"多则惑,少则得"。

⑥**不积**:王弼说,不积就是"任物",意为按事物的自然发展,不刻意和它发生关系,即使这事物理论上属于你。圣人不积,也可以视为圣人积德不积财,是"损有余而补不足":与他人分享是积德;独占利益是积财。

⑦**天之道,利而不害**:按老子辩证法,有利必有害,天之道怎么就能"利而不害"呢?只有一个原因,天道是以"不利"为"利","不利"万物就是对万物既不亲也不疏,既不贵也不贱,春夏生万物,秋冬万物熟,天不刻意有利于谁,因为没有"利万物",所以也就不会产生其作对的力量"害万物"。

⑧**圣人之道,为而不争**:为,是"为无为"之"为",也即圣人之为。圣人之为是为后、为下、为曲等,这都是无为;俗人之为是为前、为上、为全,这都是有为。圣人的为是不争,俗人的为是争。

译文

真话从来不动听悦耳,悦耳动听的话从来不真实。善行道的人从来不碎嘴,巧舌如簧的人从来不是道中人。知晓道的人不必闻见广博,闻见广博的人很难知晓道。圣人积德不积财,他越是为别人着想就越是富有,越是给予别人则自己拥有越多。天道以"不利"为"利",所以利万物而不会损害万物;圣人之道以"无为"为"为",所以不会有争斗。

度阴山曰

战国时期魏国丞相公叔痤从战场凯旋,魏王高兴地赏赐他一百亩地。公叔痤却说:"魏国兵团是由从前吴起训练成型,而能迅速取胜是因为知道战场的详细地形，这是咱们地图专家的功劳，至于咱们的士兵无所畏惧，是因为大王您制定的法律激励了他们。请问，我有什么功劳？"魏王说："你说得对，对吴起后人和制作地图的人都要赏赐。而你如此深明大义，更要重赏，再给你四十亩土地。"

如此，公叔痤就得到了一百四十亩土地。老子说："圣人不积，既以为人己愈有，既以与人己愈多。"公叔痤的行为正是对这句话的运用。

尧年老后，想把天下之主的位子让给舜。舜坚决不受，跑进深山老林务农，他的德行居然感动了山林中的动物，百兽每天都在舜门口载歌载舞。尧多次进山拜访舜，希望他能出来主持天下，舜死活不同意。他越是不同意，天下拥戴他的呼声越强烈。尧毫无办法，只能把天下之主让给儿子丹朱。本来，丹朱和舜的才能不相上下，也有很多粉丝。可他没有像舜那样三番五次地谦让，尧刚说要把位子让给他，他就一屁股坐了上去。

结果，大臣们都去舜那里办公，把丹朱一个人晾在那里。后来，丹朱身边连个做饭的人都没有，只好把位子让给舜。舜在天下所有人的欢呼声中继承了尧的全部遗产。

公叔痤和舜的"让"是把自己看得很低，其行为甚至让人感觉他们和功劳、地位"不配"的味道。二人都觉得不应该独占功劳，应该尽量做如老子所说的"为人""与人"，最终产生了"圣人不积却愈有、愈多"的超级效果。

那么，问题来了。是不是在利益面前，只要谦让、不独占就能如老子所说的"圣人不积，既以为人己愈有，既以与人己愈多"呢？

答案是否定的。尧在把天下禅让舜之前，还想禅让给一个叫许由的人。许由是当时的贤人，也有很多粉丝。尧找到他，希望他能主持天下。许由大喊大叫说，赶紧走开，你说的这些俗世之言，脏了我的耳朵啊。

这是"谦让"，他如愿以偿，从此，尧再未找过他。

为什么许由"谦让"一次就成功，舜却"屡谦屡败"？因为舜有实力，许由只是名声尚可，实力无法和舜相提并论。公叔痤"谦让"，为什么得到更多？因为他具备为他人着想的资本——军功。如果他没有军功而替吴起等人着想，那他就是个天大的笑话。

老子"圣人不积"的前提是，必须能积累而不积累，一定可以拥有却不拥有。你只有具备能积累的本事而不积累，才能在他人那里形成巨大反差，从而创造老子辩证法逆转的奇迹，最后得到的果实一定是翻番的。公叔痤功勋盖世，在人们心中就应该是独享大功，这是他的实力。但他却把功劳分给别人，这种出人意料的行为，注定会得来更大的回报。

如果你没有能积累的本事而不积累，这只是稀松平常事罢了，它不会在别人那里形成巨大反差，创造逆转奇迹。所以，老子提倡的各种法则中，看似强调"以弱胜强"，其实，他在撒谎。他想告诉你的是，你必须千方百计成为强者，再使用他教给你的各种计谋，一定能实现强者更强的理想。

你也只有在具备有积累的能力时，才有资本为他人着想，这就是给予。《菜根谭》中说："完名美节，不宜独任，分些与人，可以远害全身。"意思是，完美的名节，不应独自拥有，分些给别人，才可以避免祸害。名节如此，利益更应如此。对利益的谦让、分享、替他人着想既是一种爱，又是一种能力，更是一种超绝的智慧，虽然它看起来一点都不像智慧。

参考书目

1. 《道德真经注》(西汉·河上公)
2. 《道德真经指归》(西汉·严遵)
3. 《道德真经注》(三国·王弼)
4. 《道德真经注疏》(南齐·顾欢)
5. 《老子古本篇》(唐·傅奕)
6. 《道德真经广圣义》(唐·杜光庭)
7. 《道德真经论》(北宋·司马光)
8. 《道德真经注》(北宋·苏辙)
9. 《老子解》(北宋·叶梦得)
10. 《道德真经传》(北宋·吕惠卿)
11. 《道德真经藏室纂微篇》(北宋·陈景元)
12. 《道德真经集注》(南宋·彭耜)
13. 《道德真经取善集》(金·李霖)
14. 《道德真经四子古道集解》(金·寇才质)
15. 《道德真经注》(元·吴澄)
16. 《老子解》(明·李贽)
17. 《老子道德经解》(明·憨山德清)
18. 《周易古义·老子古义》(杨树达)